江苏省高等学校重点教材(编号:2021-2-277)

# 心理健康教育导论

主　编　崔景贵
副主编　张长英　赵晓川

南京大学出版社

图书在版编目(CIP)数据

心理健康教育导论 / 崔景贵主编. -- 南京：南京大学出版社，2024.1
ISBN 978-7-305-27979-9

Ⅰ.①心… Ⅱ.①崔… Ⅲ.①心理健康－健康教育－教材 Ⅳ.①G444

中国国家版本馆 CIP 数据核字(2024)第 036446 号

出版发行　南京大学出版社
社　　址　南京市汉口路 22 号　　　邮　编　210093
**书　　名　心理健康教育导论**
　　　　　　XINLI JIANKANG JIAOYU DAOLUN
主　　编　崔景贵
责任编辑　钱梦菊　　　　　　　　编辑热线　025-83592146

照　　排　南京南琳图文制作有限公司
印　　刷　江苏凤凰数码印务有限公司
开　　本　787 mm×1092 mm　1/16　印张 16.25　字数 360 千
版　　次　2024 年 1 月第 1 版　2024 年 1 月第 1 次印刷
ISBN 978-7-305-27979-9
定　　价　48.00 元

网址：http://www.njupco.com
官方微博：http://weibo.com/njupco
官方微信号：njupress
销售咨询热线：(025) 83594756

* 版权所有，侵权必究
* 凡购买南大版图书，如有印装质量问题，请与所购
  图书销售部门联系调换

# 前　言

　　心理健康教育是学校素质教育的重要组成部分，是中小学生提升心理素质、促进身心健康发展最重要、最直接的途径。加强和改进新时代学生心理健康工作，大力培育学生积极心理品质，全面提升学生心理健康素养势在必行。本教材以《全面加强和改进新时代学生心理健康工作专项行动计划（2023—2025 年）》《关于加强心理健康服务的指导意见》和《中小学心理健康教育指导纲要》（2012 年修订）等文件为编写依据，坚持积极型、发展性、自助式和实践化取向，坚持育心与育德相结合，坚持科学性与实用性相结合，对心理健康教育所需要的专业理论和实践技能，进行系统深入的阐释，包括心理健康教育的基本概念、发展历程、核心目标、理论基础、一般途径、常用技术，心理健康教育的重点内容、操作要领，以及心理健康教育的课程建设、机构管理、应用策略、心理教师专业发展等，以推动适合优质、积极有效的新时代中小学生心理健康教育。

　　本教材是在以往教材的基础上，结合学校心理健康教师的教育实践需求进行编写。主要涵盖心理健康教育的基本原理、操作实务、组织管理等三大方面，目录大纲编排遵循先阐释基本理论、再介绍技术技能、后说明实践应用的架构，共有十四章内容。第一、二章介绍心理健康教育的相关概念、目标使命及发展历程，第三、四、五章梳理了心理健康教育的基础理论，第六、七、八、九、十章介绍心理健康教育的基本内容、基本技术、基本形式、基本模式及基本途径，第十一、十二章阐述心理健康教育的课程建设与教学组织，第十三、十四章探讨心理健康教育教师的专业成长与机构的日常管理。

　　本教材是江苏省高等学校重点教材。内容设计全面翔实，突出学校心理健康教育的实践策略，彰显教材内容的时代性、针对性和可操作性，使学校心理健康教育工作者对心理健康教育的认识更加专业科学、行动更加适合优质、育人更加富有成效。教材编写注重把握三个原则：第一，坚持积极取向。该教材基于积极心理学的视角和理念，以引领中小学生"学会学习、学会做事（实践）、学会共处和学会发展"为主线，以"助人自助、阳光心灵、心理育人、和谐成长"为主旨，以积极心理健康教育的新理念、新范式为主导,科学引领心理健康教育工作的高质量、创新性发展。第二,坚持专业方向。该教材注重学术思想的前沿性与科学性,教育理念的创新性与开拓性,心理理论的深刻性与原创性,教材育人的自觉性与有效性,坚持与时俱进与求真务实,充分把握心理健康教育教学改革的主旋律,着力推进中小学生心理健康教育的理念创新、智慧实践和卓越管理,努力探索富有中国特色的中小学校心理健康教育之道。第三,坚持问题导向。本教材结合心理健康教育管理实际,对当代中小学生心理发展与教育策略进行系统深入研究,着力深刻回答学校心理健康教育"三问"(是什么?为什么?怎么做?),担负深入推进"三教"(心理教师、心理教材、心理教法)改革创新与内涵建设的新使命,聚力开创心理健康教育"三全"(全员、全过程、全方位)育人的新格局。

本教材由主编、副主编拟定编写框架和相关体例,编写组成员团结互助、精诚合作,多次共同研讨教材编写提纲。各章编写分工如下:第一章,崔景贵、曾永青;第二章,许惠芳、孙崇;第三章,崔景贵、姚莹;第四章,陈四光、王悦;第五章,蒋波、张岩;第六章,符小斌;第七章,方翰青、王恬悦;第八章,张冬梅;第九章,邓亚琴;第十章,沈永江、季玲;第十一章,沈贵鹏;第十二章,张长英、闫悦;第十三章,赵世俊、李妮;第十四章,赵晓川。在各章初稿完成后,主编崔景贵教授负责全书的修改、统稿和定稿,根据实际需要调整、补充了部分章节内容,副主编张长英、赵晓川协助主编对书稿部分章节进行修改和校对工作。

本教材编写参考了国内外一些专家们的著作、论文或教材,并附有参考文献推荐给读者,但不免会有疏漏之处,在此向专家学者们致以诚挚的谢意。本教材校稿过程中,力求精益求精、质量至上,感谢南京大学出版社编辑老师们的耐心和支持。本书可作为高校心理健康教育课程使用教材,也可供对心理健康教育感兴趣的老师或学生在教学、科研和实际工作中学习参考。由于专业水平所限,教材可能会有一些纰漏和错误,敬请专家和读者指正,以更好地改进我们的编写工作,进一步提高心理健康教育教材的质量。

教材编写组

2024 年 1 月

# 目 录
## CONTENTS

**第一章 心理健康教育概述 / 1**
    第一节 心理健康教育的概念界定 / 1
    第二节 心理健康教育的基本目标 / 8
    第三节 心理健康教育的时代使命 / 14
    第四节 心理健康教育的积极取向 / 16

**第二章 心理健康教育的发展历程 / 23**
    第一节 国外心理健康教育的发展概况 / 23
    第二节 国内心理健康教育的发展概况 / 29
    第三节 未来心理健康教育的发展趋势 / 35

**第三章 心理健康教育的基础理论(一) / 41**
    第一节 心理健康教育的心理科学依据 / 42
    第二节 心理健康教育的教育基本规律 / 45
    第三节 树立心理健康教育的育人理念 / 50

**第四章 心理健康教育的基础理论(二) / 54**
    第一节 中小学生心理发展的特点 / 54
    第二节 科学认识中小学生心理健康标准 / 62
    第三节 树立积极的青少年心理发展观 / 67

**第五章 心理健康教育的基础理论(三) / 71**
    第一节 心理健康教育与全面发展教育 / 71
    第二节 心理健康教育与心理素质培养 / 76
    第三节 心理健康教育的问题与反思 / 81

**第六章 心理健康教育的基本内容 / 87**
    第一节 学习与认知心理健康教育 / 87
    第二节 情绪与自我心理健康教育 / 92
    第三节 人际与生涯心理健康教育 / 98
    第四节 生命与人格心理健康教育 / 104

## 第七章　心理健康教育的基本技术／110
　　第一节　心理咨询与辅导的基本技术／110
　　第二节　心理测量与诊断的基本技术／121
　　第三节　心理危机预防与干预的基本技术／128

## 第八章　心理健康教育的基本形式／134
　　第一节　团体心理健康教育／134
　　第二节　朋辈心理健康教育／140
　　第三节　网络心理健康教育／144

## 第九章　心理健康教育的基本模式／149
　　第一节　矫正性心理健康教育／149
　　第二节　适应性心理健康教育／153
　　第三节　发展性心理健康教育／156

## 第十章　心理健康教育的基本途径／162
　　第一节　心理健康教育与学科教学渗透／162
　　第二节　心理健康教育与校园文化建设／169
　　第三节　心理健康教育与班主任工作／172

## 第十一章　心理健康教育的课程建设／179
　　第一节　心理健康教育课程的基本理念／179
　　第二节　心理健康教育课程的教材开发／185
　　第三节　心理健康教育课程的建设策略／193

## 第十二章　心理健康教育的教学组织／198
　　第一节　心理健康教育教学的常用方法／198
　　第二节　心理健康教育教学的基本过程／205
　　第三节　心理健康教育教学的评价策略／208

## 第十三章　心理健康教育教师的专业成长／214
　　第一节　心理健康教育教师的专业素养／214
　　第二节　心理健康教育教师的专业伦理／219
　　第三节　心理健康教育教师的生涯发展／224

## 第十四章　心理健康教育机构的日常管理／230
　　第一节　心理健康教育机构的专业设置／230
　　第二节　心理健康教育档案的规范管理／236
　　第三节　心理健康服务转介的组织实施／243

**附　录／250**

**主要参考文献／251**

# 第一章
# 心理健康教育概述

微信扫码获取
学习资源

※ 学习目标

> 通过本章学习,了解心理健康教育概念的分化取向,理解心理健康教育名与实的关系;学习与探讨心理健康教育的基本目标和基本理念;关注人工智能时代,心理健康教育的使命是培养以积极为核心特质的"心理人";把握积极型心理健康教育与消极型心理健康教育的异同。

※ 关键词

心理健康教育;基本目标;基本理念;人工智能时代;积极心理健康教育

什么是心理健康教育?心理健康教育的目标和理念是什么?如何进行心理健康教育?这些是在接触一门新学科时首先要思考的问题。在这章中,我们首先探讨心理健康教育的概念,接着讨论心理健康教育的目标与理念,最后介绍心理健康教育的时代使命和积极取向。

## 第一节 心理健康教育的概念界定

黑格尔曾说:"真正的思想和科学的洞见,只有通过概念所做的劳动才能获得。"[1] 要理解现代心理健康教育,我们必须首先探讨它的基本概念。因为心理健康教育这个概念是心理健康教育理论中最基本的一个概念,可以说是心理健康教育的本质、基本特征和基本规律的概括和集中的反映,是心理健康教育理论机体的细胞和理论框架赖以建立的核心,也是心理健康教育理论的基本范畴和理论体系的逻辑起点。心理健康教育理论各方面的内容,都将是心理健康教育基本概念的具体化、深化、拓展和充实。"作

---

[1] [德]黑格尔. 精神现象学(上卷)[M]. 贺麟,王玖兴,译. 北京:商务印书馆,1979:48.

为学术研究,概念的厘定、辨析是最基础性的工作。因为,概念不仅是思维的工具——有了概念才能做出判断、形成命题、进行论证,也是学术探索的成果——在对概念作出的界定和使用中包含着论者的学术主张,概念的演变往往标志着学术思想的演变。一切研究成果不但在概念和范畴中积累,而且理论也借概念和范畴而发展:理论的确立和深化,离不开概念和范畴的确立和深化。"[1]基本概念的日臻准确,标志着相应学科的日益成熟;概念模糊不清,必将会导致对事物本质认识的随意性而最终妨碍它的科学发展。因而,心理健康教育概念的澄清与诠释,对促进我国心理健康教育的健康发展具有重要的意义。

## 一、什么是心理健康教育

心理健康教育是什么?这似乎已经是耳熟能详的、不说自明的概念,但国内学术界对它的界定仍是众说纷纭,莫衷一是。通过搜集国内学者关于心理健康教育的五十多种定义,发现关于心理健康教育的界定,从广义到狭义,从词语本义到引申义,从要素到功能,从静态到动态,从过程到结果,应有尽有。对于心理健康教育的概念,英国的理查德·尼尔森认为:"心理教育绝非一元现象,它是一个广泛的术语,对于具有不同理论导向和不同工作的人有不同的含义。"[2]心理健康教育概念界定的多样性,反映了人们对心理健康教育概念认识视野的多维性、广阔性。

综观我国心理健康教育的现状,无论是自发的实践探索还是自觉的理论研究都呈现出不断分化的发展取向。这里从学科定向的维度、价值指向的维度、教育功能的维度以及实践方式的维度来认识和探讨心理健康教育概念的分化取向。这些逐步分化的取向归纳起来主要有以下几种:

### (一)学科定向的维度

从不同学科的视野看待心理健康教育,有哲学、心理学、教育学、医学、生理学、脑科学、历史学、文化学、社会学等不同的学科取向。尽管这些学科对心理健康教育的研究有的只是初露端倪,也是值得我们重视的。这里只对心理学、教育学这两个学科取向做初步的分析。

**1. 心理学取向的心理健康教育**

心理健康教育的心理学取向是指强化心理健康教育的心理学基础,使其适应学生的心理结构与心理需求,以促进学生心理健康和发展的取向。持这一取向的学者主张"心理健康教育是一项新的心理学的事业,……它是一种特殊的教育,一种以心理学为主体的教育",是围绕心理学的逻辑体系展开的一种教育,认为心理健康教育的目标是

---

[1] 张志勇.情感教育论[M].北京:北京师范大学出版社,1993:413-424.
[2] [英]Richard Nelson-Jones.咨询心理学中的心理教育[J].陈中永,译.教育专题研究,1994(1):16.

"实现心理学自身的意义和价值",即"以培养与完善人格,提高人们的心理素质,提高人们的生活质量为目的"①。这一取向心理健康教育的特点:重视心理学的理论指导,尤为重视从心理学的体系出发设计心理健康教育,重视心理学成果的转化和心理学方法与技术的运用,主张着眼于学生心理的整体发展和发展中的每一个学生的心理提升,审察学生的心理需求,了解心理发展的现状,提供心理互动、心理体验与心理建构的场景,使得心理健康教育成为促进学生整体发展的最佳切入点。这一取向的整个环节都是围绕人的心理层面进行,相对而言研究视野较窄。

**2. 教育学取向的心理健康教育**

这一取向的基本出发点:心理健康教育是新兴的教育学科,"属于教育范畴的一个子集,具有一般教育共有的结构"②。心理健康教育虽然是从人的心理出发,以促进心理健康和发展为指向,但毕竟是如何通过科学有效的教育提高心理素质的教育活动、教育过程,因此,把心理健康教育定性为教育问题是较为准确的定位。这一取向心理健康教育的特点:以教育学体系为框架,研究的视野较为宽阔,涵盖面广,把心理健康教育与教育的各个方面、各个环节结合起来,解决学生心理发展过程中的教育问题,主张心理健康教育的过程与目的是要挖掘心理潜能、培养心理素质、发展个性、提升人格,进而促进学生整体素质发展。心理健康教育的教育学取向易于与学校教育、教学工作接轨,容易为第一线的心理健康教育工作者接纳和把握,因而这一取向已得到大多数学校心理健康教育工作者的认同。

## (二)价值指向的维度

心理健康教育的价值体现在多个方面,表现在多个层次上。从心理健康教育的核心价值旨趣来分析,心理健康教育主要表现为以下两类:

**1. 生活化取向的心理健康教育**

有学者认为,社会生活是心理健康教育的源泉,心理健康教育是前人社会生活和现实社会生活的提炼,是人类社会的一种特殊生活。这一取向主张从生活世界观出发把心理健康教育本身视为生活,当作学生生活或存在的方式,正视心理健康教育的生活意义和生活的心理健康教育意义,在生活世界中选择适合学生心理特点的典型材料,在具有现代化生活气息的活动情境中通过学生自主的认识、体验、反省与实践来促进心理健康和发展。简言之,生活化取向心理健康教育的理想目标是,将知能的培养、情意的陶冶、人格的完善与生活的境界、生存的智慧、生命的价值等有机融合在一起,让学生"学生活的知识,学生存的技能,学生命的意义"③,让学生的现代化人格和精神生命得以自

---

① 申荷永,高岚.心理教育[M].广州:暨南大学出版社,1995:16.
② 班华.心育论[M].合肥:安徽教育出版社,1994:4.
③ 转引自林崇德.教育的智慧[M].北京:开明出版社,1999:77.

由地生长。

**2. 问题化取向的心理健康教育**

持这一取向的学者认为,心理健康教育并不等同于心理学基础知识教育,片面传递心理学知识只会阻碍学生的心智成长和人格完善。因此,心理健康教育并不是沿袭心理学知识体系和科学逻辑,而应以"心理问题"为中心,追随学生心理生活的问题逻辑,即持有问题化的价值取向。这一取向主张心理健康教育在充分考虑学生生活与社会心理特征的基础上,从特定年龄阶段学生所面临的主要心理问题和人生发展课题着手,选择典型情境、活动与典型问题作为心理健康教育的基本内容。问题化取向具有教育的针对性、适切性和实效性,易于为学生所接受和认可。

### (三) 教育功能的维度

从心理健康教育对心理发展具有的功能来划分,有发展性取向的心理健康教育、预防性取向的心理健康教育和矫治性取向的心理健康教育三种。不难理解,这三种取向的心理健康教育也是相互作用、有机联系的。

**1. 发展性取向的心理健康教育**

这一取向的心理健康教育以正常发展的所有人或大多数人为工作对象,面向全体学生,大多采取团体、小组的教育方式,以个别辅导方式为辅,注重于心理品质的优化和心理潜能的开发,其功能是促进人整体上的积极改变与成长。这一取向的心理健康教育是积极性的教育目标和工作方式,应当成为学校心理健康教育的主体。

**2. 预防性取向的心理健康教育**

这一取向的心理健康教育将工作重心置放在对心理障碍与疾病的预防,面对的是部分在学习、心理及生活上有潜在的或可能发生不适应问题或刚冒出问题苗头的学生,认为"对心理问题要以防为主,要防患于未然,要把严重的心理问题消灭在萌芽状态"。因而特别强调要让学生确立心理卫生意识,通过建立三级心理保健工作网络来掌握学生心理发展的动态,多渠道、多形式地宣传普及心理健康常识与心理调适技术。

**3. 矫治性取向的心理健康教育**

这一取向的心理健康教育以心理发展异常的人为主要工作对象,面向少数学生,以个别辅导(咨询或治疗)方式为主,团体和小组方式为辅,注重心理障碍的干预和心理疾病的治疗,以使人能够恢复正常的心理机能。尽管心理健康教育发展之初采用的是这一取向,但现在越来越多的人认为这一取向并不是学校心理健康教育的重点。

### (四) 实践方式的维度

如果我们不考虑社会和历史背景,仅就心理健康教育实践方式本身而言,我们可以形象地把目前的心理健康教育归纳为以下几种类型或取向:

**1. "经院式"心理健康教育**

这种心理健康教育仅仅限于传授心理知识，教师只是照本宣科地讲授有着固定体系的教材，毫无自己的创新精神和鲜活的个性。对学生而言，似乎只是记住一些心理健康或心理辅导方面的现成结论和答案，"将白纸黑字的书本——明白无误的东西带回家即可"。

**2. "师徒式"心理健康教育**

这种心理健康教育的特色就是完全以教师为中心，教师在心理健康教育过程中具有绝对的权威。对学生而言，只是对教师的心理指导保持一种绝对的服从，在心理发展上对教师有一种自然的依附和归属。

**3. "医患式"心理健康教育**

这种心理健康教育的关系就像医生和病人一样，医生对病人尽管是全心全意地服务，也可能有人本主义倡导的移情、无条件积极关注和真诚，但在他们的认识中，帮助的是"患者"，服务的是"病人"。

**4. "产婆式"心理健康教育**

这种心理健康教育的独特之处就在于它是助人自助，如同苏格拉底式的教学方式。也就是说，教师唤醒的是学生心理发展的潜在力，促使学生从内心产生一种自动的力量，而不是从外部施加一种强制的压力。师生之间只存在善意的讨论和交流，而没有屈从的依赖关系。

在心理健康教育发展的初期，不同取向的研究探索既是正常的、合理的，也是必要的、可能的。心理健康教育的取向直接制约着心理健康教育的理论研究和实践运作。心理健康教育取向的不同与差异，导致心理健康教育建构的模式不同和多样化。心理健康教育的不同取向虽然各有侧重，但并不根本对立，而是相互补充、相互促进的。问题的关键在于我们怎样进行科学的整合，融合各种取向的优势，才能避免不同取向各自显而易见的不足和局限性，这也是我国心理健康教育发展面临的最大挑战。

## 二、心理健康教育意味着什么

应该说，"心理健康教育"在我国现代社会已经不是一个十分陌生的名词，但是，对于心理健康教育的理解和把握，仍然是一个富有新意的挑战。正如对人本身的理解，以及对我们自身生活的理解，需要我们每一代人，甚至每一个人，都去做出自己所面对的思考一样，我们也应该对心理健康教育，进行这样一种"面对面"的直接接触和理解。

理解和对待心理健康教育，我们要正确把握好名与实的关系。要使所讨论的心理健康教育名副其实，就不能不澄清心理健康教育名与实的关系；要进行有效的概念分析和学术对话，话语上的障碍就不能不清除。概念的提法并不是问题的实质，重要的是把握其基本内涵。现在不少学校推行的心理健康教育、心理辅导、心理咨询等，其实已经体现了心理健康教育的实质性内涵，即以发展性为基本理念，在全方位的教育过程中，面向全体学生,全面发展和提高学生的整体心理素质,包括预防心理障碍,维护心理健康,提高心理机能,开发心理潜能,促进心理发展。如果在这些方面我们能够形成共识,那么目前国内业已通行使用的心理教育、心理健康教育、心理素质教育等几个概念,基本上可以认为是一致的,甚至可以把它们等同起来使用。

心理健康教育的名与实的关系相当复杂。心理健康教育虽是一个现代教育的概念和术语,却非凭空出现的事物。心理健康教育作为事实我国古代就已经有之,作为正式的称呼却是近代才有、现代才逐渐流行起来的。古代有心理健康教育之实,但无心理健康教育之名。今天我们既有心理健康教育之实,又有心理健康教育之名。可以说,古今心理健康教育,名同实异。如果不循名责实,混淆两者的界限,就失去了从古代心理健康教育思想与实践中汲取灵感和智慧的价值。同样,对中外心理健康教育也需要加以区别。虽然西方国家也有心理健康教育的用法,但其含义未必与中文的心理健康教育一致。中外心理健康教育,很可能名同实异。若混淆两者的界限,学习和借鉴国外心理健康教育就可能会产生误解,或者不得要领。而在同一时代同一文化背景之下,心理健康教育则可能出现实同名异的现象,当今我国学校实施的青少年心理方面的教育就是如此。

从社会发展和学术研究的需要出发,赋予某一概念特定的含义,对某一概念的内涵和外延进行界定不但是可以的,而且是必需的。目前关于心理健康教育的一些分歧、争论或误解,就是对心理健康教育的内涵和外延没有明确或统一的认识所导致的。如果不在同一学术平台上使用内涵一致的话语,如何进行学术讨论和研究呢? 一般认为,心理健康教育可以有、也应该有广义、中义和狭义之分。广义的心理健康教育是完全融合在其他各类素质教育之中的,甚至可以说:心理健康教育就是教育的心理目的。学校的教育教学永远具有心理健康教育性,心理健康教育是全过程、全方位的,几乎无处不在,无时不有。从这个意义上讲,心理健康教育的概念确实是宽泛的。中义的心理健康教育是指与思想道德素质教育、科学文化素质教育、审美素质教育、身体素质教育等相提并论、相对独立的心理素质教育。狭义的心理健康教育专指一般意义上的学校心理健康教育,即解决心理问题,预防心理障碍,维护心理健康。在学校素质教育的实施过程中,我们要树立大心理健康教育观,建构广义的心理健康教育视野,立足于中义的心理素质教育,从狭义的心理健康教育着手。当然,在心理健康教育不同的发展阶段或时期,根据各级各类学校教育的性质、任务和内容,可以有不同的对待、有所侧重。从广义、中义和狭义这三个层次去认识和把握心理健康教育,指导心理健康教育的实施,是相对合理、可行有效的认识路线和实践路径。

"横看成岭侧成峰,远近高低各不同",对心理健康教育的界定和研究,可以有也应当有多种学科的视角,有心理学的、教育学的视角,也可以有社会学的、文化学或其他学科的视角。研究的视角和价值取向不同,心理健康教育的理念就会不同,强调的重点也会有所不同。比如有学者从教育学视角来看,认为心理健康教育是张扬人性的教育,体现在人的心力、人的潜能、人的德性三方面;心理健康教育是发展性教育,包括求上心态、自主意识、健全人格三方面；心理健康教育是幸福教育，主要表现为察知幸福、体验幸福、追求幸福三方面①。对心理健康教育的研究，只要言之有据、严肃认真的解读方式和学科视角都应允许存在。不同角度的研究和不同方式的解读对心理健康教育而言是好事，是探寻心理健康教育规律的"放大镜"，是促进心理健康教育事业发展的"催化剂"，是建设心理健康教育学科的"酵酶菌"。我们可以也有必要从多方面、多维度去理解和把握心理健康教育概念的内涵与外延。

**1. 作为一种现代教育理念的心理健康教育**

心理健康教育是素质教育或全面发展教育中不可替代的一个方面或组成部分，但它首先是一种在内涵上与素质教育、全面发展教育等概念基本相同的教育理念。心理健康教育作为一种教育理念，存在于学校教育工作的全方位、全过程，成为指导所有教育者教育行为、教育实践的教育思想，而不只是学校教育中的一项具体工作，不仅仅是实现教育目的的一种手段。

**2. 作为一项"成人"教育旨趣的心理健康教育**

现代教育旨在教人学习做人、学会做人，其基础和核心是心理健康教育。从根本上说，心理健康教育就是人之为人的一种教育，而不是社会的工具，"成人"心理健康教育的核心旨趣，人格现代化是心理健康教育的最高目标和历史使命。就其本身所包含的意义而言，心理健康教育应该是一种最普及的教育，它应该像基本的伦理教育或健康教育那样，是当代青少年学会做人的一种本分，是一种最基本的文化教育和生活的训练。

**3. 作为一个复杂教育系统的心理健康教育**

从复杂科学的视野看，心理健康教育是一个内容丰富、形式多样、涵盖面广的复杂教育系统。作为一个处于动态发展过程中的概念，心理健康教育是如此之新，其范围是如此之广，以至于还无人完全知晓如何确切地定义它，甚至还不知道它的边界何在。然而，这也许正是它的全部意义之所在。借鉴一种复杂性科学的思维，如果说心理健康教育的研究领域目前尚显得有些模糊不清，那便是因为心理健康教育正在试图解答的是一切常规学科、一般教育学科或心理学科范畴所无法解答的问题。

**4. 作为一门新兴综合学科的心理健康教育**

心理健康教育在我国现阶段是一个开创性的教育领域，是一门既古老又年轻的新兴学科，是心理学视野拓宽和教育学兴趣扩展等多学科"联姻"融合的"新生儿"。从这个方面说，作为一门属于初始阶段的新兴学科，心理健康教育中的一些基本术语和概念尚未定论，也是正常的、合理的。面对"心理健康教育学科该向何处去"和"心理健康教育学科又该如何去"的追问，我们需要夯实基础、拓展空间、提升水平和凸显特色，在自觉的建构和探索中推动心理健康教育学科走向成熟和完善。

---

① 沈贵鹏.什么是心理教育——基于教育学反思[J].教育理论与实践,2001(7):51-55.

> **政策链接**
>
> 中小学心理健康教育,是提高中小学生心理素质、促进其身心健康和谐发展的教育,是进一步加强和改进中小学德育工作、全面推进素质教育的重要组成部分。
>
> ——教育部关于印发《中小学心理健康教育指导纲要(2012年修订)》的通知(教基一〔2012〕15号)

心理健康教育既是当代教育的一个方面、一个侧面,又是一种现代教育思想、一种教育制度。心理健康教育不应该只是某一学科领域专家学者的工作,而是一项全社会的共同事业。或者说,它应该被作为一项系统教育工程,纳入我们的整体教育或社会事业发展规划之中。心理健康教育是一个需要多学科共同关注、整合研究的领域,仅仅通过一门学科来探讨这一领域既是有限的,也是危险的。因为每一门学科都是从自己特定的学科视野来审视心理健康教育,不可避免地带有学科视差。我们需要整合多学科的研究成果和研究方法,用大心理健康教育观来俯瞰整个心理健康教育的全貌,以形成对现代心理健康教育清晰的、全方位的整体认识。只有这样,人在心理健康教育的研究中才是一个完整的存在。也只有这样,我们才能促进和实现我国心理健康教育的健康发展。

## 第二节 心理健康教育的基本目标

心理健康教育在我国现阶段是一项开创性的新兴事业,需要全新的教育理念和教育实践。在某种意义上可以说是一场教育思想的革命。在现代教育视野中,心理健康教育具有体现自身特质和规律的教育范式,即以教育者的心理健康为前提,以人格现代化为目标,以全体为对象,以成长为中心,以发展为重点,以学生为主体,以活动为载体,以尊重为基础,以自助为目的。这一"范式"既是现代心理健康教育基本理念和精神实质的体现,也是我国心理健康教育的基本要求。

### 一、心理健康教育的目标取向

"社会本位论"与"个人本位论"是教育最基本的两种目标取向。心理健康教育目标的提出要受制于社会发展的需要和个人发展的需要。从理论上讲,心理健康教育服务于个人发展的职能和服务于社会发展的职能并不矛盾,确定心理健康教育目的的内在依据和外在依据应该是统一的。心理健康教育价值取向的选择应该根据当前社会的客观需要做出具体的判断,需要强调"社会价值"时就突出选择"社会价值",需要选择"个人价值"时就重点发展"个人价值"。从我国当前的实际情况看,我们对个体的需要和作用关注不够,因而应突出选择实现"个人价值",并以此作为现阶段心理健康教育目标的基本取向。

**政策链接**

心理健康教育的总目标是：提高全体学生的心理素质，培养他们积极乐观、健康向上的心理品质，充分开发他们的心理潜能，促进学生身心和谐可持续发展，为他们健康成长和幸福生活奠定基础。心理健康教育的具体目标是：使学生学会学习和生活，正确认识自我，提高自主自助和自我教育能力，增强调控情绪、承受挫折、适应环境的能力，培养学生健全的人格和良好的个性心理品质；对有心理困扰或心理问题的学生，进行科学有效的心理辅导，及时给予必要的危机干预，提高其心理健康水平。

——教育部关于印发《中小学心理健康教育指导纲要（2012年修订）》的通知（教基一〔2012〕15号）

## 二、心理健康教育的基本理念

### （一）全心理健康教育观

所谓全心理健康教育观，可以从四个方面来理解：一是心理健康教育的对象是全体学生，而不只是少数有严重心理问题的学生；二是心理健康教育的目的是学生心理的全面和谐发展，而不是片面的或单方面的发展，要实现智力因素与非智力因素、大脑左半球机能与右半球机能发展的协调统一；三是心理健康教育主体的全员化，即学校全体教师都应重视和参与心理健康教育；四是心理健康教育影响的全方位，坚持把课内心理健康教育和课外心理健康教育连为一体，把心理健康教育贯穿于学校工作的各个方面，贯通于学校教学、科研和管理的各个环节，坚持全方位的心理育人。可见，全心理健康教育观的内涵和外延极为丰富，包括全人心理健康教育、全面心理健康教育、全员心理健康教育和全位心理健康教育。

全心理健康教育观的提出，是社会发展的时代需求，也是主体发展的内在需求。未来社会所需要的高素质人才，必须具有理性的价值观念、全新的思维方式、健全的身心素质、科学的生活态度和文明的行为方式。正如联合国教科文组织召开的21世纪国际教育研讨会的专题报告明确提出：理想、责任感、自立精神、坚强意志和良好的环境适应能力、心理承受能力，是21世纪人才的主要特征，"21世纪最成功的劳动者，将是最全面发展的人，是对新思想和新的机遇最开放的人"[①]。学校心理健康教育理应承担起培养心理全面和谐发展、人格健全的现代人的任务，为实现个体的人格现代化服务。

实践和建构全心理健康教育观，我们需要对现有的学校心理健康教育观念和实践

---

[①] 原国家教委教育发展研究中心，中国教科文组织全委会秘书处.未来教育面临的困惑与挑战[M].北京：人民教育出版社，1991：45.

进行理性的反思。事实上，一些学校心理健康教育工作者在认识上和实践中已经不自觉地陷入了"误区"，如"心理健康教育就是维护学生心理健康的教育"，忽视了培养心理素质、提高心理机能等根本性的重要目标；认为"心理健康教育是针对少数有心理问题学生的补救性教育"，忽视了心理健康教育对象主要是心理正常发展的学生；认为"心理健康教育应当由少数合格的专业工作者承担，普通教师无能为力也不宜承担"，忽视了"心理育人"是全体教师、各学科教师都应当承担的育人任务。这些问题如果不能及时解决，不但阻碍学校心理健康教育工作的深入开展，而且很可能使我国学校心理健康教育事业偏离健康的发展轨道而误入歧途。当然，同样需要强调的是，实践和建构全心理健康教育观，我们要把全体学生心理发展的普遍性和个体心理发展的特殊性有机结合起来，因人施教，因心施教，不搞"一刀切""一锅煮"；强调个体心理的"全面发展"也绝不是"平均发展"，而是建立在个体心理基础上实现个性最优化、人格现代化的全面发展。只有这样，全心理健康教育观才能真正落到实处。

### （二）类心理健康教育观

人是心理健康教育的主题和实质，人的问题既是心理健康教育的核心内容，也是理解心理健康教育的支点。未来的人将是以类为本位的一体化的存在，他将扬弃个人主体的"唯我性"，而融入"类"的意识，成为具有类本质、类意识的个人主体。[①] 类主体的出现，要求未来的学校心理健康教育必然是类主体的心理健康教育。所谓类心理健康教育观，就是用类哲学思想对作为类主体的人和心理健康教育的一种全新理解，因此，它不是一种具体的心理健康教育模式，而是体现为一种现代教育理念。从根本上说，类主体心理健康教育观体现为一种本体心理健康教育思想，它追寻人的生命的本身价值和心理健康教育的本体价值，致力于使心理健康教育真正地促进人的自为的价值生命的成长。类心理健康教育观把人的本体作为其核心支点，心理健康教育是关于人的、为了人的心理健康教育。因此，类心理健康教育是一种真正的使人"成人"的心理健康教育，是一种"完整人"的心理健康教育，是一种"自由人"的心理健康教育。

从类心理健康教育观来观照我国学校心理健康教育，我们在价值取向上应当是"以人为本"的，即把人视为自身心理发展与建设的主人，把人作为"目的"而不是"手段"，一切从人出发，一切为了人，一切服务于人，一切着眼于人的全面发展，重视人的生命和生活，关怀人的价值和使命，关照人的精神和信仰。因此，从根本上说，心理健康教育是人之为人的教育，而不是社会的工具，"成人"是心理健康教育的核心旨趣。从类心理健康教育观出发，学校心理健康教育应当以积极的人性观为指导，促进青少年学生的心理健康和谐发展，引导青少年的人格现代化，提升青少年作为类主体的人的地位。具体反映在发现人的存在价值，发掘人的心理潜能，发挥人的精神力量，发展人的个性人格。这四个方面反映了类心理健康教育观的基本价值取向，也真正体现了现代"人本心理健康

---

① 冯建军.当代主体教育论[M].南京:江苏教育出版社,2001:391.

教育"的真谛和使命。

学校心理健康教育应该自觉地走在素质教育的前列,有责任带头纠正现实中不合情理甚至是极不人道的教育情形,也就是要使人属的心理健康教育真正成为属人的类心理健康教育,使非人化的心理健康教育真正转变为人性化、人本化的类主体心理健康教育。类心理健康教育观并不排斥学校心理健康教育社会取向的基本功能,关键在于把心理健康教育作为发展个性、提升人性的一种手段,真正确立起学生作为人的类主体地位。

### (三) 自心理健康教育观

所谓自心理健康教育观,是指在心理健康教育过程中充分贯彻主体性原则,引导学生学会自助、自律、自觉、自主实现自身发展的一种教育理念。从某种意义上说,心理健康教育过程不只是教育者对受教育者进行教育的过程,而且更应该是受教育者自我教育的过程。学生是自己心理发展的主体,是自身心理建设与心理资源开发的主人,心理健康教育影响必须通过学生主体"自己运动"才能发挥作用,即通过当时所具有的心理状态、心理活动而发生教育作用。一般来说,学校心理健康教育的效能与学生主体的参与程度呈正相关,没有学生积极主动的自觉参与,学校心理健康教育就会"形同虚设""可有可无"。许多学校心理健康教育工作者都有这样的感悟和共鸣:自心理健康教育观是真正体现"以学生成长为中心、以学生发展为本"的现代教育理念,它对学校心理健康教育实践产生的影响将远远超出其自身。

建构自心理健康教育观,学校心理健康教育要注重突出学生作为现代人的主体性,注意学生的自觉认同、自主接受与自我内化,强调引导学生自己认识自己的问题,自己主动寻找解决问题的办法,自己做出理性的判断与选择,自己学会对自己负责,增强学生的"主人翁"意识,鼓励和支持学生的自主探索和活动,通过引导学生的积极性、主动性和自觉性,真正"使学生成为自主自动的思想家"(布鲁纳语)。总之,学校心理健康教育要承认和尊重每个学生都具有作为人的独立的价值、尊严与权利,把学生生命与活动的自主权交还给他们,这也是我们做好心理健康教育工作的一个基本理念。

实践自心理健康教育观,学校心理健康教育工作者需要更新教育观,强化服务意识,弱化干预观念,既不"越俎代庖、包办代替",又不"放任自流、撒手不管",而是引导和帮助学生自觉、自知与自助,"通过他助学会自助,由他律变为自律",从根本上提高学生的心理修养。学校心理健康教育工作者的主要职责是为学生创造新的"最佳发展区",为学生引路,指导学生学会走路。正如北京师范大学林崇德教授所说:"好比产婆和媒婆,产婆的任务是帮助孕妇顺利生产,媒婆的任务是为青年男女牵线搭桥"。[①] 这对我们理性地扮演心理健康教育工作者的多重角色,如学生心理发展的促进者、心理健康的维护者、心理问题的诊断者、心理困惑的辅导者,是富有启发意义的。

---

① 林崇德.教育的智慧[M].北京:开明出版社,1999:251.

**(四) 本心理健康教育观**

所谓本心理健康教育观,就是指本土化的、富有特色且适合自身发展的心理健康教育理念。"本土化"一词在含义上既不同于"本土法",也不代表心理健康教育的任何一种具体方法。就学校心理健康教育实践而言,负责施教者是本地区的教师,接受教育的是本地区的学生。因此,任何有关心理健康教育的问题,全都是本土性的。针对本土性的学校心理健康教育问题,选择适当的方法策略以谋求解决,以实现学校心理健康教育目的的一切构思与实际运作,即是心理健康教育的本土取向。本土化的目的在于考察本土文化中的特定心理行为,在于考虑到反映本土文化传统的心理生活的意义,在于发展能够解释特定心理行为的模式和理论,在于建构适合本土的心理健康教育体系。本土化既是我国学校心理健康教育理论研究和实践探索的生命力和希望之所在,也是一项极其艰苦、任重道远而且必须为之奋斗的发展目标。①

我国学校心理健康教育不是教育系统的"赘生物",也不是现代教育发展中的"舶来品"。反思我国整个教育系统,我们有理由认为,心理健康教育是原生的,是伴随教育现象起源的最古老的教育内容,是素质教育系统有机的构成要素。我国过去的学校教育中心理健康教育没有得到彰显,并不表明不存在心理健康教育,只是说明它没有得到足够的重视。正由于对当今西方心理健康教育模式(主要是心理咨询)的不满,由于对现存学校心理健康教育过度西化倾向的认识,我国学校心理健康教育的一些专家学者和实践工作者发出了日益高涨的心理健康教育中国化的呼声,展开了逐渐深入的心理健康教育本土化的努力。当然,本土化的学校心理健康教育并不意味着坚持文化的相对主义,相反,它不仅会提供对不同文化背景中的心理行为的理解与服务,而且也会对全人类共同的心理健康教育事业做出贡献。

探索中国自己的心理健康教育之道,建构本土化心理健康教育发展理念,我们应当遵循的基本思路是,学习借鉴国外心理健康教育(主要是心理咨询)的基本思想,在不盲从的前提下对其进行理性的批判和合理的对抗,这对推进学校心理健康教育的中国化是大有助益的;充分发掘和继承发扬中国传统的心理健康教育思想,"取其精华、去其糟粕",这对探索本土化心理健康教育发展路向是非常必要的;总结新时期我国学校心理健康教育鲜活的新经验,如心理—道德教育模式、把班级心理健康教育作为学校心理健康教育的基本组织形式、创办"家长心理健康教育学校"形成学生心理发展的社会支持系统。② 概括地说,我国学校心理健康教育更需要贴近现实国情、社会文化的氛围,重视研究和挖掘我国传统心理文化的底蕴,逐步形成适应于本土文化圈的校本心理健康教育模式。

---

① 崔景贵.我国学校心理教育的研究困境与变革[J].教育研究,2001(5):33-36.
② 班华.探索中国自己的心理教育之道[J].中小学心理健康教育,2001(7):7-9.

### (五) 泛心理健康教育观

所谓泛心理健康教育观,是从生活世界观出发把心理健康教育本身视为生活,即把心理健康教育看作人生活的一种形式,当作学生生活或存在的方式,当作学生自我生成、自我实现、自我完善的生活过程。在这里,心理健康教育不再是工具,而成为目的,成为人的生活或人的存在本身。在反思 20 世纪教育时,人们认识到"一个人是通过共同生活的过程来教育自己的,而不是被别人所教育的"[①]。当前我国学校心理健康教育的一大误区就是心理健康教育与生活世界的剥离,因而当前学校心理健康教育的内容应注重同现实生活紧密联系,在面向生活中不断扩大、拓展,以满足和适应社会发展和青少年发展的需要。理性向生活世界的回归是 20 世纪人类精神的重要发展趋向,因而可以预见,重返生活世界,提升生活质量,引导青少年学会生活是未来国际化时代学校心理健康教育的基本指向。

"回归生活世界"是现代教育的共同走向,我国学校心理健康教育更应建构和凸显这一理念。以泛心理健康教育观来认识学校心理健康教育,实质上是从"生命意义"和"生成论"的意义上来把握心理健康教育,将心理健康教育视为学生的"生活形式"和"生命形式",从而更有可能释放心理健康教育的生活活力和展示心理健康教育的生命价值。这一理念主张从学生的心理实际出发,在生活世界中选择适合学生心理特点的典型材料,在具有现代化生活气息的活动情境中通过学生自主的认知、体验、反省与实践来促进心理发展。简而言之,泛心理健康教育观的理想目标是将知能的培养、情意的陶冶、人格的完善与生活的境界、生存的智慧、生命的价值等有机融合在一起,让学生"学生活的知识,学生存的技能,学生命的意义"[②],让学生的现代化人格和精神生命得以自由地生长。

泛心理健康教育观强调认识生活的心理健康教育意义,目的在于发挥学校和教育对社会生活的简化、净化和平衡作用,更好地联系学生生活来开展心理健康教育,通过生活来实施心理健康教育。正因为心理健康教育具有生活意义,以及生活具有心理健康教育意义,关注生活、联系生活和回归生活的策略,体验生活、建构生活和提升生活的策略,才成为新时期我国学校心理健康教育必要的基本策略,也是泛心理健康教育观的立意所在。

心理健康教育的目标取向、基本理念及其建构,不仅体现了现代教育的核心精神,还反映了对教育实质和价值的深刻理解。通过全心理健康教育观、类心理健康教育观、自心理健康教育观、本心理健康教育观和泛心理健康教育观五大理念的具体实践,学校心理健康教育将更加全面和深入地影响学生的成长和发展,使其在心理健康和人格发

---

① 联合国教科文组织国际教育发展委员会.学会生存——教育世界的今天和明天[M].北京:教育科学出版社,1996:28.

② 这是我国台湾教育家高震东先生在《忠信教育法》一书中谈及的学生的概念.转引自林崇德.教育的智慧[M].北京:开明出版社,1999:7.

展上达到新的高度。这一切不仅有助于个体的全面发展,更为社会的和谐与进步奠定了坚实的基础。

## 第三节　心理健康教育的时代使命

全国教育大会①提出以立德树人铸就教育之魂,"以凝聚人心、完善人格、开发人力、培育人才、造福人民为工作目标"。未来教育必定会更多关注人的心灵、思想和精神的成长,注重实现人的生命意义、存在价值和幸福状态。人工智能是我们这个时代最伟大的教育变革。人工智能必将开启未来心理健康教育的理想之门,心理健康教育必须致力于培养智能化时代的"新人"。在心理健康教育认识上我们要着力解决好一些核心问题:人工智能时代究竟需要什么样的人才?心理健康教育如何才能培养人工智能时代需要的人才?积极心理健康教育应该审时度势,因势而动,顺势而为,做出理性务实的选择与行动。

### 一、人工智能与人才培养

面对人工智能的诸多挑战,现代人心态各异,观点各异。伴随时代发展变迁,人与机器的关系正在发生变化,人工智能技术能否替代当前行业人力/人才?智能化时代人的存在价值与生命意义何在?《未来简史》讲述了随着以大数据、人工智能为代表的科学技术发展的日益成熟,人类将面临从进化到智人以来最大的一次改变,绝大部分人将沦为"无价值的群体",只有少部分人能进化成特质发生改变的"神人"。但人工智能发展并不是要取代人、压迫人或否定人,让人产生无能无望感、无用无助感,而是要进一步解放人、服务人,让人更有尊严地生活、更加和谐地发展。"未来是一个体验时代,适应时代和创造时代,只有在这些人类独有的优势上胜出,才能成为未来的主人。"人工智能时代需要培养什么人才?如何把握人工智能时代的人才培养与教育?美国教育界有研究揭示,影响或预示一个人(孩子)未来成功的 7 大因素或"秘密武器",主要是坚毅(Grit)、激情(Zest)、自制力(Self-control)、乐观态度(Optimism)、感恩精神(Gratitude)、社交智力(Social Intelligence)和好奇心(Curiosity)。积极是人工智能时代需要的核心品质和人格特质。立足人工智能新时代,现代心理健康教育改革创新必然选择差异化、个性化和精准化的发展之路,更加注重培育学生终身学习能力、幸福生活能力和核心职业素养,真正写好人才培养高质量、现代化发展的"奋进之笔"。

---

① 2018 年 9 月 10 日,全国教育大会在北京召开。中共中央总书记、国家主席、中央军委主席习近平出席会议并发表重要讲话。

## 二、人工智能技术与心理健康教育发展

未来已来,将来已至,学校心理健康教育管理服务真的准备好了吗?我们应该如何全面理性审视人工智能时代的心理健康教育意蕴?如何积极实现人工智能时代的心理健康教育变革?人工智能时代学生需要什么样的心理健康教育?人工智能时代心理健康教育又能给学生什么?这些问题我们必须直面、深刻思考和理性回答。美国联邦教育部在《21世纪技能框架》中公布的四个主要内容是核心课程和21世纪教育主题(Core Subjects and 21$^{st}$ Century Themes)、生活和工作技能(Life and Career Skills)、学习和创新能力(Learning and Innovation Skills)、信息媒体与技术能力(Information, Media and Technology)。其中,学习和创新能力处于21世纪学习技能的金字塔顶端,包含创造性和创新能力(Creativity and Innovation)、批判性思维和问题解决能力(Critical-thinking and Problem-solving)、交流能力(Communication)和合作能力(Collaboration)。这些能力俗称"4Cs",被视为美国教育革新的核心任务。可见,信息化和智能化时代孩子最需要掌握且终身受益的核心技能有:终身学习能力、创新实践能力、数据分析能力、自我认知能力、情感处理能力。人工智能的诸多新技术必定会促进学校教育、创新学校教育,学校教育人才培养目标必须有新的转向与转换。现代心理健康教育要全面实现人工智能化,学校教育管理服务需要全方位、全过程的智能化。心理健康教育智能化预示着"学习方式的革命":未来学校的课堂或教室会在哪里?谁来做教师?谁才是学生?可以相信,人工智能技术的科学应用,使得心理健康教育更加适合人(学生)、能够提供更为优质的教与学。新时代学校好教师一定要树立引领未来心理健康教育发展的理想,秉承为积极而教的实践信念,培育智能化时代需要的以积极为核心特质的"新人"。

## 三、人工智能时代与积极心理健康教育

未来心理健康教育范式的创新建构,究竟是"AI+心理健康教育"还是"心理健康教育+AI",需要进一步系统探究、科学探索。毫无疑问,心理健康教育必须实现人才培养与人工智能的协同协作,借助人工智能的优势让人成为真正意义的现代人,倡导人本、尊重人性、读懂人心、提升人力、健全人格,回归立德树人、立体育人的初心和使命。心理健康教育可以充分利用智能机器或智能技术培养未来社会需要的现代人,但不应该培养缺乏人文精神与情怀的"机器人""技术人"或"空心人"。人工智能时代是一个积极教育优先、回归积极教育的新时代,更加注重积极、建构积极和追求积极的新时代。积极教育是全球共同利益和构建人类命运共同体的价值追求。基于智能化视域建构积极心理健康教育范式,基本策略有:一要重构心理健康教育目标,全面提升心力与优化智能;二要重组心理健康教育过程,鼓励学习自由(主)与行动创新;三要重选心理健康教育内容,注重彰显积极个性与贴近个体需求;四要重置心理健康教育生态,倡导幸福体验与民主平等;五要重换心理健康教育评价,追求更为适合与更加优质的标准。实现

"让每一个学生幸福成长、人人成才"的中国教育梦,我们要从"心"出发,理解教师职业的幸福意蕴;初"心"不忘,追寻幸福的现代心理健康教育;用"心"而为,做有幸福力的新时代好教师。

尤瓦尔·赫拉利曾说:"我不是预言家,我只是给大家指出历史的可能性,希望一旦危机真的降临,我们已经做好了准备。"展望人工智能时代的新挑战、新期待,我们可以形成一些基本共识:心理健康教育智能化必定注重引导学生成为求真向善尚美整体和谐的积极"心理人",成为幸福学习、健康生活的"有心人""真心人"和"实心人"。人工智能时代推动心理健康教育高质量发展,亟待全面提升积极教育力,尤其是学习力、思想力、行动力、创新力和幸福力,使得每一个学生心智更健全、心态更阳光、心灵更美丽。把握智能化发展的新机遇,现代心理健康教育必将开拓创新、砥砺前行,实现弯道超越、变轨超车。我们都在积极心理健康教育的大路上努力奔跑,我们都是满怀激情、执着同行的追梦人。奋进新时代、开启新征程,积极心理健康教育理应更有新作为、书写新篇章。

## 第四节 心理健康教育的积极取向

积极型心理健康教育是一种致力于培养人的优秀品质和美好心灵、促进心理积极和谐发展与心理潜能充分开发的心理健康教育。在全面探讨积极型心理健康教育的内涵之前,有必要对其理论来源与实践探索的发展历程做一个概要的梳理和考察。

### 一、积极型心理健康教育的理论来源

积极型心理健康教育的重要理论来源之一是积极心理学的兴起。"积极心理学是致力于研究人的发展潜力和美德的科学"①,其发起者是美国当代著名心理学家赛里格曼(Seligman)。积极心理学倡导人类要用一种积极的心态来对人的许多心理现象包括心理问题做出新的解读,并以此来激发每个人所固有的某些实际的或潜在的积极品质和积极力量,使得每个人都能够顺利地走向属于自己的幸福彼岸。积极心理学主张以人的积极力量、善端和美德为研究对象,强调心理学不仅要帮助处于某种逆境条件下的人们知道如何求得生存和发展,更要帮助那些处于正常境况下的人们学会怎样建立起高质量、有尊严的个人生活与社会生活。显然,积极心理学浪潮的涌现,是对传统心理学的批判与修正。过去,心理学家忙于治疗有疾患的心灵,而不是使健康的人更快乐、

---

① 读者可以参阅国内一些学者关于积极心理学的相关文献,主要有:杨鑫辉.诠释与转换:中国传统心理学思想的积极价值[J].南昌大学学报(人社版),2002(2);任俊,叶浩生.积极心理治疗思想概要[J].心理科学,2004(3);张倩,郑涌.美国积极心理学介评[J].心理学探新,2003(3);李金珍,王文忠,施建农.积极心理学:一种新的研究方向[J].心理科学进展,2003(3);还包括本节中提及的一些参考文献。

幸福。因而积极心理学的拥护者宣称:"当代心理学正处在一个新的历史转折时期,心理学家扮演着极为重要的角色和新的使命,那就是如何促进个人与社会的发展,帮助人们走向幸福,使儿童健康成长,使家庭幸福美满,使员工心情舒畅,使公众称心如意。"①积极心理学作为当代心理学的最新进展,作为心理学的一个概念、一种思想、一种理念、一种技术和一种行动,对世界心理学的发展路径以及心理教育范式的走向产生了巨大的影响。

积极型心理健康教育的另一个重要源泉,是人本主义思潮以及它所激发的人类潜能运动。二十世纪五六十年代,马斯洛、罗杰斯等人本主义心理学家开始研究人性的积极面,对于现代心理学的理论产生了深远影响,在一定程度上引起心理学界关于心理活动的积极方面的重视。人本主义的心理健康教育观,既反对精神分析的潜意识决定论,又拒绝行为主义的环境决定论。它认为,心理健康教育应当关注人的主观心理体验,帮助人实现其最大的潜能,充分达到自我实现。人本主义心理学家认为,行为主义心理学只研究行为注定会丧失人的人性,而以弗洛伊德为代表的精神分析心理学观点只研究不正常的人,其材料多半来自他的临床案例,特别是他对精神病患者和心理变态者的研究。马斯洛对此始终持高度的批评态度:"如果一个人只潜心研究精神错乱者、神经病患者、心理变态者、罪犯、越轨者和精神脆弱者,那么他对人类的信心势必越来越小,他会变得越来越'现实',尺度越放越低,对人的指望越来越小……因此对畸形的、发育不全的、不成熟的和不健康的人进行研究,就只能产生畸形的心理学和哲学。这一点已经是日益明显了。一个更普遍的心理科学应该建立在对自我实现的人的研究上。"②马斯洛用了一个比喻来说明他的观点:

如果你想知道一个人一英里能跑多快,你不会去研究一般的跑步者,你研究的是更出色的跑步者,因为只有这样的人才能使你知道人在更快地跑完一英里上所具有的潜力。③人本主义心理学思潮及其所激发的人类潜能运动,产生了巨大的思想冲击,为现代社会积极型心理健康教育的崛起奠定了坚实的思想和理论基础。

积极型心理健康教育也是世界心理卫生运动发展和推动的结果。从世界心理卫生运动的发展史来看,人们对于心理健康的认识以及行动,主要经历了治疗—预防—发展的过程,也就是从生物医学模式向生物—心理—社会医学模式转变,并逐渐向提高心理素质、促进个性发展的发展性模式转变。在20世纪,人们更多地把注意力集中在对人类心理问题、心理疾病的诊断与治疗,消极取向的心理健康教育成为主导模式,缺乏对人类积极品质的研究与探讨,也限制了心理健康教育的发展与应用。

"医疗模式的心理健康服务,其功能往往只是将人的病医治好。不像发展与成长取向的心理辅导(教育),其功能是促进人整体上积极的改变与成长。"④这就使得心理卫

---

① 苗元江,余嘉元.积极心理学:理念与行动[J].心理学(人大复印资料),2003(6):10-16.
② [美]弗兰克·G.戈布尔.第三思潮——马斯洛心理学[M].上海:上海译文出版社,2001:2.
③ [美]弗兰克·G.戈布尔.第三思潮——马斯洛心理学[M].上海:上海译文出版社,2001:3.
④ 林孟平.中国的心理辅导与治疗迈向专业化之路[J].教育研究与实验,1999(3):39-45.

生工作的中心由集中在个体心理不健康一面的消极态势向对个体心理健康一面关注的积极态势转变。心理健康教育正是在这一大背景之下进行的,理所当然在理念上由消极的心理障碍与疾病的防治向积极的心理适应、心理潜能开发与心理发展方面演进。

积极型心理健康教育的诞生,也是由于当今人类心理建设和社会和谐发展的推动。越来越多的心理学研究发现:幸福、希望、信心、快乐、满意是人类成就的主要动机,人类的积极品质是人类赖以生存与发展的核心要素,心理学需要研究人的光明面,需要研究人的优点与价值。正如赛里格曼所言:"当一个国家或民族被饥饿和战争所困扰的时候,社会科学和心理学的任务主要是抵御和治疗创伤;但在没有社会混乱的和平时期,致力于使人们生活得更美好则成为他们的主要使命。"①社会发展的历史已经证明,当一个社会处于稳定和繁荣的时期,这个社会就会特别关注优良品格、幸福、创造性和高质量的生活等个人层面和集体层面的积极品质,而对积极品质的自觉关注又会进一步促进社会的稳定、繁荣与富强,两者相互促进,互为因果。在我们努力建设小康社会与和谐社会,加快实现现代化步伐的今天,积极型心理健康教育兴起的社会价值与意义就愈加凸显。

正是由于积极心理学思潮的凸显与引领,正是出于对传统消极心理教育的批判与反思,正是由于人本主义心理思潮的推动,正是因为世界心理卫生运动的发展与推动,也正是因为当今社会健康发展和提升现代生活质量对现代心理健康教育的需要与呼唤,它们共同拉开了心理健康教育从障碍性、治疗性研究向发展性、积极性研究转变的历史序幕,从而宣告了一种新的理念和范式——积极型心理健康教育的诞生。

## 二、积极型心理健康教育的思想基础

在国内,应该说积极型心理健康教育的思想源远流长、由来已久。我国古代心理健康教育就特别注重启发潜能、发展智能、鼓励立志、调控情感、锻炼意志与健全人格等。② 而积极型心理健康教育在当今时代的兴起则是基于对心理健康教育目标与功能的理性反思与重新认识。1987年南京师范大学班华教授提出"心育"概念,认为"心理健康教育是有目的地培养受教育者良好的心理素质,提高其心理机能,充分发挥其心理潜能,进而促进整体素质提高和个性发展的教育。"③这是国内理论界从积极的视野与层面最早对心理健康教育做出的明确界定,突出强调心理健康教育的发展性功能和积极意义,产生了深远的影响。"我们所说的心理教育,主要是指主动的、积极的、发展性的心理教育。这是与现代教育精神一致的心理教育,是以人的发展为本,旨在优化人的心理素质、提高人的心理机能,进而促进人的整体素质发展,形成健全人格的心理教育。"④

---

① 崔丽娟,张高产.积极心理学研究综述[J].心理科学,2005(2):402-405.
② 崔丽莹,黄忆春.心理素质教育论[M].广州:广东教育出版社,2002:257.
③ 班华.心育论[M].合肥:安徽教育出版社,1994:9.
④ 班华.中小学心理教育丛书总序[A].崔景贵.心理教育(职业学校)[C].南京:南京师范大学出版社,2002.

上海师范大学燕国材教授为《辞海》(1989年版·增补本)撰写了"心理教育"条目。在《辞海》1999年新版本中,"心理教育"一词的解释是"以培养心理素质和解决心理问题为基本目标的教育。包括心理培养、心理训练、心理辅导、心理咨询、心理治疗等。有两种形式:一是积极的心理教育,指培养心理素质,促进身心健康,是占主要地位的形式。二是消极的心理教育,指解决心理问题,保持身心健康,是占辅助地位的形式。其主要任务是解决心理失常、心理障碍等心理问题,防止心理变态、精神病等心理问题的产生。"[①]这一表述既给心理健康教育下了简明的定义,提出了心理健康教育的目的与任务,又指出了开展心理健康教育的两种形式,还透露出了心理健康教育发展基本走向的信息,也预示着心理健康教育范式的一场变革。

防治与发展始终是心理健康教育的两大主题,也是两种不同的教育价值取向。按理说,心理问题的预防与促进心理的发展并不矛盾,这是相辅相成的两个方面。有效的预防能有利于发展,积极的发展能从根本上保证预防。随着对心理健康教育认识的不断深化,心理健康教育的发展性理念已经被越来越多的人接受。从注重心理障碍与疾病的预防、咨询和治疗逐步转变为重视引导人的心理健康和谐自主发展,促进人的心理可持续发展,建构、创造和引领人的心理的"最近发展区",是心理健康教育功能定位变革的基本趋向。人们已经认识到:心理健康教育的核心旨趣是促进和实现人的心理发展,发展是心理健康教育的根本性功能。可以预言,在并不久远的将来,以发展为目标的心理健康教育在整个心理健康教育体系当中必定处于基础地位,将会成为心理健康教育的重点。以发展性功能为主,预防性、治疗性功能为辅将成为人们建构心理健康教育范式的共识,积极意义上的积极型心理健康教育范式将会得到进一步的发展。

众所周知,心理健康教育有两种目标,消极目标是预防和治疗各种心理和行为问题;积极目标是协助学生在其自身和环境许可范围内达到最佳的心理功能,使得潜能得到最大程度的开发,人格或个性更加完美。从积极的角度看,心理健康教育的核心旨趣是促进每个学生最大程度地发展自己。即使从消极的角度看,上策是预防心理障碍而不是治疗心理障碍。[②]

但在国内,人们对心理健康教育目标和价值的认识还不够深刻,目前大多数学校和教师还是更多地着眼于矫正性、防治性的心理健康教育工作,主要还是解决少数学生存在的心理障碍,似乎学校心理健康教育的意义就在于解决学生的各种心理危机,就在于治疗学生的心理障碍和疾病,忽视了对心理发展课题的积极引导,忽视了当今大多数青少年学生的心理发展需求。但这种只见"症"不见"人"的心理健康教育已经不能适应学校素质教育改革的需要。积极型心理健康教育范式主张面向全体学生,侧重于心理品质的优化和心理潜能的开发。唯有实施积极型心理健康教育,才能从根本上纠正心理

---

① 辞海(1999年版普及本)[M].上海:上海辞书出版社,1999:4533.
② 林崇德.积极而科学地开展心理健康教育[J].北京师范大学学报(社会科学版),2003(1):31-37.

健康教育存在的这些带有普遍性的、倾向性的误区和偏差,这也使得积极型心理健康教育必将一呼百应,迅速崛起。

积极型心理健康教育主张研究人类的积极品质,关注人类的生存与发展,并以全新革命的理念、开放互动的姿态和科学的研究策略,诠释与实践着心理健康教育范式,引领着当代心理健康教育的发展方向。现在,人们对心理健康教育目标和功能的认识定位正在悄然发生改变。"心理教育就是对学生进行健康的积极向上的性格、气质、兴趣和能力的教育,培养他们具有适应环境、承受挫折、自我调控的心理素质。"[①]我国香港学者岳晓东在谈及香港中小学心理辅导情况时说:"当今的学生辅导重在学生的个人成长与全面发展。它力求以发展与积极的眼光来看待学生成长中出现的问题与偏差,并试图给学生提供一个温暖、充满关注的环境来促使学生更好地认识自我、发展自我,进而建立积极的人生观与良好的自我形象。因此,它是以发展性、预防性为主的,而其视野也更加宽广。"[②]

从教育学的视野看,积极型心理健康教育属于张扬现代教育精神的心理健康教育范畴。所谓现代心理健康教育,主要是对人的心理关怀,关注人的心理发展,发挥人的心理潜能,体现人的心理价值。简要地说,现代心理健康教育的主要精神或主要特征是主体—发展性。心理健康教育具有开发潜能、培养智慧、启迪心灵、陶冶人性、塑造人格的功能,通过心理健康教育促进人的心理社会化和人的心理发展、完善。从目前教育实践探索和教育模式建构看,主体教育、快乐教育、愉快教育、幸福教育、希望教育、阳光教育、情境教育、尝试教育、挫折教育、创造教育、成功教育、和谐教育、生活教育、生命教育、生存教育等都闪烁着现代心理健康教育精神的光华,也是积极型心理健康教育理念在教育实践中的生动体现。

## 三、积极型心理健康教育与消极型心理健康教育的比较

积极型心理健康教育与消极型心理健康教育有何不同?通过对积极型心理健康教育与消极型心理健康教育两种范式差异的比较,我们可以更好地理解积极型心理健康教育的特征、实质以及积极型心理健康教育对学校教育、学生成长与发展的意义。积极型心理健康教育的理论主张主要有三个方面:一是如何看待心理健康教育的目标和人的心理发展;二是如何预防人的心理问题;三是如何看待和治疗心理问题。积极型心理健康教育不同于消极型心理健康教育的特点主要表现在以下几个方面:

**1. 工作目标不同**

消极型心理健康教育侧重于心理障碍层面的矫正和治疗,以消除或缓解学生的心理障碍为主要目的。积极型心理健康教育则侧重于心理发展任务,强调促进人的心理发展和成长,排除正常发展过程中的障碍。

---

① 詹万生.中小学德育课程改革与创新[J].教育研究,2003(1):50.
② 崔丽莹,黄忆春.心理素质教育论[M].广州:广东教育出版社,2002:257.

**2. 工作对象不同**

消极型心理健康教育是着眼于少数严重心理问题的人,甚至是心理疾病患者,而积极型心理健康教育面向所有需要心理服务的正常人。

**3. 工作队伍不同**

消极型心理健康教育的工作人员一般多为拥有变态心理学、精神病学和心理治疗技术等障碍性知识背景的专业人员,积极型心理健康教育的工作人员大多要掌握发展心理学、教育心理学和心理辅导技术,队伍组成可以是专业人员和广大教师、家长。

**4. 工作形式不同**

消极型心理健康教育多采用个别方式,主要采用矫正、治疗性的方法,强调一对一解决工作对象的具体障碍问题,具有浓厚的医疗色彩,而积极型心理健康教育经常采用团体辅导方式,包括教学、讲座、心理剧和小组活动等,充满浓厚的教育色彩。

当然,上述区别只是相对的,积极型与消极型心理健康教育两者之间存在着密切的联系,即促进心理健康与发展是预防心理障碍的最好办法,如果心理发展课题解决不好,就容易引起心理障碍,而心理障碍问题的顺利解决也有助于促进心理发展课题的完成。比较而言,积极型心理健康教育是基础性工作,消极型心理健康教育是补救性工作,两者是相辅相成的两个方面。需要说明的是,强调积极型心理健康教育为主,并没有忽视或否认消极型心理健康教育存在的必要和合理性。但积极型心理健康教育是现代心理健康教育的特色和生命力之所在,学校教育始终应该以积极型心理健康教育为重点和主导,因为它更能够反映心理健康教育的本质,更符合学生成长的需要,也更符合学校教育的根本宗旨和培养目标。

## 四、积极型心理健康教育的时代意义

积极型心理健康教育是对传统心理健康教育的一种修正和反动。这种转变不是程序性的技术改变,而是方向性的彻底变革。

"这不只是一次改进,而是在整个方向上的真正改变;就好像我们一直是朝北走的,但现在转而向南走了。"[①]积极型心理健康教育对于实现心理健康教育价值回归提供了新的学术视野,代表着一种新的研究方向。积极型心理健康教育强调人性的积极面,可以使心理健康教育研究的各个方面都更加注重于培养和调动人性中固有的力量,从而使得治疗、咨询、培训、教育更为有效和顺畅。

积极型心理健康教育的积极意义,不在于其提出的任何特定的假设和规则,而在于它为心理健康教育乃至整个社会,提供了一种全新的思维方式和认识视野,为我们打开了心理健康教育为人类命运和社会发展服务的大门。积极型心理健康教育愿意担待社会发展的历史使命,使得绝大多数人都能过一种相对满意幸福、有尊严、有意义、高质量

---

① [美]弗兰克·G.戈布尔.第三思潮——马斯洛心理学[M].上海:上海译文出版社,2001:124.

的心理生活。积极型心理健康教育就是要让健康者更健康,让幸福者更幸福,让快乐者更快乐,让乐观者更乐观,让自信者更自信,让智慧者更智慧,让满意者更满意,让成功者更成功。正由于它符合当前社会发展的需要,能够很好地诠释和解决当前的许多社会心理危机、矛盾、冲突和困惑,就更需要我们在理论上深入探讨,在实践中身体力行。

积极型心理健康教育的出现虽然时间不长,但发展势头迅猛,成为当今心理健康教育发展不可阻挡的潮流。在短短的几年时间内,国外积极型心理健康教育从弱到强、从研究到实践全面开展起来,取得了一定的成就。他们通过理论研讨、印发专刊、出版专著、成立学术组织、设立专门研究基金等来加以引导,引起了全社会对积极型心理健康教育的广泛重视和关注。正如任何新兴事物在其产生初期存在着不完善乃至错误一样,积极型心理健康教育也面临着一些亟待解决和需要澄清的问题。积极型心理健康教育的一些主张还是理念性的,带有理想化的"乌托邦"色彩,显得有些散乱、不够系统,缺乏坚实的理论基础,缺乏可操作性,等等。正因为如此,目前国外积极型心理健康教育还没有真正成为占主流、主导的研究力量。

积极型心理健康教育在与消极型心理健康教育的对抗与较量中彼消此长,不断壮大,逐渐成长,目前要对它做出全面公允的评价还为时过早。但可以肯定地说,积极型心理健康教育是当今世界心理健康教育范式发展的必然选择和必由之路,同样是我国心理健康教育范式建构的现实而正确的选择。当今心理健康教育正处在一个重要的转型期,即从消极型心理健康教育向积极型心理健康教育转换。可以预见,在并不久远的将来,积极型心理健康教育必定会从"边缘"走向"中心",成为21世纪心理健康教育的主导范式。

### 本章小结

本章介绍了心理健康教育的概念,从四个维度认识心理健康教育概念的分化取向,从名与实层面理解心理健康教育的内涵;讨论了心理健康教育的目标与理念,从"个人本位"取向强调心理健康教育的目标,从"全、类、自、本、泛"教育观研究心理健康教育的理念;探讨了心理健康教育的时代取向,基于人工智能视角,提出心理健康教育的时代使命是培养以积极为核心特质的"心理人"。积极型心理健康教育以积极心理学为基础,吸收国内外心理健康教育的精华,对传统心理健康教育模式进行矫正、发展和补充,将研究和教育重心确立为人和社会的积极因素方面,成为当前学校心理健康教育的主流。

### 思考与实践

1. 谈谈你对心理健康教育概念的理解。
2. 比较积极型心理健康教育与消极型心理健康教育的异同。
3. 谈谈你对人工智能时代心理健康教育的认识。

# 第二章
# 心理健康教育的发展历程

学习资源

## ※ 学习目标

通过本章学习,了解当前国内外心理健康教育发展的概况及趋向,把握未来心理健康教育走向;结合我国心理健康教育的实际情况,理解心理健康教育模式构建的本土特色与文化转向。

## ※ 关键词

心理健康教育;发展历程;发展趋向

心理健康教育作为现代心理学的分支之一,产生于19世纪末,历经一百多年的沧桑与嬗变,如今已成为心理学领域最活跃、最有生机的学科之一。分析心理健康教育现实状况,把握其未来发展趋向,更加理智、更加科学地促进心理健康教育的健康发展,是当前我国教育改革创新的一项重要课题。本章主要追溯心理健康教育的发展历史,把握国内外心理健康教育发展的动态,廓清心理健康教育进一步发展的理念与方向。

## 第一节 国外心理健康教育的发展概况

当今时代,重视加强和改进心理健康教育已经成为世界各国教育改革发展的共识和特征。① 本节从回顾国外心理健康教育的发展历程入手,介绍与分析国外心理健康教育的发展现状与发展趋向。

---

① 本章主要涉及美国、英国、法国、德国、澳大利亚、加拿大等国,这些国家关于心理方面的教育工作的提法不尽一致,如学校心理健康教育、学校心理学、学校心理咨询、学校心理服务、学校教育咨询等,但实质基本上是一致的,本书一般统称心理健康教育。

## 一、国外心理健康教育的发展历程

心理健康教育是心理学、教育学等与教育实践有机结合的产物,是理论满足客观需要的结果,是解决学校实践问题的产物。

西方心理健康教育的诞生,有3位功不可没的重要人物。1894年,法国比纳(A. Binet)创立了"儿童心理研究社",制定了专门用于鉴别儿童智力发展水平的"比纳—西蒙智力量表",首开心理学应用于学校教育的先河,因而比纳被尊称为"世界学校心理辅导之父"。1896年,威特默(Lightner Witmer)在美国宾夕法尼亚大学开设了第一家心理诊所,向有学习困难的儿童提供直接心理服务,开创了美国心理学为教育服务的先河,因此,威特默被尊称为"美国学校心理辅导之父"。1915年,格塞尔(A. Gesell)被康涅狄克州聘为学校心理学家,在全州对儿童进行智力测验,以对有特殊需要的儿童进行分班,他被看作第一个获得"学校心理辅导家"或"学校心理学家"头衔的人。

根据国外心理健康教育的职能、活动与作用,我们可以从历史的角度将国外心理健康教育的发展过程概括为三个阶段[1]。

第一阶段,从19世纪末至20世纪40年代。这是国外心理健康教育发展的初期或孕育期,处于心理测量和心理诊断的水平。主要针对智力落后或发展障碍的儿童进行心理测量,进行智力诊断、分类,然后根据心理测量与诊断的结果进行解释,对学校教师、学生家长提出教育参考建议。

第二阶段,从20世纪50年代至60年代末。这是心理健康教育发展的童年期,处于心理咨询和心理健康教育的水平。20世纪50年代,心理健康教育工作者对教师、家长、社区组织等介绍过来的"问题儿童"进行心理咨询,做出分析并提供辅导对策。进入60年代,心理健康教育工作者还深入学校、教室等教育现场去观察学生,理解"问题学生",开展直接心理咨询和团体心理辅导,制定并实施面向学生家长的心理援助教育计划,甚至参与到班级、年级,乃至学校教育改革进程中去。

第三阶段,从20世纪70年代至今。这是心理健康教育的繁荣期,处于综合的心理健康教育活动水平。这一阶段,心理健康教育不仅针对学生,而且面向全体教师和家长,同时兼顾学校行政领导、社会教育工作者、社区服务工作者。心理健康教育正逐渐发展成为网络化系统工程,形成全社会关心心理健康教育的环境氛围。

在国外心理健康教育产生过程中,有四种运动发挥有力的推进作用,即心理测验运动、特殊教育运动、心理健康与心理卫生运动、职业指导运动。这四种运动虽然在中小学校之外有其独立发展,各有侧重,但在以下六个方面是相似的:一是心理预防和心理卫生,即预防学生在校学习期间可能出现的问题,促进心理健康发展;二是心理咨询,即以特殊需要学生为主要对象,帮助解决心理发展中的疑难和障碍;三是诊断性评价,即分析学生心理症状,筛查学生心理问题,并提出相应对策;四是行为矫正,对学生的心理

---

[1] 徐光兴.学校心理学——心理辅导与咨询[M].上海:华东师范大学出版社,2000:6-7.

问题进行心理学、教育学干预,具体引导和帮助学生获得正常发展;五是学习指导,通过各种活动与技术使学生学会学习,提高学习素养;六是职业指导,即指导学生进行适当职业选择。

## 二、国外心理健康教育的发展现状

心理健康教育在西方发达国家已有一百多年的历史,作为一门应用学科,心理健康教育是最有生机、极为活跃、发展最快的领域之一。心理健康教育工作者深入学校第一线,直接参与教育教学过程,进行一系列具有实际意义的指导咨询工作,心理健康教育进入全新发展阶段,出现令人欣喜的发展景象。

### (一)价值取向:发展性与积极性

传统的价值取向仅着眼于矫治的层面,为少数有问题和适应困难的学生提供服务,注重补救性工作。现在,针对绝大多数学生的,以提高心理素质水平、发掘心理潜能为目标的发展性工作日益受到重视。美国学校辅导主任协会在所制定的"中学辅导主任的工作"中就明确提出:"发展性指导是对学生成长有计划的积极干预,从而推动学生各方面——个人的、社会的、情感的、生计的、道德的、认识的、审美的——都得到发展,并促进这些方面综合统一到个人生活方式之中。"[①]

当今国外心理健康教育工作取向正向发展性倾斜,即将消极应对的观念转变为积极发展的观念:一是要转变人们的心理健康教育观念,转变大众固有的、对心理和行为问题的刻板印象或污名化;二是教育者自身也需转变观念,即要强调学生自身心理和成长需要,提供适合学生发展需要的心理健康教育;三是要考虑具体教育问题的发展性,着眼于对积极心理品质的培养。[②] 心理健康教育的对象、内容、目标也发生相应变化,呈现出涵盖面宽、适应范围大、针对性强的特点。

### (二)服务范围:差异性与综合性

心理健康教育的服务形式、内容和范围在不同国家存在很大差异,通常中南美洲、非洲和亚洲等发展中国家服务内容比较单一,主要通过测量或评价手段,为学生学业或行为问题提供指导。欧美等许多发达国家心理健康教育的服务范围,越来越显现出多样性和综合性的特点,包括职业和学业选择指导、学习咨询、学生的社会问题和情绪问题咨询,对学校的课程设置等进行干预,对家长、教师提供咨询服务,对问题学生进行行为治疗和学业指导,还包括服务机构自身发展相关工作,如组织发展、测量量表研究、专业研究等。

托马斯·奥克兰(Thomas Okland)将美国诸多服务内容概括为六大类,即个别评

---

① 孙少平.国外学校心理辅导发展的新特点[J].教育科学,1996(3):61.
② 俞国良.心理健康教育理论政策研究[M].北京:北京师范大学出版社,2020:142.

估、直接干预、间接干预、研究评估、监督与管理、预防。① 与美国相比,法国心理健康教育内容在多样性外,更趋于综合化,并把实践重心放在三个方面:定向、预防、综合。德国心理健康教育类型除了特殊教育、行为矫治和学业指导外,特别重视学生的职业指导和定向工作。由于这些国家的心理健康教育工作者能够广泛地参与学校内外诸方面工作,能详尽了解学生心理问题的状况和根源,从而保证了心理服务的针对性和有效性。

### (三) 队伍建设:规范化与标准化

联合国教科文组织早期的一份报告曾指出,对心理健康教育专业人员(也有称"学校心理学家"②)为获取资格而接受的专业教育与训练至少有三个要求:① 已获得教师证书,或其他作为一名教师的职业资格证书;② 至少有5年的教学经验;③ 提供课程教育的大学必须能够提供高质量的专业教育。③ 尽管各国在具体的学术要求和职业培训方面存在差异,但有一个引人注目的共同点,即几乎所有国家都要求专业人员具有教学和其他教育方面的经验,其中很多因为是优秀教师才被选拔深造。

近年来,国际学校心理学协会对学校心理学工作者的工作准备提出明确要求,包括:掌握心理学的核心知识,发展专业决策能力,加强人际交往能力,掌握设计和研究技能,了解伦理知识和建立职业价值观,重在发展从事跨文化、跨国界的研究工作所需的分析能力,重在寻求专业性实践所需的问题解决能力。④ 一些国家通过证书制为心理健康教育职业的规范化和标准化提供依据,如美国规定凡取得从事学校心理学工作的正式任职资格,必须先获得所在州的任职资格证书,或者获得美国学校心理学家证书委员会颁发的证书。在德国,心理健康教育专业人员除了要获得教师资格证书,还必须通过三次国家级考试。

### (四) 角色职能:专业化与扩大化

许多国家把心理健康教育视为一种职业、一个行业、一个专业,强调专业人员在诸多方面发挥其专业作用:他们是儿童心理学、教育心理学和社会心理学等分支的专家;心理诊断、辅导和咨询等方面的专家;学科教学法专家;因材施教、灵活处理问题的教育专家;进行心理干预矫治的专家;等等。在一些心理健康教育发展较好的国家,如美国、加拿大、英国、法国、奥地利、瑞典、以色列、南非、巴西等,心理健康教育已经成为一种非

---

① 朱永祥. 国外学校心理学发展的现状与趋势[J]. 比较教育研究,1993(3):12-17.
② 1996年国家学校心理学会(The International School Psychology Association 简称 ISPA)在其年会上通过了由两位美国学者提出的对学校心理学家的定义:"学校心理学家一词指的是受到心理学与教育专业训练,在学校、家庭以及其他可能发生影响的环境下为儿童和青少年提供心理学服务的专业人员。"
③ 转引自于鲁文. 学校心理学在某些国家的发展与现状[J]. 心理科学进展,1995(3):40.
④ 史秀峰. 国际学校心理学协会对学校心理学工作者工作准备的指导[J]. 中小学心理健康教育,2001(4):25-26.

常专业化的职业,已经具有专业的全部特征:完整的知识体系,独立的文献积累,已获得认证的、可提供专业培养的大学院系,从业执照,认证和颁发执照的专业组织与机构,工作机会,道德准则,继续教育体系等等①。

目前,国外心理健康教育专业工作者在学校教育教学中主要扮演六种角色:心理健康的保健者、学习生活的辅导者、职业选择的指导者、思想品德的引导者、心理潜能的发掘者和心理发展的促进者。这一工作领域还呈现进一步扩大趋势,主要体现在三个方面:为整个学校的学生服务,为更大年龄的人群服务,关心整个社会的福利。② 心理健康教育专业人员的角色内涵已经扩大了,并将继续扩大,在学校教育目标达成过程中会发挥越来越重要的作用。

### (五) 组织管理:多元化与个性化

从各国目前情况来看,绝大部分心理健康教育机构是由国家和地方政府统一管理,但其隶属不一,有的属于教育部,有的属于卫生部。教育管理分权制国家如美国主张加强专业学会的领导、管理和监督职能;教育管理集中制国家则倾向于实行地区或全国性的系统领导。此外,还有一些国家实行群体组织服务形式,如法国由学校心理学家、教育心理学家和心理动力发展专家各1名组成"心理—教育援助小组"(G. A. A. P)巡回在几所学校上门服务。

心理健康教育机构的设置地点也因国而异,各具特色。例如,新西兰、爱尔兰、以色列、丹麦、英格兰和威尔士等国家、地区的心理健康教育服务机构设置在社区内,而不是在学校里,其目的是满足学校和社区两方面的需要,而美国、加拿大、澳大利亚、德国等国只要求心理健康教育专业人员为教育部门提供服务,这些国家的心理健康教育服务机构常常设置在学校内。

### (六) 教育方式:团体化与现代化

近年来,随着社会需求的变化,心理学、教育学理论的发展,心理健康教育工作也有相应变化,如重视利用团体方式进行心理健康教育。团体心理辅导方式逐步兴起,与个别辅导方式相比使用更为普遍;电脑服务异军突起,随着电脑的普及、互联网的迅速发展与网民的骤增,许多学校重视利用电脑网络扩大服务范围,电脑网络开辟了心理健康教育的新途径;建立和完善校内外心理健康教育一体化网络,充分利用家庭和社区心理健康教育资源,共同为学生的发展提供心理服务,形成"心理育人,人人有责"的良好局面。

尽管目前许多国家对心理健康教育的价值及其实施越来越重视,但由于种种原因,还存在着许多问题,可以归纳为五类:一是心理健康教育主干理论研究的乏力与弱化,

---

① 王宏方. 国际学校心理学家的现状与专业发展趋势[J]. 中小学心理健康教育,2002(2):30-31.
② 林崇德,魏运华. 试论学校心理学的未来趋势[J]. 教育研究,2001(7):30-34.

自其诞生之日起便存在着"理论主干脆弱、学科枝叶茂盛"的发展危机,心理健康教育的主体理论被许多强盛的相关学科所淹没和吞蚀,基础概念模糊不清,严重妨碍学术研究和学科建设发展的进一步深化。二是不同研究取向、学科取向的不良分化与偏差。在自然科学与人文社会科学发展路线、心理学学科研究取向与教育学学科研究取向之间或左或右,大多偏向于纯粹的自然科学、心理学的研究发展策略,有意无意地回避或淡化人文社会科学、教育学研究取向,甚至存在着各执一端、相互指责的问题。三是心理健康教育的实践还不够普及,存在着严重不平衡和地域差异,尤其是发达国家与发展中国家的心理健康教育工作差距十分明显。四是心理健康教育工作者队伍建设不容乐观,数量严重不足与工作质量不高的问题同时存在,由于社会地位和经济收入问题,这支队伍的显性与隐性流失问题比较严重。五是心理健康教育过程中服务技术缺乏、落后与不适合,服务信息不足,极大地制约着心理健康教育的普及与推广,严重损害心理健康教育的质量与声誉。

### 三、国外心理健康教育的发展趋向

当前,国外心理健康教育发展出现的新趋向,既表明心理健康教育的实践动向,又提出现代心理健康教育值得重视的研究课题。究其要者,主要表现在四个方面:

#### (一)人本服务理念

随着人本主义思潮对心理健康教育的影响日益深刻,心理健康教育工作者认识到,自己的工作对象不仅是信息的加工者和学习者,更是富有思想感情和个性、充满需要且富于潜能、具有社会性品质的整体的人。作为一种特殊的社会服务,心理健康教育要真正尊重人的心理需要,关怀人的精神价值,树立以人为本的教育理念。可以预见,随着人们更加关注内心世界和心灵体验,心理健康教育将会越来越人性化、个性化和理性化。①

#### (二)多元整合视野

随着社会发展和科学方法论的进步,交叉融合是心理健康教育研究的发展大趋势。20世纪90年代以来,越来越多的心理健康教育专家主张从多学科(如教育学、心理学、社会学、文化学)整合的角度来探索和研究心理健康教育这一复杂现象,努力用科学主义与人文精神统整的方法论来综合建构理论范式。②

教育科学研究要走出"经验论、思辨式"传统研究范式,心理科学研究要走出"实验论、学院派"的传统研究范式,强化心理科学与教育科学研究范式的有机结合。③ 社会、经济与科技的发展为心理健康教育提供了鲜活的教育内容、先进的教育方法和科学的

---

① 崔景贵. 现代人性观与心理教育人性化[J]. 教育研究,2004(7):43-48.
② 崔景贵. 多学科视野中的心理教育[J]. 现代教育论丛,2004(2):7-13.
③ 俞国良. 心理健康教育理论政策研究[M]. 北京:北京师范大学出版社,2020:319.

研究范式,为多元交叉整合提供了可能,在新视野下重新认识研究对象、重新审视原来的研究范式和研究思维,产生出更多样的选题、多元化的研究对象、多样化的研究方法和丰富化的研究内容。

### (三) 本土研究运动

本土研究取向是20世纪80年代在国外心理健康教育界出现的一场声势浩大的研究潮流。一些学者提出要建构本土化的心理健康教育概念和理论模式,这标志着心理健康教育工作者开始有了本土化研究的意识。有学者将心理健康教育的本土化研究概括为四个层次与方面:重新验证西方的重要研究与发现;研究本国人特有的与社会文化因素有关的行为特征;修正或创立新的概念与理论;修正与设计适合本国人的测量工具。[①] 随着第三世界文化本位心理学的崛起,本土化研究取向为心理健康教育的发展开辟了广阔的前景,也为解决心理健康教育面临的理论危机提供了新的途径。

### (四) 社会文化转向

与西方社会科学领域出现的"文化热"不同,心理健康教育领域存在忽视文化差异的"文化迟钝""文化色盲"现象,对此,西方心理健康教育工作者正展现出对社会文化影响日渐增加的关注,重视社会文化因素对人的心理发展与行为方式、对心理健康教育理论与实践研究的影响,呼吁建立一种对社会文化敏感的健康心理学与心理健康教育。

经过一个多世纪的发展,国外心理健康教育已经形成相对完整的理论体系和比较完善的操作体系,在各国教育体系中占据着十分重要的位置,发挥了积极的作用。"他山之石,可以攻玉。"国外心理健康教育的发展历程、现状及趋向,最新研究理念和趋势,如朋辈辅导、社区教育、体验式学习,新技术的发展如互联网带来的影响,对于进一步加强和改进我国心理健康教育工作,促进我国心理健康教育的健康发展具有重要的借鉴意义。

## 第二节 国内心理健康教育的发展概况

心理健康教育是我国素质教育的重要组成部分,是学校教育本身固有的基本理念之一。近年来,心理健康教育在全国各地的发展势头迅猛,各级各类学校及广大教师开展心理健康教育的热情空前高涨。由于我国心理健康教育起步较晚,理论与实践方面出现的问题、失误越来越多,所面临的困难、困惑也越来越突出。这更需要理性分析心理健康教育的现状与存在问题,科学把握心理健康教育的发展道路,积极建构适应21世纪需要的我国心理健康教育的新体系。

---

① 霍涌泉.当前西方心理学研究的重点取向[J].国外社会科学,2001(3):19-24.

## 一、我国心理健康教育的发展历程

心理健康教育在我国虽然有着悠久的历史,但现代意义上的心理健康教育开始于20世纪80年代左右,学校心理健康教育工作者率先开展了大量心理健康方面的研究。从学科建设的发展和国家政策的演变来看,我国心理健康教育的发展情况如下。

### (一)学科建设的发展

自1978年起,我国教育界开始由片面强调知识传授转向注重发展学生的智力;国内出版的心理学教材大都列出专门问题来讨论心理品质培养,如北京师范大学的林崇德教授在出版的《中学生心理学》一书中提出了培养学生良好心理品质的问题;在重视发展智力的基础上,上海师范大学的燕国材教授提出了培养学生非智力因素的问题;南京师范大学的班华教授正式提出了心育问题,在《德育原理》(胡守棻主编)一书中提出"把德育和心育结合起来""以形成优良思想品德和心理品质,促进心理健康和个性的和谐发展",并指导研究生探索这一课题;林崇德教授在《品德发展心理学》一书中,主张把心理健康教育与品德培养结合起来研究;燕国材教授在《重视非智力因素,改革学校教育工作》一文中,进一步提出了加强心理辅导、培养心理品质的问题,并主张把心理辅导与政治教育、思想教育结合在一起,构成完整的学校教育工作系统。这些思想和探索对于我国心理健康教育的开展产生了积极的推动作用,尤其是学科建构意义上的理论贡献值得肯定。

20世纪90年代,我国心理健康教育进入了较快发展、自觉建构的时期。1991年,班华教授在《教育研究》1991年第5期发表《心育刍议》论文,系统地阐述了与心理健康教育有关的问题,在心理健康教育领域产生了极其深远的影响,被视作"心理教育的独立宣言书";1992年,班华教授在其主编的《中学教育学》一书中对心育目标和心育原则又做了进一步探讨;1993年,燕国材教授在《江西教育科研》1993年第2期发表《关于心理辅导的几个问题》论文,对心理辅导发展简史、心理辅导的基本内涵、心理辅导在教育体系中的地位、心理辅导的原则和方法等做了探讨,进一步深化和拓展了对心理辅导的认识;1994年,班华教授又积极倡导心理健康教育相关的理论研究,主编出版了心理教育专著——《心育论》一书,构建了较为完备的心理教育学科体系,对我国心理健康教育的开展具有重要的指导价值。

此后,国内许多大中学校尤其是师范院校开设了心理健康教育课程或与其名称相似的课程,有关学科制度建设的研究生培养、编发学术交流资料、成立学术团体等工作都相继完成,各种形式的心理健康教育论著、教材都相继公开出版[①]。尽管理论水平、编

---

[①] 早期著作主要有班华主编.心育论(1994),陈家麟著.学校心理教育(1995),申荷永、高岚著.心理教育(1995),肖汉仕著.学校心理教育研究(1996),刘华山主编.学校心理辅导(1998),林崇德等著.学校心理学(2000),郑和钧著.学校心育系统协同构建的理论与实践(2000),张履祥,李学红等著.学校心理素质教育(2000),王希永,瑞博主编.心理教育概论(2000),陈家麟著.学校心理健康教育——原理与操作(2002),姚本先,方双虎著.学校心理健康教育导论(2002),丛立新主编.学校心理健康教育(2001),王建平著.学校心理健康教育理论与实践(2001),沈贵鹏著.心理教育课程论(2001)等。

写取向、结构体系不一,但对我国心理健康教育走向科学化、规范化、本土化是大有助益的。值得一提的是,由开明出版社主办的《中小学心理健康教育》杂志2001年7月正式公开出版发行。这标志着我国终于有了心理健康教育的专门学术刊物,必将有助于心理健康教育的深入开展和理性建构。

### (二) 教育政策的演变

在党和国家的一系列重要文件和法规中,我国心理健康教育的有关提法不断发展变化,其重要性日渐彰显,越来越受到重视。1988年8月,教育部颁发了《中学德育大纲》(试行稿),提出中学德育目标包括个性心理素质和能力方面的基本要求,青春期心理卫生教育、良好意志品格教育和加强心理保健指导是中学阶段的德育基本内容,这是现在所见的国家正式文件中较早的关于心理健康教育的一种提法和明确要求;1988年12月,《中共中央关于改革和加强中小学德育工作的通知》中提出"对学生道德情操、心理品质要进行综合培养与训练",这里实质上强调了心理健康教育与道德教育的有机结合。《中国教育改革和发展纲要》(1993年2月13日印发)指出:"中小学要由'应试教育'转向全面提高国民素质的轨道,面向全体学生,全面提高学生的思想道德、文化科学、劳动技能和身体、心理素质。"这是第一次在中共中央、国务院下发的正式文件中提到心理素质,并且把心理素质与其他各项素质相提并论。这标志着心理素质培养从过去基层学校的教育行为,逐渐转换成为一种政府行为。

在此后下发的《关于进一步加强和改进学校德育工作的若干意见》(1994年8月31日中共中央印发)、《面向21世纪教育振兴行动计划》(1999年1月31日国务院批转教育部文件)、《关于深化教育改革全面推进素质教育的决定》(1999年6月17日中共中央国务院印发)、《关于适应新形势进一步加强和改进中小学德育工作的意见》(2000年12月14日中共中央办公厅、国务院办公厅印发)、《关于基础教育改革与发展的决定》(2001年6月14日国务院颁发)、《国家中长期教育改革和发展规划纲要(2010—2020年)》《中国国民心理健康发展报告(2019—2020)》等一系列重要文件,都提出强调"加强心理健康教育,促进学生身心健康、体魄强壮、意志坚强",强调要进行和加强青少年学生的心理健康教育,对于推动我国心理健康教育的发展产生了积极作用。值得注意的是,2001年3月15日,九届全国人大四次会议通过的《中华人民共和国国民经济和社会发展第十个五年计划纲要》中明确提出要"大力倡导社会公德、家庭美德和职业道德,特别是加强青少年的思想政治、道德品质、心理健康和法制教育。"这是我国第一次把青少年的心理健康教育列入国民经济和社会发展的五年计划。

特别需要指出的是,为了全面贯彻落实中共中央、国务院召开的第三次全教会精神,推动心理健康教育工作在大中小学校的蓬勃开展,1999年8月和2002年8月教育部分别颁发了《关于加强中小学心理健康教育的若干意见》和《中小学心理健康教育指导纲要》,2001年3月和2002年4月教育部又分别颁发了《关于加强普通高等学校大学生心理健康教育工作的意见》和《普通高等学校大学生心理健康教育工作实施纲要

(试行)》。2001年5月,《国务院关于基础教育改革与发展的决定》,要求加强中小学心理健康教育。2004年2月,教育部颁布《2003—2007年教育振兴行动计划》,提出要切实加强心理健康教育和青春期健康教育,提高大学生的身体心理素质。2008年1月,《全国精神卫生工作体系发展指导纲要(2008年—2015年)》提出学校要"结合实施素质教育,将学生心理健康教育、预防学生心理和行为问题工作纳入学校日常工作计划"。2010年7月,《国家中长期教育改革和发展规划纲要(2010—2020年)》强调要加强心理健康教育,促进学生身心健康,通过德育、智育、体育、美育有机融合,提高学生综合素质。2012年教育部颁布了新修订的《中小学心理健康教育指导纲要(2012年修订)》。2016年颁发《"健康中国2030"规划纲要》。中小学两个《意见》、两个《纲要》、《指导纲要》以及《规划纲要》对我国大中小学校心理健康教育的重要性、必要性进行了论述;对大中小学校心理健康教育的目标、任务、途径、方法及基本原则做了规定;对大中小学校心理健康教育的组织领导、师资队伍、条件保障及需要注意的问题提出了要求。这六个文件对于科学规范、全面推动和进一步加强我国心理健康教育发挥着极其重要的作用。2017年10月,党的十九大报告提出加强社会心理服务体系建设。党的二十大报告中提出要"重视心理健康和精神卫生",2023年4月,教育部等十七部门印发了《全面加强和改进新时代学生心理健康工作专项行动计划(2023—2025年)》,将学生心理健康工作提到了一个更高的高度,标志着加强学生心理健康工作上升为一项国家战略。可见,改革开放以来,心理健康教育政策在进程上经历了不断整合的进步,在实践上实现各个部门的联动模式,在理念和制度上走向更加核心的路径。

纵观改革开放以来我国心理健康教育的发展历程,大致可以划分为五个阶段:20世纪80年代初期的调查呼吁阶段,20世纪80年代中后期的尝试探索阶段,20世纪90年代初期的自觉建构阶段,90年代中后期的重视推进阶段和21世纪以来的实践提升阶段。从整体上看,我国心理健康教育从"无"到有,相对独立,迅速发展,获得了明显的进步,并呈现出积极的发展态势,促进了我国心理健康教育事业的初步繁荣。可以预见,未来我国心理健康教育将会步入一个全面深化、整体提高的大发展阶段。

**二、我国心理健康教育的发展现状**

当前,开展心理健康教育的各级各类学校大幅度增加,心理健康教育在学校素质教育中的重要地位得到进一步确认,心理健康教育的功能与价值开始得到全社会的普遍重视。关注大中小学生的心理健康、提高当代青少年的心理素质正日益突显为现代教育的主导理念,心理健康教育正在成为我国各级各类学校素质教育新的生长点。我国心理健康教育的现状可归纳为以下几个方面。

其一,组织开展形式多样的心理健康教育活动。20世纪80年代初以来,我国开展了大量心理健康方面的理论探索与实践。许多大中小学校都开展了一系列内容丰富、形式多样、各具特色的心理健康教育工作和活动,宣传普及心理健康知识,成立心理健康教育(辅导或咨询)中心等工作机构,进行心理测验、心理辅导与心理咨询服务,建立学生心理档案,成立学生心理健康协会等组织,举办学生心理健康活动月或活动周(日),组织开展学生心理知识征文或演讲比赛、校园心理剧或心理小品表演等生动活泼、深受学生欢迎的心理健康教育活动。

其二,心理健康的研究对象多元化。学校心理健康教育仍然是我国心理健康教育的重点。在我国学生群体是被研究最多的对象,除此之外,心理健康的研究对象还广泛涉及教师、医护人员、企业员工、军人、警察、公务员等。从职业分类上来看,教师和医护人员是被研究最多的群体,农民则是被研究最少的群体。对职业群体的关注主要涉及职业压力、幸福感、职业倦怠、职业认同、胜任力等方面。另外,也有一些研究者对运动员群体、老年群体、少数民族群体、农民工群体以及灾后群体、心理障碍患者进行了研究。由此可见,与以往把单一学生群体作为主要研究对象相比,目前,我国心理健康研究的对象已呈现出了多元化的特点。

其三,比较重视心理健康教育的理论研究。国家对心理健康教育的科学研究给予了更多的关注。近年来,心理健康教育蓬勃发展,在我国教育的设计中占有一席之地,心理健康教育的研究呈现递增的趋势。研究涉及面广,参与研究人员多,持续时间长,各级各类学校和教师参与心理健康教育课题研究的热情可以说盛况空前。国内不少教育报纸杂志开辟了心理健康教育专栏或发表了心理健康教育方面的研究成果,学术团体定期或经常性举办心理健康教育学术研讨会,基本上形成了全国性的学术交流和研讨气氛。目前这一领域研究的"热潮"此起彼伏,持续不断。

其四,关注心理健康教育师资队伍建设及培训工作。学校心理健康服务体系作为一项专业性较强的教育工作,其理论和技能的发展决定着服务的质量和专业化水平。心理健康教育要全面推进、提升水平,师资是关键。许多省市、地区在这方面做了大量的开创性工作:举办心理健康教育专兼职骨干教师培训班或研究生课程班,编撰教师培训用书,制定中小学专兼职教师资格认定办法和条例等。

应该说,我国心理健康教育走过了40多年的发展历程,已经积累了不少成功经验。但还有不少理论和实践方面的课题有待我们去深入研究。比如在理论层面上,定性问题,心理健康教育政策逐渐向多元化、法制化、系统化、心理健康服务化发展;定量分析,心理健康教育的研究逐渐上升趋势,而且逐渐向心理健康服务转变,等等;在实践层面,心理健康教育操作系统的构建问题、大中小学心理健康教育的分工和衔接问题、心理健康教育的法规化问题、心理健康教育的师资队伍建设问题,等等,都要进一步探索解决。

## 三、我国心理健康教育的发展前瞻

我国内地心理健康教育相对独立地探索实践、正式开展只有40多年的历程,发展快、成效大、势头好是有目共睹的,但也面临着底子薄、水平低、问题多的严峻挑战。我们应当立足于现代教育科学、心理科学等融合发展的大视野来把握我国心理健康教育建设的基本思路和未来走向,积极寻求心理健康教育发展的变革策略,努力建构与我国现代化建设实践需求相适应的心理健康教育体系。就其实质和基本思路而言,就是要以我国源远流长的心理健康教育思想流变和现代转化为依托,以社会主义现代化建设提出的现实要求和我国心理健康教育现实为基础,以世界心理健康教育发展、演变的规律和趋势为参照,建构既具有现代民族精神,又反映世界文明发展要求,既融摄传统教育精华,又体现现代教育思想的心理健康教育的价值理念、实践范式和研究取向。

### (一)价值理念:人本服务与全人发展

心理健康教育理念是心理健康教育发展中的前提性、根本性问题,是心理健康教育实践和变革的思想先导。心理健康教育的根本问题是人的问题,其功能理所当然直指人的成长、发展与自我实现。作为一种特殊的社会服务,心理健康教育要真正尊重学生的心理需要,关怀学生的精神生活,就要确立以人为本的教育理念。所谓"以人为本",就是把人视为自身心理发展与建设的主人,把人的主体性发展作为"目的"而不是"手段",一切从人出发,一切为了人,一切服务于人,一切着眼于人的全面发展,重视人的生命和生活,关怀人的价值和使命,关照人的精神和信仰,真正确立起人在我国心理健康教育中的中心地位。

同时,我们应当承认,这个"人"是有思想感情与个性、活生生的整体的人,不是局部的人或由局部凑成的人。以"全人"作为现代心理健康教育建设与发展的切入点,审视心理健康教育的主要问题及成因,这是我国心理健康教育不可忽视的新的生长点。我国心理健康教育只有定位在"人本心育""全人心育"的基本点上,实践和建构"以人为本"、全面发展的心理健康教育价值理念,其长远教育效益和发展前景才会是非常美好、灿烂的,这样的心理健康教育才是最受欢迎、最富有生命力的。

### (二)实践范式:自主建构与多元整合

在现代教育视野中,我国心理健康教育应当具有体现自身特质和规律的基本范式。借鉴建构主义的基本主张,对我国心理健康教育范式的基本内涵可做这样的概括,即以有意识、有目的地促进人的心理发展为核心旨趣,以实现心理人格的现代化为最高目标,以维护心理健康为基础目标,以全体学生为对象,以学生心理的积极性发展和自主性成长为中心,以四个"学会"("学会认知""学会做事""学会共同生活"和"学会生存")为主题①,以现实生活和现代教育为根基,以实践、活动和语言为中介,以互助、他助和自助为机制。这一范式既是现代心理健康教育基本理念和精神实质的体现,也是我国心理健康教育健康发展的基本要求。

科学由综合走向分化又上升到一种新的综合,这是科学发展的总趋势,我国心理健康教育也不例外。20世纪90年代以来,国内一些学者就主张从多学科(如教育学、心

---

① 参阅国际21世纪教育委员会向联合国教科文组织提交的报告.教育——财富蕴藏其中[M].联合国教科文组织总部中文科,译.北京:教育科学出版社,1996:2-3.

理学、社会学、文化学)整合①的角度来探索和研究心理健康教育这一复杂现象,努力用科学主义与人文精神统整的方法论来整合建构心理健康教育的实践范式②。同时,心理健康教育是一项多内容、多途径、多方法、多层次、多模式的系统工程,因而要树立"大心理健康教育观",把心理健康教育贯通于学校工作的各个方面、各个环节、各个阶段,坚持全员心理育人、全程心理育人和全方位的心理育人,构建立体式的心理健康教育体系。

### (三) 研究取向:本土特色与文化转向

在心理健康教育研究方面,本土化取向正成为一场势不可挡的时代潮流。正是出于对当前心理健康教育中过度"西化"倾向的不满,国内一些专家学者发出了心理健康教育本土化研究的呼声,日益注重探索中国自己的心理教育之道③。本土化研究的目的,并非要建立故步自封的心理健康教育,而是要创建面向世界的各具特色的心理健康教育,为世界心理健康教育提供新的视野、理念和方法技术,在全球心理健康教育中做出不可替代的独特贡献。

同时,我国心理健康教育工作者正在展现出对社会文化影响日渐增加的关注,呼吁重视社会文化因素对人的心理发展与行为方式、对心理健康教育理论与实践研究的影响。这种社会文化转向被称之为"一场范式的转变",是"平行于认知革命的一场'文化革命'"。④ 从这个意义上讲,重视文化转向的研究对于我国心理健康教育的可持续健康发展有着积极作用和意义。

## 第三节 未来心理健康教育的发展趋势

重视心理素质培养的心理教育,已经成为全球基础教育改革的重要特点。国际心理科学联合会编辑的《心理学百科全书》肯定了心理健康教育的两种定义模式,即教育模式和发展模式。从一定意义上说,心理健康教育就是心理辅导,教育和发展是心理健康教育的核心内容。

### 一、心理健康教育发展的模式建构

心理健康教育模式是心理健康教育理论与实践相结合的产物,是心理健康教育理论应用于心理健康教育实践的中介环节和桥梁。

---

① 崔景贵.论我国学校心理教育研究的多学科整合[J].山东教育科研,2001(7-8):77-79.
② 陈旭,张大均.心理健康教育的整合模式探析[J].教育研究,2002(1):71-75.
③ 班华.探索中国自己的心理教育之道[J].中小学心理健康教育,2001(7):7-9.
④ 叶浩生.试析现代西方心理学的文化转向[J].心理学报,2001(3):70-75.

### (一) 心理健康教育模式的意涵

英文"模式"(Model)的概念,可以分别选取两个英文词汇与之相对应。一是Model,"模型、原型、样式、假设模型",其通俗意义指可以模仿学习的"典范""范例",它是一个完整的"组织",包含许多"部分",却不是"部分"的零数聚合,而是一个有机的整体。二是Paradigm,译为"派典",又称"范例、样式、范式",它主要不是理论本身的内容,而是理论所揭示的思考方式(Ways of Thinking)或研究的形态、研究框架(Patters for Research)。无论选取哪一个英文词汇,我们所用的"模式"一词,都不是原型本身,而是一个概念性的整体结构,是一种概念框架,是一组观念、价值和规则,由它们指导着有特定信念和价值取向的行动。所以,模式的概念本意为"共同显现",即创造某种模式的一群人有相同的信念、探索目标、研究方式,是一个"科学共同体",它的主要特征是,撇开事物次要的、非本质的部分,抽出事物主要的、有特色的部分进行研究。

心理健康教育模式是在一定的心理健康教育理念指导下,对心理健康教育过程及其组织形式做出特征鲜明的简要表述。所谓构建心理健康教育模式,就是在现代教育理论指导下,为实现学校素质教育的总目标而建立一种心理健康教育的合理结构和程序。心理健康教育模式上承教育理论,下推操作程序,体现为理论与实践的沟通,某种意义上也是现实与未来的沟通。一个行之有效的心理健康教育模式具有较大的推广价值,比心理健康教育理论更具可操作性,而比心理健康教育实践经验更外推性。从这个意义上说,学校实施心理健康教育的过程,也就是构建心理健康教育模式的过程。[①]

### (二) 心理健康教育模式的建构

系统科学的整体性原理表明,心理健康教育模式是一个有机的整体,模式的性质、特点和功能都是由这个整体决定、体现的。系统的要素具有自身独立存在的特点、功能,又同时具有互相联系、连接,共同构成新的整体所产生的新的特点和功能。各要素之和能尽可能接近于整体的关键,就是各要素之间经过优化选择,匹配、组合得当。

建构心理健康教育模式,要具备哪些最基本的条件呢?第一,内在的基本要素是明确的。第二,具有范型意义的教育活动及其具体类型。第三,探索、形成并筛选出一批具体可行的操作样式。[②]

心理健康教育模式的建构过程正是对相关价值观、教育观等进行审视、选择、认同、整合并不断体系化的过程。这一过程把心理健康教育实施过程当作一个系统的整体,它强调心理健康教育的操作策略和全部教育因素的有效组合。一般而言,主要从四对常用范畴(维度)来阐释和把握心理健康教育模式建构的方法论思想,即整体性与单项

---

① 张履祥,李学红,等.学校心理素质教育[M].合肥:安徽大学出版社,2000:87.
② 朱小蔓.小学素质教育实践:模式建构与理论反思[M].南京:南京师范大学出版社,1999:27.

性的建构、结构性与功能性的建构、事实性与价值性的建构、科学性与人文性的建构。[①]

心理健康教育模式的建构大致可以概括为两类方式：一类是从实践中概括形成，这种模式大多来自心理健康教育一线教师的探索实践，其模式建构的实践基础较好，但随机性较大，理论基础较弱，属于自发形成的心理健康教育模式；另一类是以理论模型为起点，结合心理健康教育实践所形成的模式，这种模式大多由心理健康教育理论工作者和实践工作者共同完成，其理论指导性较强。从心理健康教育理论建设的高度来看，更应强调第二类建构方式，因为只有在科学的心理健康教育理论指导下，在扎实的心理健康教育实践基础上形成的心理健康教育模式才能更好地适应我国心理健康教育实践和发展的要求。

心理健康教育模式的建构要具有本土特色、较高的理论起点且便于实际操作。有的学者认为建构教育模式存在三级水平：第一级是低水平，其特点是缺乏理论，照搬模式，盲目实践；第二级是中水平，其特点是了解理论，学习模式，重视经验；第三级是高水平，其特点是研究理论，探索模式，指导实践。[②] 无疑，心理健康教育模式的建构应当着眼于第三级的水平。

心理健康教育模式的建构，是一个广阔的、综合的理论与实践域，存在着不同的学科视野、价值取向和表现形式。从我国心理健康教育的实际和实践出发，可以从不同的维度去把握心理健康教育的模式，如从内容维度、形式维度、对象维度、年龄维度、目标维度、策略维度。按照大心理健康教育观，可以从宏观、中观、微观三个层次研究心理健康教育模式：宏观上研究心理健康教育的发展战略模式，中观上研究心理健康教育系统的管理模式，微观上研究各级各类心理健康教育教学的过程模式。心理健康教育模式从补救性为主转变为发展性为主的模式，从个别辅导为主转变为团体辅导训练为主的模式。

## 二、心理健康教育的教育走向

未来，心理健康教育的体系化、现代化、科技化程度必将不断提升。持续构建和完善全方位、全过程，方法与形式多样化的全人心理健康教育的工作思路与体系，健全组织机构、制度和专业队伍，理顺工作机制和公共关系，营造良好校园心理育人氛围。

### （一）心理健康教育的基本趋向

教育的根本问题是"成人"，心理健康教育乃是育人为本的成"人"之学。育人为本，其基本认识前提是要体现"以人为本"，尊重人的人格和做人的尊严，在此基础上引导人的心理发展。顺应当代教育的发展潮流，心理健康教育将高扬"育人为本"的大旗，其未来走向表现在以下几个方面：

---

[①] 朱小蔓.小学素质教育实践：模式建构与理论反思[M].南京：南京师范大学出版社，1999：38-41.
[②] 查有梁.教育模式[M].北京：教育科学出版社，1996：2.

**1. 更加关注人的全面发展**

以学生全面发展为本的教育理念,经历了萌芽、发展到内涵更加丰富的历史进程。实现人的全面发展是现代教育日益重视的目标。《学会生存》一书发出呼吁:要为一个新世界培养完人,要把一个人在体力、智力、情绪、伦理各方面的因素综合起来,使他成为一个完善的人。加强全面发展的人的培养正在成为世界各国教育改革的共同趋向,其中创造性和个性素质的培养又被特别强调。心理健康教育应当推动整个教育体系向着越来越有利于人的全面发展的方向前进,在培养"更富创造性、更加成熟化、更有适应性、更具个性化"①的现代人方面充分发挥作用,使人的全面发展逐步从理想走向现实。

**2. 关注人的个性发展与完善**

人类长期追求的教育目标或共同理想,是发展与完善人的个性,尽管这一理想还远未实现。个性是教育的灵魂,教育的真谛就是充分挖掘每个学生的潜能,促进学生个性的形成与完善。教育者的任务在于"培养一个人的个性并为他进入现实世界开辟道路"。教育就是要发展和完善学生的理想个性,真正富有个性和特色的教育就是最好的教育。实施个性化教育,发展青少年的个性,正愈来愈受到各国教育界的高度重视。有的国家甚至把个性发展作为教育改革的基本原则。

**3. 心理健康教育过程的终身化**

终身教育思想②的主要观点是要求把教育扩展到人的一生,将社会各部分都变成教育场所。"我们所说的终身教育是一系列很具体的思想、实验和成就,换言之,是完全意义上的教育,它包括教育的各个方面、各项内容,从一个人出生的那一刻起一直到生命终结为止的不间断的发展,包括教育各发展阶段各个关头之间的有机联系。"③终身教育理论的提出,给整个教育带来了一场革命性的变革,其至有人说:"终身教育概念的提出可以与哥白尼式的革命相比,它是教育史上最引人注目的事件……终身教育孕育着真正的教育复兴。"④心理健康教育同样应当是贯穿于人的一生连续不断的学习过程,这也预示着现有的心理健康教育体系必须重新组织和建构。

**4. 心理健康教育模式的多元化**

社会的发展、文化的交流和人的主体性的高扬,使得当今世界越来越显示出多元化的格局。在社会结构多元化、生活方式多元化、价值观念多元化的今天,心理健康教育也同样呈现出日益多元化的发展格局。由于研究心理教育的视角增多,人们对心理教

---

① 黄济,王策三. 现代教育论[M]. 北京:人民教育出版社,1996:587.
② 这一思想是法国教育理论家保罗·朗格朗提出,他于1965年发表了《论终身教育》的总结发言,1970年出版了《终身教育引论》的著作,该书先后被译成18种文字,在各国广为流传。
③ [法]保罗·朗格朗.终身教育引论[M]. 北京:中国对外翻译出版公司,1985:15.
④ [伊朗]S. 拉塞克,[罗马尼亚]G. 维迪努. 从现在到2000年教育内容发展的全球展望[M]. 马胜利,等译. 北京:教育科学出版社,1992:144.

育的需求日益多样化,加上心理学自身学派林立,这势必导致心理健康教育从一元化向多元化发展。多元化的思想方法是,这个世界上没有最好的,只有相对较好的。在这样的框架中,心理健康教育的价值取向、实践方式和发展路径将会呈现"百花齐放"的教育生境。只要认同心理健康教育是教育的范畴,多元化的意识和路径就是对心理健康教育发展的基本结论和必然选择。

**5. 多学科整合的研究方法论**

20世纪教育学理论之所以能够取得一系列的突破,根本上归功于研究方法论的创新。人类教育学的发展已经走到一个重要关头:实现方法论的更新与突破,从中获得新生。当代教育研究方法论出现科学主义与人文主义合流的势头。[1] 在当代教育研究中,吸收现代科学成就,整合教育研究方法论体系,寻求教育理论新的突破,成为人们关注的一个新的热点。关心心理健康教育问题的人们将不再只是就心理健康教育论心理健康教育,而是将各学科、各领域的学者组织起来,对心理健康教育进行跨学科研究,试图全方位、多视角透视心理健康教育现象,这是当代心理健康教育研究的又一新特点。

### (二) 心理健康教育发展的基本策略

从心理健康教育师资队伍专业化发展看,心理健康教育将成为每一个教师必备的职业能力,队伍从兼职为主转变为专职为主、专兼结合;心理健康教育的范围不断扩大,从以学生为主转变为同时关注学生、教师、家长、管理者、学校环境;从心理健康教育的领域看,从人格辅导扩展到学习辅导、职业辅导、生活辅导;从心理健康教育的内容看,从心理适应辅导扩展为心理潜能开发。

(1) 在心理健康教育认识方面,要与时俱进,高度重视心理健康教育在推进学校素质教育、促进学生全面发展方面的作用,努力增强心理健康教育为转型期社会主义两个文明建设服务的力度。

(2) 在心理健康教育功能方面,要以发展性功能为根本,兼顾预防性功能、补救性功能,使心理健康教育在培养具有较高心理素养的现代化建设者,提高全体国民的心理素质水平方面体现其核心价值所在。

(3) 在心理健康教育对象方面,要确立"全人心理健康教育观",面向全体学生,促进学生心理的全面和谐发展、自主健康发展,这是我国当代心理健康教育不可忽视的新的生长点。

(4) 在心理健康教育实施方面,要确立"大心理健康教育观",把握系统性,充分整合与优化心理健康教育途径。这是我国心理健康教育发展的新契机与新视野。

(5) 在心理健康教育管理方面,要依靠教育行政机构和心理健康教育的学术团体

---

[1] 王坤庆.20世纪西方教育学科的发展与反思[M].上海:上海教育出版社,2002:308.

制定相应的管理条例、工作细则,完善管理运行机制,提高科学性、针对性与实效性,引导心理健康教育向规范化方向发展。

(6) 在心理健康教育资源方面,要积极整合学校、社区、家庭、自我等多方面的心理健康教育资源,形成学生心理发展的社会支持系统,使"心理育人、人人有责"真正成为全社会的共识和共同行动。

(7) 在心理健康教育队伍方面,要加大培养、培训力度,组织有关人员进行在职培训或系统研修,通过落实编制、职称评定、校本全员心理健康教育师资培训等举措,建设一支素质优良、数量充足、以专职为骨干、全体教师共同参与的心理健康教育师资队伍。

(8) 在心理健康教育模式方面,要积极实践,自主建构,努力探索富有自身特色、本土化的心理健康教育模式,探索21世纪中国自己的心理教育之道。这是我国心理健康教育事业发展的生命力所在。

(9) 在心理健康教育技术方面,要切实加强高新技术的学习、训练,借网络、多媒体等现代化技术,使心理健康教育更加富有成效和影响力。

(10) 在心理健康教育研究方面,应当理性分析当前的研究困境与问题,积极引导心理健康教育研究全方位的根本变革[①],尤其要加强行动研究,重建心理健康教育的研究范式,推动心理健康教育研究真正走向规范,走向成熟,走向科学。

### 本章小结

本章介绍了国外心理健康教育发展的历史、当前的特点及其未来的发展趋向,在此基础上分析了我国心理健康教育在学科建设、教育政策等方面的进步,以及在基础工作、理论建设、发展的均衡性等方面存在的不足,指出人本服务与全人发展、自主建构与多元整合、本土特色与文化转向将是我国心理健康教育发展的新方向。未来心理健康教育的教育走向将更加关注人的全面发展、个性发展、终身发展等,而这需要在心理健康教育的认识、实施、管理等方面探索可行的策略。

### 思考与实践

1. 简述学校心理健康教育的发展现状。
2. 谈谈对学校心理健康教育发展趋势的认识。

---

① 崔景贵.我国学校心理教育的研究困境与变革[J].教育研究,2001(5):33-36.

# 第三章 心理健康教育的基础理论(一)

学习资源

## ※ 学习目标

通过本章学习,了解不同流派的心理健康教育观的心理科学依据;掌握心理健康教育的要素及关系、教育基本规律;树立新时代心理健康教育的育人理念,为开展心理健康教育工作奠定理论基础。

## ※ 关键词

新时代心理健康教育;心理科学依据;心理健康教育基本规律

21世纪是一个需要心理健康教育和呼唤心理健康教育的时代,也是心理健康教育全面兴起和大有作为的时代。早在1991年,班华教授发表的《心育刍议》在心理教育领域产生了极其深远的影响,被视作"心理教育的独立宣言书",1994年,班华教授出版了《心育论》一书,构建了较为完备的心理教育学科体系。2004年,《解读心理教育:多学科的视野》从历史学、哲学、心理学、教育学、社会学、文化学等多学科视野详细解读了心理教育,主张立足多学科视野,保持开放互动的姿态、多元共生意识和学科视域融合把握心理教育的发展。并进一步提出了心理教育学是一门独立的新兴学科,它的产生是教育学、心理学以及社会学、文化学、哲学、卫生学、行为科学、精神医学等多学科整合的结晶,其基础学科是教育学和心理学。① 这已经是当今学界较为一致的想法,认为心理学是心理健康教育的理论基础,教育学是心理健康教育的应用实践。②

---

① 崔景贵.心理教育学刍议[J].教育导刊,2005(1):14-16,31.
② 俞国良.心理健康教育学:心理学与教育学的交叉融合研究[J].教育研究,2018(9):139-148.

# 第一节　心理健康教育的心理科学依据

心理学是心理教育发展的重要基础,也是心理健康教育实践的理论支柱。从理论研究视角,系统梳理心理科学对心理健康教育的影响,是开展心理健康教育的科学依据和理论基础。心理健康教育必须自觉地运用现代心理科学的研究成果,敏锐地把握心理科学理论的新进展,并把它作为一个重要的理论基础。心理科学对心理健康教育的影响,不同的心理学流派往往有着不同的心理健康教育观和心理健康教育方法论,其中最有影响、给人印象深刻的主要有精神分析心理学的观点、行为主义心理学的观点、认知心理学的观点和人本主义心理学的观点。伴随后现代心理学的发展,后现代心理学对心理健康教育的影响也日益深远。

## 一、精神分析主义心理健康教育观

精神分析学派的理论和实践在心理治疗领域的作用和地位是有目共睹的,它不但促使了对心理健康问题起因的认知由生理病理向内在心理冲突的转变,而且为心理健康问题的解决提供了一系列的理论解释及方法支持,诸如梦的分析、自由联想、对日常生活的分析、移情和阻抗等心理治疗技术,在临床心理学中发挥着卓有成效的作用。[1] 精神分析主义的心理健康教育观强调人的无意识动力,认为人类的很多行为是由潜意识过程支配的,是来自先天的本能的冲动和欲望的表现。很多精神分析学派的研究者在不断的理论和实践探索中论证了潜意识以及亲子关系、家庭环境及父母教养方式等在塑造健康人格中所起到的重要作用。[2] 作为精神分析研究的新范式,将传统的精神分析学派理论和方法与现代神经科学交叉整合的神经精神分析学,有望为心理健康教育的发展提供一条更加科学有效的途径[3]。

精神分析流派的理论中,对学校心理教育有直接影响的理论当属埃里克森的人格发展理论。埃里克森将人格的发展划分为八个明显的阶段,在每个阶段中都存在由于对立或冲突而产生的危机,这里危机均是重要的转折点而不是灾难性的。危机的积极解决能够使人格得以健全发展,自我力量得到增强,从而有利于个体环境适用性的提升;而危机的消极解决会导致人格的不健全,自我力量受到削弱,从而阻碍其社会适应性的发展。[4] 同时,精神分析学派有关发展理论的研究结果指出,虽然早期经验在健

---

[1] Fonagy P, Lemma A. Does psychoanalysis have a valuable place in modern mental health services? Yes[J]. BMJ, 2012 (344): 1211.
[2] 俞国良,张伟达.精神分析学派对心理健康问题的研究[J].黑龙江高教研究,2021(1):131-135.
[3] 吕英军.精神分析的新范式:神经精神分析学[J].南京晓庄学院学报,2012(1):61-65.
[4] 叶浩生.西方心理学的历史与体系[M].2版.北京:人民教育出版社,2014:347.

人格的塑造中的作用是极为重要的,但其产生的影响仍然可以通过后期的经验加以改变。精神分析学派的心理治疗正是基于人格的可塑性理论展开的。

## 二、行为主义心理健康教育观

行为主义的发展经历了两个时期：一是以华生等人为代表的早期行为主义,主要以刺激—反应的模式,探索和研究行为的发展规律,预测和控制人的行为；二是以赫尔等人为代表的新行为主义,在研究可观察行为的基础上,推测有机体内部过程(如认知、动机等)对其行为的影响。[①]行为主义的心理教育观不仅仅把个体所有行为的产生和改变看作刺激—反应的关系联结,还在研究可观察行为的基础上,推测有机体内部过程(如认知、动机等)对其行为的影响,在研究社会行为和行为矫正方面富有成效。

行为主义流派中,沙赫特的情绪理论、沃尔普的"交互抑制理论"和"系统脱敏技术"的新行为主义理论对新时代心理健康教育影响深远。沙赫特通过实验发现并证实了情绪的发生机制(认知是关键变量)和成瘾机制(生理变化与外部刺激的交互作用),为心理健康问题的研究提供了实证依据和方法论指导。沃尔普的临床实验表明,食物的竞争可以减轻儿童的恐惧[②],深度的肌肉放松产生的平静可以抑制成人的恐惧,表达合理的愤怒可以抑制公开场所的恐惧[③],此外,沃尔普还发现,通过诱发自信情绪,就能抑制人们对冲突或拒绝的恐惧,并发展出系统脱敏疗法,不仅可以利用深层肌肉放松技术实现对神经性焦虑、恐惧等的去条件化,还广泛应用于对各年龄阶段人群,尤其是儿童不良行为或习惯的矫正(吸烟、吸毒、酗酒和各种反社会行为)。[④]上述两种理论,皆是通过改善人们消极的心理(如创伤、损害、抑郁、焦虑等)和适应不良行为,从而提高心理健康水平。

## 三、认知主义心理健康教育观

认知主义的观点就是用信息加工的观点来研究心理过程,其研究在人类的认知过程、智力发展、情绪和心理治疗等领域都取得了明显进展。伴随诸如 ERP、PET、fMRI 等技术的发展,认知神经科学的研究成为新趋势,其重点在于阐明认知活动所涉及的脑机制。认知神经科学的研究成果为心理辅导、心理咨询、教育心理学等提供了强大的理论基础与指导。认知心理学的研究结果提醒我们,注意、解释、执行功能、自我效能感等认知过程与个体的心理素质息息相关。所以在心理健康教育过程中,教育者要密切关注学生的信息加工。一方面,教育者要意识到学生基于不同的生理素质、成长经历等形

---

[①④] 俞国良,李森.心理科学对心理健康问题的研究:基础研究视角[J].黑龙江高教研究,2018(12):110-113.

[②] Jones, M. C. The elimination of children's fears[J]. Journal of Experimental Psychology, 1924(7): 382-390.

[③] Wolpe, J. The practice of behavior therapy[M]. 2nd ed. New York: Pergamon Press, 1973.

成的认知模式会影响他们对客观世界的建构和体验,进而影响其日常的情绪与行为,教育者应尊重学生之间的认知差异性;另一方面,教育者也要看到认知的可塑性,在心理健康教育过程中对学生的认知过程进行积极引导,通过活动设计、行为塑造等培养学生良好的认知品质,从而提高其心理素质,促进其心理健康。①

### 四、人本主义心理健康教育观

人本主义对心理健康教育具有自身鲜明的认识定位,就是以人性为本位,主张将人性的发展置于人性的充分养成上。人本主义的心理健康教育观,强调人的自由意志和人的潜能,其基本假设是个人的所有行为决定于他对世界的知觉和看法,认为人类的基本动机是成长和自我实现的需求,人类的天性是趋向于实现自己的潜能。换言之,人本主义认为,心理健康教育应当关注人的主观心理体验,帮助人实现其最大的潜能,充分达到自我实现。

人本主义者拓展了现代心理健康教育研究和实践的基本内容。人本主义心理学批判了传统心理学把人兽性化、非人格化和无个性化的倾向,丰富了现代人心理与精神生活的内涵,如人的需要层次、自我价值、发展潜能、创造性、自我实现、超越自我、高峰体验、宇宙关怀和人类协同等。马斯洛的"自我实现者",阿尔波特的"健康成熟的人",罗杰斯的"功能完善的人",弗洛姆的"创造性的人",弗兰克尔的"超越自我的人",从不同角度丰富和发展了我们关于心理健康内涵和标准的认识。②

### 五、后现代主义心理健康教育观

后现代心理健康教育在颠覆现代教育的热闹声中问世,尽管其尚无明确统一的说法,但其最基本的心理教育主张是可以明确的。一是心理健康教育观念上的多样性主张,主张允许任何方法,从个体的差异性出发建立一种开放、多元的心理教育。二是心理健康教育目的上的异质性主张,强调通过宽松的争论去发现悖论和错误,追求一种异质标准,从而培养具有社会批判能力和认可多元文化的社会公民。三是在心理健康教育关系上的平等性主张,后现代主义教育家提出"本体论上的平等原则",要求摒弃一切歧视,"接收和接受一切差异",主张大众的世俗的教育,真正无条件地给每个适龄儿童以符合其兴趣、个性特征和智力状况的充分教育。四是心理健康教育内容上的开放性主张,主张建设开放的课程,以瓦解现代性支配下的心理教育具有的太多"给定"的东西,使心理健康教育内容具有批判的、怀疑的特征和恰当的不确定性,认为以"解放的知识"(emancipatory knowledge)来进行课程编制和教学,才有利于人的解放。③ 五是在心理健康教育课程上的生成性主张,强调心理健康教育课程是一个生成的过程,而不是

---

① 刘珂,俞国良.认知心理学对心理健康问题的研究[J].黑龙江高教研究,2019(3):108-112.
② 崔景贵."理解人性":人本主义与心理教育范式[J].思想理论教育,2007(19):69-75.
③ 刘啸霆.评后现代教育[J].高等师范教育研究,1998(6):76-79.

预设的,是心理指导者与学生借助于现实活动而协作的过程。

我国心理健康教育发展至今,确实需要借鉴后现代教育视角,尤其是建设性后现代主义的心理教育,主张问题的关键不在于彻底摧毁现代心理健康教育观,而在于通过批判和反思现代心理健康教育观而建构起一种新的后现代心理健康教育观。其虽尚未形成明晰系统的理论观点,但散见于哲学、艺术、文学和社会学等领域,诸如倡导人本性的创造精神、鼓励多元化的思维风格、主张主体间性的人际关系、坚持单子论的自我生成。建设性后现代主义心理健康教育的思考和视角为加强和改进心理健康教育十分富有启迪意义,我们需要借鉴后现代视角,超越后现代思维,发展新时代的心理健康教育。

现代心理学已经形成基本共识:心理健康教育的任何课题都可以从各种不同的观点探索研究。现代心理学的各种观点取向,实际上只是从某一维度、某一层次对复杂的心理现象的探讨,都有优点和最适于解释与处理的方面,都有助于我们从某一侧面来认识心理现象和心理发展的事实、规律、机制和本性。但是,每一种观点也都有它的局限性,仅从单一观点来认识心理现象难以形成正确的认识。只有坚持视域融合的视角才能产生较为合理的结论,也只有如此才能形成科学的心理健康教育观念。当代,越来越多的心理学家逐步放弃了原有的门户之见,注意吸收和融合其他学派的理论观点与方法,主张依据所研究问题的特点综合地采用不同的策略,以探讨人的心理发展问题并寻求合理的解决办法和教育措施。

## 第二节 心理健康教育的教育基本规律

列宁指出,"规律就是关系""本质的关系或本质之间的关系"。[①] 规律是对事物之间必然关系的客观反映,教育规律是教育现象内部诸要素之间、教育现象与其他社会现象之间的一种内在的、本质的、稳定的必然联系。教育的基本规律有两条:一是教育必须适应社会发展并为社会发展服务;二是教育必须适应人的身心发展并为人的身心发展服务。教育活动的两个基本规律存在于教育与社会和教育与人的本质的联系之中,是教育活动的两个最基本的客观依据。[②] 心理健康教育是心理学、教育学、社会学等多学科"联姻"而产生的"新生儿",它是一门独立的新兴学科,教育学和心理学是其基础学科。谈及心理健康教育的教育基本规律,指向的是心理健康教育的教育取向,自然心理健康教育的教育基本规律也应遵循教育的这两条基本规律,心理健康教育的教育基本规律也应包含两条:一是心理健康教育必须适应社会发展并为社会发展服务;二是心理健康教育必须适应人的身心发展并为人的身心发展服务。从教育适应社会发展和人的发展两个维度,分析心理健康教育过程中内在要素及其本质联系、心理健康教育与其他

---

① 列宁.黑格尔《逻辑学》一书摘要[A].列宁全集(第38卷)[C].北京:人民出版社,1974:161.
② 扈中平.教育规律与教育价值[J].教育评论,1996(2):13-15.

事物之间的联系,进而探索心理健康教育的教育基本规律。

## 一、心理健康教育的联系性

心理健康教育的联系性有内外部联系之分。心理健康教育的内部联系是内在要素及其间的本质联系,外部联系是心理健康教育与其他事物之间的联系。分析心理健康教育的内外部联系是探索心理健康教育的教育基本规律的前提和基础。故而从两方面来分析心理健康教育的联系性。

### (一) 心理健康教育的基本要素的联系

关于教育的基本要素构成,学界一直没有统一定论,通过梳理文献发现大致有"三要素说""四要素说""五要素说"。"三要素说"认为,教育活动是由教育者、受教育者、教育影响三个基本要素构成。"四要素说"认为教育的四个基本要素有教育主体、教育客体、教育目的和教育内容。"五要素说"认为教育是由教育者、受教育者、教育方法、教育内容、教育环境构成。此处借鉴了黄代翠提出的心理健康教育三要素,即心理健康教育过程中的基本要素包含教育主体(教育者、学习者)、教育客体(学习者的心理健康)和教育中介(教育影响、学习内化),其中教育影响包括教育目标、教育内容和教育方法,学习内化包括学习目标、学习内容和学习方法。[①] 该三要素说更直观地说明了心理健康教育过程中教育者和学习者间相互影响、相互制约、相互促进的关系。教育主体包含的教育者和学习者,是心理健康教育活动的组织者、承担者、参与者、实施者。教育者的"教"和学习者的"学"相统一构成了心理健康教育过程,在教育过程中具有决定的作用。心理健康教育的教育客体是教育主体认识和实践的对象,心理健康教育活动中,教育者依据学习者的心理发展特点促进学习者的心理健康发展,这里的教育客体即指学习者的心理发展水平和健康状况,在教育过程中具有制约的作用。教育中介是指教育主体作用于教育客体并使其发生变化所运用的途径、手段和载体,包含教育影响和学习内化两方面,其在教育过程中具有联结的作用。

在认识心理健康教育各要素及其作用的基础上审视心理健康教育各要素间的关系,主要有以下四方面:第一,心理健康教育的主体与教育客体是相互依存、相互制约的。一方面,具有主体性的人有目的、有意识、积极主动地去认识和影响人的心理健康这一对象,心理健康教育这一实践活动才有存在的价值;另一方面,教育主体通过教育中介促进学习者的心理健康水平的提升,同时受学习者本身的心理发展水平制约。第二,心理健康教育的主体与教育中介是目的和手段的关系、创造与被创造、选择和被选择的关系。一方面,教育者通过教育中介影响学习者,使学习者心理发生变化,朝着更加和谐健康的方向发展;另一方面,学习者主观能动地选择适合自己的教育影响,并且根据学习者心理的发展要求,教育者持续更新教育内容和教育方式。第三,教育中介与

---

① 黄代翠.心理健康教育辩证法研究[D].武汉大学,2010:57-59.

教育客体之间的关系是手段和结果之间的关系。教育主体需要运用一定的方法和手段才能提升学习者的心理健康水平。第四,教育中介之间是相互影响、相互制约的。教育者的教育影响对学习者的学习内化起到决定作用,学习者的学习内化对教育者的教育影响的选择起制约作用。

心理健康教育的基本要素是一个有机的统一体,教育者围绕一定的教育目标,借助于一定的教育方式,对受教育者施加一定的教育影响,从而完成心理健康教育"教"的过程;学习者根据自己的认识和需要接受教育者的影响,并将教育影响转化为自我的学习内化,从而完成"学"的过程,"教"和"学"的过程是心理健康教育不可分割的两个部分,是一个统一的有机整体,任何将两者分割开来的做法都是不合理的。

### (二) 心理健康教育与社会发展的联系

社会发展与心理健康教育的发展相辅相成、相互影响,社会的发展是心理健康教育发展的前提和基础,直接制约着心理健康教育的发展,同时,心理健康教育的发展也会进一步促进社会的发展和进步。

心理健康教育是社会发展的产物。19世纪末20世纪初,在第二次工业革命的推动下,资本主义经济得到迅猛发展,社会生产力有了极大提升,科技发明不断推陈出新,有了坚实的物质基础,心理健康教育也随之率先在西方国家产生。科学技术的迅猛发展,特别是计算机和互联网的发展,应用于心理测量、心理矫正、心理咨询、心理教育中,为新时代心理健康教育的发展提供了技术支持。伴随社会主义社会的发展,20世纪80年代我国开始了心理健康教育的探索,从最初自发的个别性行为到现在国家和政府主导的自觉性行为,先后颁布了多部促进人的心理全面发展的纲领性文件、政策,营造了良好的促进心理健康教育发展的社会环境。可见,社会发展为心理健康教育的产生和发展提供了坚实的物质基础、技术支持和良好的社会环境。

社会的发展水平决定心理健康教育的水平,具体决定了心理健康教育的规模、质量、方式。基于经济发展,西方的心理健康教育目标的发展经历了帮助有发展障碍的儿童、关注少数心理问题人群及20世纪70年代至今的促进全人类的心理发展三个阶段,从"问题模式"转变为"发展模式",形成全社会的教育服务体系,心理健康教育的规模在扩大、质量在提升。与此同时,伴随科技的快速发展,心理健康教育的手段也在不断更新,从初期的依靠手写、笔记的个别咨询到如今的课堂讲授、个别辅导、团体辅导、角色扮演、团体督导等多样教育形式,尤其是互联网的普及和应用,逐步摆脱时空的限制,开展远程教育和咨询,极大地丰富了心理健康教育的方式。

心理健康教育促进社会的全面发展,包括生产力的发展和社会和谐。21世纪国家的竞争实质是人才的竞争,是国民素质的竞争,提高国民的心理健康水平,促进心理的和谐发展,需要心理健康教育。

## 二、心理健康教育的教育基本规律

### (一) 适应性规律

适应律是指心理健康教育必须遵循学习者的心理发展规律和特点。心理健康教育的核心旨趣在于有意识、有目的地引领和促进人的心理发展。从心理健康教育内部要素的关系来看，教育主体通过教育中介促进学习者的心理健康水平的提升，同时受学习者本身的心理发展规律和水平制约，因而教育目标、教育内容、教育方法等应与学习者心理发展的实际状况相适应，只有这样教育影响才能真正作用于学习者，并促进学习者心理健康协调发展。

与学习者的心理发展规律和特点相适应，心理健康教育需要适应学习者的年龄特征、问题特征、群体特征、个性特征。教育部颁布的《中小学心理健康教育指导纲要（2012年修订）》(以下简称《纲要》)对学前、小学、初中、高中等不同年龄段的学生提出了不同的教育任务。著名心理学家埃里克森提出人生发展八阶段论，强调每个阶段都有需要解决的任务，如果任务顺利解决，就会发展出积极的心理品质，相反则容易出现发展危机，心理产生问题。不同年龄段、不同问题特征都需要心理健康教育提供针对性的教育。除了年龄特点、问题特征，不同职业、生活环境、教育程度等群体也会出现不同的心理问题，需要心理健康教育的全面关注。与此同时，在心理健康教育中，教育者还需要注意学习者自身的个性特征，因材施教，促使学习者的独特性和差异性在积极方向得到充分发展，心理咨询这一心理健康教育的形式就满足了个体的独特需要。

与此同时，心理健康教育还要适应社会发展的需要。2016年，国家卫生计生委、中宣部、中央综治办、国家发展改革委、教育部等22个部门联合发布的《关于加强心理健康服务的指导意见》(国卫疾控发〔2016〕77号，以下简称《指导意见》)指出，"心理健康是影响经济社会发展的重大公共卫生问题和社会问题"，它提出"加强心理健康服务、健全社会心理服务体系是改善公众心理健康水平、促进社会心态稳定和人际和谐、提升公众幸福感的关键措施，是培养良好道德风尚、促进经济社会协调发展、培育和践行社会主义核心价值观的基本要求，是实现国家长治久安的一项源头性、基础性工作。"该文件的出台，正体现出心理健康教育适应了社会发展的需要，致力于改善人民的心理健康水平、促进社会心态稳定和人际和谐、提升人民幸福感，从而促进经济社会协调发展。

### (二) 超越性规律

超越性规律是指心理健康教育要在一定程度上超越学习者当前的心理发展水平。心理健康教育的本质是学习者的心理转变、心理发展和不断成长的过程，是个体心理素质社会化的过程，是将一个从不适应或不完全适应社会发展需要的人，培养成为能够适应社会发展需要的合格社会成员。心理健康教育根本目的是提高学习者心理健康水平，促进学习者的心理发展，而这就是心理健康教育的超越性规律。苏联著名心理学家维果茨基提出"最近发展区"理论,指出学习者实际的发展水平与潜在的发展水平之间有一定的差距,教育者需要设置"跳一跳能够够得着"的教育目标促进学习者的心理潜能充分发挥,最终达到自我实现。同时,教育者还要不断提升专业素质和心理健康水平,注重言传身教,发挥榜样和示范作用,才能更好地引导和促进学习者的发展,促使学习者的自我超越。

### (三) 主体性规律

关于教育者和学习者的关系,学界有"主客体"说、"双主体"说、"主体间性"说等不同说法,当前比较公认的就是教育者是施教主体,学习者是学习主体,而且学习者也能"自我教育","主体间性"强调教育者和学习者间的"共生性",注重二者的对话、互动,且在不同场合下,二者角色可以转换,二者是一种共生共长的关系。这无不说明了教育者和学习者的主体性特点。

主体性规律即指心理健康教育必须充分发挥教育主体的主体性,即发挥教育者和学习者的主体性。发挥教育主体的主体性,第一,在心理健康教育过程中,教育主体要有明确的目的,即教育者要有教育目标,学习者要有学习目标,然后决定教学内容和学习内容,以及教学方法和学习方法。第二,教育者要积极主动地参与到教育活动中,学习者要积极地参与学习活动,内化知识与技能并维护自身心理健康。第三,教育主体要有独立自主性,即教育者能根据自己的理解自主决定教学内容,学习者能进行自我觉察、自我体验、自我认识、自我选择、自我设计、自我调节、自我控制。第四,心理健康教育要促进每个人的潜能充分发挥,促进学习者的自我实现。

### (四) 活动体验性规律

维果茨基提出的"文化历史发展理论",认为人的心理机能有低级和高级之分,低级心理机能是自然的发展结果,高级心理机能是社会历史发展的产物,它在人际交往活动的过程中产生和发展。该理论阐明了个体心理发展的社会起源,强调了社会活动对心理发展的重要作用。

活动体验规律是指心理健康教育需要通过活动的方法增加学习者的心理体验,达到促进学习者心理发展的目的。活动是教育者与学习者、主体与客体相互作用的过程。在心理健康教育活动中,教育者通过设计不同的活动来促进学习者学习、思索,学习者积极参与活动,在思索和互动中体验、感悟、收获。形式多样的活动不仅能促进学习者的心理健康,也是实现心理健康教育效果的重要方法,这也是心理健康教育区别于其他教育的主要特征。

## 第三节　树立心理健康教育的育人理念

为认真贯彻党的二十大精神,贯彻落实《中国教育现代化2035》《国务院关于实施健康中国行动的意见》,教育部等十七部门印发了《全面加强和改进新时代学生心理健康工作专项行动计划(2023—2025年)》的通知(教体艺〔2023〕1号,以下简称《行动计划》),以全面加强和改进新时代学生心理健康工作,提升学生心理健康素养。构建新时代心理健康教育新格局,厘清新时代心理健康教育育人理念的基本内容,显得尤为重要。

### 一、以人为本:新时代心理健康教育的价值追求

心理教育的萌生是对教育人学思潮的一种回应,心理教育的功能理所当然直指人的心理成长、发展与自我实现。新时代背景下,加强和改进我国心理教育,应当摒弃功利化、工具化的倾向,坚持以人为本的育人理念。教育部印发的《纲要》也强调了"以人为本"的心理教育理念,明确指出中小学校要"坚持育人为本"。[①] 也就是说,人是心理健康教育的主体和实质,心理健康教育是关于人、为了人和真正使人"成人"的心理教育。[②] 所谓"以人为本",就是把人视为自身心理发展与建设的主人,把人的主体性发展作为"目的"而不是"手段",一切从人出发,一切为了人,一切服务于人,一切着眼于人的全面发展,重视人的生命和生活,关怀人的价值和使命,关照人的精神和信仰,真正确立起人在我国心理教育中的中心地位。

### 二、本土化:新时代心理健康教育的科学信念

构建新时代心理健康教育新格局,需要我们树立本土化心理教育理念。我们要从注重普适性走向关注本土化,注重本土化心理教育的发展,更加强调凸显心理教育的民族个性和地方特色,更加紧密地与本土心理教育对象的个性特征、文化观念和生活实际相结合。

树立本土化心理教育理念,我们应当遵循的基本思路是学习借鉴国外心理教育(主要是心理咨询)的基本思想,在不盲从的前提下对其进行理性的批判和合理的对抗;充分发掘和继承发扬中国传统的心理教育思想,"取其精华、去其糟粕";总结新时期我国学校心理教育鲜活的新经验,如心理—道德教育模式、把班级心理教育作为学校心理教

---

① 中华人民共和国教育部. 教育部关于印发《中小学心理健康教育指导纲要(2012年修订)》的通知[EB/OL]. http://www.moe.gov.cn/srcsite/A06/s3325/201212/t20121211_145679.html,2012-12-17.

② 崔景贵. 心理教育(职业学校)[M]. 南京:南京师范大学出版社,2002:4.

育的基本组织形式、创办"家长心理教育学校"形成学生心理发展的社会支持系统。①概括地说,我国学校心理教育更需要贴近现实国情、社会文化的氛围,重视研究和挖掘我国传统心理文化的底蕴,逐步形成适应于本土文化的校本心理教育模式。心理教育本土化的最终目标是解决中国的现实教育问题,积极参与进而影响国际心理教育学术界的发展。

### 三、积极取向:新时代心理健康教育的育人功能

防治与发展始终是心理教育的两大主题,也是两种不同的目标取向。预防和发展是两个相辅相成的方面,有效的预防能有利于发展,积极的发展能从根本上保证预防。但现实是,大多数学校和教师更多地着眼于防治性的心理教育工作,主要还是解决少数学生存在的心理障碍,而忽视了大多数学生的发展需求。而积极心理教育是一种发展性取向的心理教育,它要求教育者从个体的心理需要出发,运用一定的心理教育方法,激发学生自身拥有的潜能、力量和美德等积极、正向的因素,塑造积极心理品质,进而提升学生心理素质的心理教育。② 既顺应了时代发展的要求,又满足了人们对于美好生活的需要。

实践积极心理教育理念,要求开展心理健康教育全过程要贯穿积极性这一突出特点,强调一切从"积极"出发,用积极的视角发现和解读问题的积极方面,用积极的途径培养积极的品质,用积极的思想浇灌积极的心灵,用积极的过程提供积极的情感体验,用积极的反馈强化积极的效果,用积极的态度塑造积极的人生。③ 实践积极心理教育理念,还需要把握"活动"这一特点,坚持"主体—发展性",以积极心理教育活动中的体验教育为基本途径,开展心理健康教育,不论是积极心理课程,还是心理专题教育活动,抑或是团体心理辅导、社团活动等,都注重运用活动的形式,强调"在做中学,在学中悟,在悟中提升自我",使学生在潜移默化中积极心理品质得以塑造、人格得以健全发展、心理素质得以提升。

### 四、自主建构:新时代心理健康教育的教学形态

心理教育是一种性质特殊的教育。究其实质而言,心理教育是一种助人自助的教育和心理的自我学习,或者说是主体自主自觉实现的心理学习。学生是自己心理发展的主体,是自身心理建设与心理资源开发的主人,心理教育影响必须通过学生主体"自己运动"才能发挥作用,即通过当时所具有的心理状态、心理活动而发生教育作用。

心理教育的教学不应是机械刻板的机器化、程式化教学,也不应是教师的"一言堂""独角戏"。需要建立民主平等、尊重宽容的师生关系,需要更多的自主互动、合作教学

---

① 班华.探索中国自己的心理教育之道[J].中小学心理健康教育,2001(7):7-9.
② 崔景贵.积极心理学:教育范式的行动研究[M].北京:知识产权出版社,2021:267.
③ 孟万金.积极心理健康教育[M].北京:中国轻工业出版社,2008:V.

和交互式教学,需要建立诸如心理家庭、心理互助组等"学习者共同体"(Community of Learners),需要让学生自编自演的心理小品、心理剧进课堂、进入校园生活,需要创设生动形象、潜移默化的心理教育情境和氛围,引导学生在具体的生活情境中实践体验,倡导学生"在问题解决过程中"学习成长。自主建构式的心理教育中,学生可以在对话交流、讨论辩论和角色扮演中自由成长,学生可以在社会实践、参与活动和亲身体验中自主发展,让学生在自助、他助和互助中自立进步,教师则应当更多地给予学生真诚的理解与信任、倾听与交流、鼓励与引导、支持和帮助,应当更多地给予学生无条件的积极关注。以建构主义的现代教育思想来改进和完善心理教育,强调学习者自身的主体性,充分发挥学生的主体性将成为新时代心理教育的基本理念。

2016年,国家卫生计生委、中宣部、中央综治办、国家发展改革委、教育部等22个部门联合发布的《指导意见》,就加强心理健康服务、健全社会心理服务体系提出了要求。实践自主建构心理教育理念,需要学校心理教育者更新教育观,树立新时代心理健康教育服务理念,弱化干预观念,突出以学生为主体,引导和帮助学生自觉、自知与自助,"通过他助学会自助,由他律变为自律",从根本上提高学生的心理素养。学校心理教育工作者的主要职责是为学生创造新的"最佳发展区",为学生引路,指导学生学会走路。正如北京师范大学林崇德教授所说:"好比产婆和媒婆,产婆的任务是帮助孕妇顺利生产,媒婆的任务是为青年男女牵线搭桥。"[①]这对我们理性地扮演学生心理发展的促进者、心理健康的维护者、心理问题的诊断者、心理困惑的辅导者等心理教育工作者的多重角色富有启发意义。此外,也可加强学校心理健康教育与心理辅导和治疗机构之间的合作与联系,提高青少年心理健康教育质量。自此,做到切实从学生自身需求出发,满足他们的需要,促进学生的健康成长和毕生发展。

**政策链接**

心理健康服务是运用心理学及医学的理论和方法,预防或减少各类心理行为问题,促进心理健康,提高生活质量,主要包括心理健康宣传教育、心理咨询、心理疾病治疗、心理危机干预等。

——国家卫生计生委、中宣部、中央综治办、国家发展改革委、教育部等22个部门联合印发的《关于加强心理健康服务的指导意见》(国卫疾控发〔2016〕77号)

### 五、全员育人:新时代心理健康教育的育人队伍

心理教育是一项专业性要求很强的工作,必须建立一支训练有素、掌握相关专业知识技能的专门化的师资队伍。《行动计划》进一步提出,从提升人才培养质量、配齐心理健康教师、畅通教师发展渠道三方面建强心理人才队伍。心理健康教育育人队伍得由

---

① 林崇德.教育的智慧[M].北京:开明出版社,1999:251.

专业性强的专职心理教师和关注学生心理、促进学生心理发展的全体教师构成。"心理育人,人人有责",心理教育的全员化和全程化将日益深入人心。学科教学中心理教育的有机渗透,管理服务的心理育人,校园环境的心理育人,班级管理、团队工作、社会实践和校园文化的心理教育功能将在自觉意识的层面上得到进一步的重视和提升。同时,为了强化全员育人能力,《行动计划》还指出:"开展个体心理发展、健康教育基本知识和技能全覆盖培训,定期对心理健康教育教师开展职业技能培训。多措并举加强教师心理健康工作,支持社会力量、专业医疗机构参与教师心理健康教育能力提升行动,用好家校社协同心理关爱平台,推进教师心理健康教育学习资源开发和培训,提升教师发现并有效处置心理健康问题的能力。"

### 本章小结

心理健康教育的基础理论是科学有效地开展心理健康教育的前提。本章阐述了精神分析主义、行为主义、认知主义、人本主义和后现代主义五个主要心理学流派的心理健康教育观。分析心理健康教育的基本要素及联系,阐述心理健康教育的基本规律,提出以人为本、本土化、积极取向、自主建构的育人理念。

### 思考与实践

1. 选择某一个心理学流派,谈谈其对学校心理健康工作的启示。
2. 谈谈新时代心理健康教育的育人理念。

# 第四章
# 心理健康教育的基础理论（二）

学习资源

## ※ 学习目标

通过本章学习，了解中小学生心理发展的特点；学习心理健康标准的确立依据与基本内容，能够科学看待心理健康标准；掌握青少年积极发展观的内涵结构与教育启示。

## ※ 关键词

中小学生心理特点；心理健康标准；积极青少年发展观

心理健康教育工作者开展心理健康教育工作，必须了解中小学生心理发展的特点，把握科学的心理健康标准，树立积极的青少年心理发展观，坚持心理健康教育的科学性、育人性、发展性。

## 第一节　中小学生心理发展的特点

### 一、小学生的心理发展特点

（一）小学生的认知发展特点

**1. 小学生注意发展的特点**

小学中低年级学生的注意以无意注意为主，有意注意还不完善，他们的注意保持时间较短，只能集中十几分钟至二十几分钟，并且容易被外界环境因素干扰。由于中低年级学生缺乏经验，注意的范围相对狭窄一些，注意的灵活性相对较弱，在集中某一事物时，往往出现"顾此失彼"的现象，不善于分配自己的注意。但是，他们的注意力开始具有计划性,能够系统地搜集、过滤信息,并计划自己的行动。

小学生进入高年级后,有意注意占主导,更能够控制自己的注意,开始有意识地把注意力集中于目标,使自己更能适应任务的要求和更有计划地获取有关信息,提高活动效率。高年级学生注意的保持时间较长,一般情况下,10~12 岁的学生能连续保持注意力约 25 分钟,12 岁以上约 30 分钟,如果教材新颖,教法得当,可以保持 40 分钟左右。高年级学生注意的灵活性增强,但注意分配能力有限。小学高年级学生由一节课转移到另一节课,由一门作业转移到另一门作业所需的时间随着年龄的增长而降低,小学五年级学生注意转移速度明显快于小学二年级学生。但是,由于小学生的注意分配发展缓慢,小学五年级和小学二年级学生的注意分配基本处于同一水平。

**2. 小学生记忆发展的特点**

小学中低年级学生以无意识记、具体形象识记和机械识记为主。由于中低年级学生的知识经验较为匮乏,抽象逻辑思维尚未发展,他们对于学习材料的理解能力和选择加工的能力不够,只能记有趣的事情、具体形象的内容,或只是机械地强记老师让他们记的内容。低年级学生较多采用复诵的识记方法,也就是用机械重复的方式一遍又一遍地朗诵所需熟记的信息。之后,儿童开始学会运用组织的策略辅助记忆,能够将明显有关的项目放在一起记忆,以此提升识记率。

小学高年级学生的有意记忆明显得到发展,其主导地位逐渐显著。小学生的形象记忆和抽象记忆都随着年龄的增长而发展,小学高年级学生的抽象言语记忆的增长率逐渐超过具体形象记忆的增长率,但对抽象材料的记忆仍然以具体事物为基础。并且,小学高年级学生能够运用多种记忆策略,如复述和组织策略。"复述"策略主要表现为学生为了记住所学知识,可以主动地、有意识地不断重复记忆材料。"组织"策略主要是对学习材料按照某种标准或关系进行归类,或把相关联的信息按体系关系进行整理并条理化,从而加强记忆。但是,小学高年级学生的元认知的体验能力、监控能力依然有待提高,对认知活动的自我调控能力较差。

**3. 小学生思维发展的特点**

小学中低阶段,学生的思维以形象思维为主要形式,分析与推理的能力只能获得初步发展,他们的思维活动离不开具体形象的帮助,在很大程度上依赖于感性经验。例如他们认识香蕉、苹果、橘子,但是不能理解"水果"这一概念。并且,学生不能意识到自己的思维过程,思维的自觉性、批判性、灵活性等品质较差,不能根据具体情况变通。

进入小学高年级后,学生的思维品质逐步完善,对概念的掌握水平逐渐提高,能够对事物的本质属性和内部联系进行初步的抽象概括,但是对于与他们日常生活距离较远的科学规律进行抽象概括是较为困难的。小学高年级学生的抽象逻辑思维具有一定发展,能够分析、综合、比较、概括一些复杂的信息。总体而言,整个小学阶段,小学生思维发展的基本特点是从具体形象思维逐步过渡到以抽象思维为主要形式,但这种抽象逻辑思维仍然具有较大程度的具体形象性。

## (二) 小学生的情感特点

小学中低年级学生的情感内容日益丰富,例如,教师的表扬与批评、学习成绩的高低、同学关系都会使他们产生丰富的情感体验。学生的情感表达外显、不稳定,往往具有冲动、外露、可控性差的特点。他们的喜、怒、哀、乐都会在表情上有明显反映,并且情感表现往往是短促的、爆发性的,容易从一种情感迅速转向另一种情感,情绪情感容易随着情境的变化而多变。中低年级学生的高级情感发展缓慢,道德情感的发展受到道德认知发展水平的影响,多以外在成人的评价标准为依据。例如,对于不小心打碎碗和故意发脾气打碎碗两种行为,低年级的学生会不加区别地认为是"不乖",他们只把"打碎碗"这一行为的结果作为判断行为好坏的标准,而不会考虑行为背后的原因。

小学高年级学生的情感内容不断丰富,开始体验到责任感、集体荣誉感、友谊感、爱国主义情感、义务感等,并时常付诸行动。情感逐渐开始内化,控制和调节情绪的能力逐步加强,能够在一定程度上控制冲动,适应学校的课堂生活以完成学业任务,与同伴友好相处。此外,高年级学生情感的深刻性不断增加,能够意识到自身情感表现可能产生的后果,能够自我尊重,并且希望获得他人尊重的需要也日益强烈。

## (三) 小学生的社会性发展

### 1. 小学生自我意识的发展

小学生自我意识的发展随着年龄的增长从低水平向高水平发展,但不是直线的、等速的,而是既有上升的时期,又有平稳发展的时期。其中,小学生的自我概念是从较为具体的外部特征向比较抽象的心理特征过渡。例如,小学中低年级的学生在回答"我是谁"这个问题时,往往从姓名、年龄、家庭住址等方面进行描述;而小学高年级学生开始根据人际关系和内在特征等方面描述。小学生的自我评价开始独立形成,他们对自己的评价不再完全依赖成人,他们通过对照学校要求、社会要求和同伴之间的相互比较进行自我评定。

### 2. 小学生社会交往能力的发展

在儿童众多的社会交往中,与父母的关系在其成长发展中发挥重要作用。小学中低年级的学生对其父母有着较为强烈的情感依恋,愿意和父母分享自己的开心或烦恼。在与父母的交往中,儿童既可以获得情感的慰藉,又可以通过父母的言传身教获得社会化发展。进入高年级后,学生发展出更好的问题解决策略,并且独立意识逐渐增强,他们对父母的依赖水平有所下降,对父母的要求不再一味顺从,但是由于自身能力的限制,他们依然需要向父母寻求帮助、获得保护。

在师生关系方面,小学阶段的师生关系呈波浪形发展趋势。低年级儿童对教师绝对崇拜和服从,这种权威性甚至要高于父母。随着年龄增长,儿童的独立性和评价能力也逐渐增长,教师的威望在小学高年级阶段也开始逐渐下降,学生不再无条件信赖和服从教师,他们对教师有了新的认识和要求,并对教师做出评价,对不同的教师也表现出不同的态度,甚至有时会产生抵触情绪,与教师疏远。另外,教师的期望对学生也有重要影响。如果教师以积极的态度对待学习能力差的学生,往往能提高这些学生的学习积极性。

在同伴关系方面,小学中低年级的儿童比较喜欢和同性别的儿童一起玩耍,而不同性别的儿童彼此之间有着不同的地盘。随着年龄的增长,在小学高年级阶段,两性交往开始发生变化,他们往往对异性有些朦胧的好感,但是又不清晰。所以很多学生就出现了本能的对异性的排斥现象,出现相互攻击等现象,使男女生出现较为明显的"界限"。此外,部分女生第二性特征开始出现,其心理波动和心理失衡现象令人关注。

## 二、初中生的心理发展特点

### (一) 初中生的认知发展特点

**1. 初中生注意发展的特点**

初中生的有意注意最终取代无意注意的主导地位。这个时候,学生已经能够有意识地调节和控制自己的注意,专心致志地完成学习任务。相比小学生而言,初中生的有意注意持续时间延长,他们学习、活动的目的性、计划性和自觉性日趋提高。同时,注意稳定性迅速发展,注意广度不断扩大,逐渐接近成人水平,但受自身知识经验和知觉对象的特点的影响较大。在注意的分配和转移品质上,也有较大的发展,他们可以边听老师讲课边记笔记,也可以根据任务要求转移自己的注意。对于自己不感兴趣,但又必须记住的材料,他们也能很好地集中自己的注意。初中生观察事物细节的感受性逐渐增强,观察的持久性也不断增强。他们逐渐能够掌握观察的程序和操作要求,能够遵循从整体到部分、再从部分到整体等顺序进行观察,还能抓住事物的主要特征进行重点观察。

**2. 初中生记忆发展的特点**

初中生正处于记忆力发展的"全盛时期",他们记忆发展的总体趋势是随着年龄增大而不断提高。初中生的有意记忆和无意记忆效果都不断提高,但有意记忆逐渐占主导地位,并呈直线上升的趋势,相反,机械识记运用得越来越少,其效果也越来越差。初中生抽象记忆有较快发展,虽然他们的具体形象记忆也在发展,但发展的速度已慢于前者。初中生能熟练地运用各种记忆策略,并有效地提高记忆成绩。由于初中生的知识和经验仍有局限性,充分地运用高层次的记忆策略还需一定的知识和经验的积累。

**3. 初中生思维发展的特点**

初中生思维发展的主要特征是抽象逻辑思维开始占优势,思维开始由经验型水平向理论型水平转化,但是在很大程度上还属于经验型,需要感性经验的直接支持。他们能够运用假设进行思维,并且认识到现实只是由事实与假定构成的总体中的一个子集。

在面临智力问题时,他们首先会挖掘出隐含在问题材料情境中的各种可能性,再用逻辑分析和实验的方法对每一种可能性给予验证,最后确定哪种可能性是事实。虽然初中生推理能力不断提高,但是不同种类推理能力的发展是存在差异的,一般是归纳推理能力优于演绎推理能力。由于初中生所掌握和领会的知识较为肤浅,缺乏对事物的深入了解,他们的辩证思维能力水平还较低。同时,初中生思维的独立性和批判性得到明显发展,开始具有比较自觉和强烈的批判性色彩,可能对任何人的思想行为提出疑问,并且希望通过自己的思考得到答案。

### (二) 初中生的情感特点

**1. 情感内容不断丰富**

初中生的情感体验已从学习活动和集体生活扩展到了更多的领域,如对钻研自然科学、参加社会活动的体验,对人与人的关系、友谊和初恋的体验,对个人前途和祖国未来的体验等。他们能体验到更加复杂的情绪情感,情绪的内容和层次比以往更加丰富。他们常常对自己喜爱的对象、活动表现得很热衷,对自己信服的人、关心自己的人或追求的人表现出钦佩、感激和爱慕,他们为学习的成功而扬扬得意,也会由于挫折而苦恼或忧心忡忡,有时表现出生活的情趣,有时陷入幻想的迷恋之中,有时又为社会现实而苦恼、愤怒或悲伤。

**2. 情感的两极性明显**

初中生的情绪情感活动具有两极性,表现强烈而且转化迅速。他们的情绪反应来得快,平息得也快,维持的时间相对较短,带有明显的不稳定性、冲动性,以致自己往往难以驾驭自己。他们会因为小小的成功欣喜若狂,也会因为微不足道的挫折而心灰意冷,并且在很短的时间内经历情感上的大起大落。导致情绪不稳定的主要原因,一方面,与此时个体的生理成熟程度有关。青少年期个体的神经活动兴奋过程往往比抑制过程占优势,刺激在神经传导过程中易造成泛化和扩散现象。另一方面,与个体在青少年期社会需要的增多、自我意识的增强密切相关。由于知识经验不足,认知结构不完善,初中生的预期和评价往往与客观事物不一致,从而导致其产生强烈的情绪反应。

**3. 情感的深刻性不断增加**

与小学生体验的具体性、表面性不同,初中生开始从事物的本质方面产生体验,形成内部深刻的情感。整个中学时期,学生的智力和意识不断发展,渐渐形成许多新观点以及具有明确道德意识的社会性情感。而且随着年级升高,情感内容的社会性不断地深刻化。

**4. 社会高级情感迅速发展**

中学阶段是道德感逐步稳定和成熟的时期,爱国主义情感、劳动情感、社会公德情感等,都是在初中阶段获得迅速发展,并为学生的世界观从萌芽到形成奠定重要基础。初中生的理智感,主要指求知欲的扩展和加深。求知欲表现在学习活动上,是指对学习的兴趣、对疑难问题的好奇心和追求解决问题的体验等方面。

### (三) 初中生的社会性发展

**1. 初中生自我意识的发展**

自我意识高涨是初中生个性发展的一个重要方面。他们开始把注意力指向主观世界，主动地对自己的内心世界和行为进行观察和分析。诸如"我是什么样的人""别人如何看待我""我的特点是什么"这类问题经常困扰他们，从而沉浸在自己的世界里。生理上的迅速发育，导致他们产生了"成人感"，初中生希望从父母及其他人那里获得独立，希望摆脱成人的控制，获得主动权。对长辈啰唆的说教和关怀表示厌烦，认为那是不信任或小看自己，要求别人尊重自己的意志和人格。这种成人感，是初中生自我意识急剧发展的表现，也是他们突然发现自己的开始。一旦这种成人感受到挫折，就会使他们产生自卑与焦虑的情绪或敌对与破坏的行为，将严重影响其个性的正常发展。因此，教育者们一定要尊重、信任他们，要注意在这个从幼稚向成熟过渡的关键时期，因势利导，给予恰当的关怀和指导，使其成人感健康发展。

**2. 初中生社会交往能力的发展**

在与父母的关系中，初中生对父母的亲近程度逐渐下降，开始进入人生的"第二反抗期"。这一时期，初中生可能会与父母之间在金钱、学习、交友等方面有不同见解，导致亲子关系的疏远和冲突。他们希望父母理解自己的想法，不仅需要成人的尊重和理解，还需要在自由和谐的气氛中与家长平等地交流情感，真正获得一个属于他们自己支配的空间和氛围。但此时的初中生仍然依赖父母，对于与父母的矛盾冲突极为敏感，他们既想脱离父母，又害怕失去父母的关心和照顾，内心常常在自责、内疚与愤怒的矛盾中感到烦恼。

初中生对教师的态度与小学生具有较大差别。他们要求教师用尊重、理解和支持的态度对待他们。他们不再盲目接受教师，开始挑剔和品评每一位教师。一般地，初中生比较喜欢知识广博、耐心温和、尊重学生、公平公正以及负责任、守信用的教师。他们对自己所喜爱的教师任教的科目，会积极努力地学习，对这类教师提出的要求也会容易接受和认真执行。

初中阶段是学生结交知心朋友的高峰期。他们倾向于选择志同道合、有相同苦闷或烦恼、性格相近的人作为朋友。这一时期建立的朋友关系十分亲密，建立的友谊也较为长久。初中生与异性同伴的关系要好于与同性同伴的关系。初中学生与异性同伴的关系先降后升，初二是转折点。当然，交友问题常是困扰初中生的一个重要问题，初中生特别在意同伴对自己的评价，当受到同伴的嘲笑、冷落和指责时会产生不愉快的情绪体验。

## 三、高中生的心理发展特点

### (一) 高中生的认知发展特点

**1. 高中生注意发展的特点**

高中生的感知觉和有目的的观察能力具有明显的提高,体现在观察的自觉性、稳定性、精确性和概括性上。他们能够根据教学要求去观察某种对象和现象,并能稳定地、长时间地去进行有目的的观察。在一般的学习活动中,集中注意的观察时间随年级的升高而有增长的趋势。

**2. 高中生记忆发展的特点**

高中生的意义识记开始占优势。意义记忆是指个体在对事物理解的基础上,依据事物的内在联系,运用有关的知识经验进行记忆。他们的意义识记逐步代替了机械识记,并成为主要的识记方法,随着年纪增加,效果也越来越好。同时,随着言语和思维能力的发展,语词逻辑记忆的能力和对抽象材料的记忆能力也日益发展起来。

**3. 高中生思维发展的特点**

随着知识经验的积累和智力水平的发展,高中生逐渐能够理解事物的复杂性和内在规律性。他们的形象思维已经完全发展成熟,抽象逻辑思维的发展也进入成熟期。到高中二年级时,经验型向理论型的转化初步完成,标志着他们的抽象逻辑思维趋向成熟。高中生的逻辑思维属于理论型,能在头脑中进行完全属于抽象符号的推导,能用理论作为指导来分析综合各种事实材料,从而不断扩大自己的知识领域或解决各种问题。在因果关系的理解上,他们能从最初只理解简单的因果关系发展到能分清主要原因和次要原因,并能认识它们之间的可逆关系,即不仅能从结果推测出原因,而且能从原因推出结果,以及找出它们之间的从属关系或矛盾关系。此外,高中生的独立思考能力有了较大的发展。他们乐于探索事物的本源,一般不轻信现成的结论,对各种问题总有自己的判断与见解。如果他们的想法得到周围人的支持,或者被事实所证实,就会更喜欢独立思考。如果自己的想法被否定,他们也会进行深刻反省。因此,对高中生的教育更需要有说服力的逻辑论证,同时应当给予他们独立思考的空间,要鼓励和培养善于独立思考的精神。

### (二) 高中生的情感特点

**1. 情绪的极端性与波动性**

随着青春期的到来,尽管高中生主导情绪是积极的,但是消极情绪体验增多。他们容易出现极端的情绪,极易出现高强度的兴奋、激动、热情或是过度的伤感、愤怒与绝望,同时高中生由于情绪波动,情绪容易在两种极端情绪之间迅速转化,表现为时而积极时而消极,让人捉摸不透。

**2. 情绪的反差性与封闭性**

随着高中生与社会的接触日益增多,各种社会行为规范的习得使得他们具备自我情绪调节与控制能力,会逐渐以更加符合社会要求的方式表达自己的情绪。往往他们的外在表现与内心体验形成巨大反差,不愿表露真实的情绪体验,这就是情绪的反差性。他们愿意将自己的真实情感有选择地表露给亲近、信任的人,而在不喜欢的对象面前不愿表露,体现出情绪情感的封闭性。

**3. 情绪的延续性与感染性**

一方面,高中生的情绪大多以"心境"状态表现,即一种比较持久、平稳、微弱的心理状态。他们通常在一段时期内,或者欢乐、愉快,或者安乐、宁静,或者抑郁、低沉。长期的情绪压抑是有害身心健康的,教育者尤其应当帮助情绪抑郁的学生找到引起这种心境的原因,并帮助他们调整情绪状态。另一方面,高中生的情绪也非常容易受到他人情绪的感染。

**4. 社会性情绪占主导地位**

随着认知结构的完善、社会经验的丰富以及想象能力的发展,高中生的情绪体验日益深刻,体验的内容更加广泛,而且越来越复杂,并逐渐形成高尚的情操。例如,道德感、理智感、美感等社会性情绪情感逐渐上升到主导地位,社会性情绪的水平也不断提高。高中生对具有社会性的、抽象性的内容更加关注,从而极大地丰富了情绪体验的内容。同样,他们的情感也变得更加细腻、敏感和微妙。

### (三)高中生的社会性发展

**1. 高中生自我意识的发展**

第一,自我意识中独立意向的发展。高中生已能完全意识到自己是一个独立的个体,因此要求独立的愿望日趋强烈,并且,这种独立性要求是建立在与成人和睦相处的基础上的,与初中时期的反抗性特点有所区别。高中生时期,他们的生理迅速成熟而心理还未成熟,使其自我评价具有很大的主观性。他们既渴望独立,又想摆脱依赖,渴望获得成年人的尊重,享受成人的权利,听不进去别人的批评和意见。但是,多数高中生基本上能与其父母或其他成人保持一种肯定的尊重的关系,反抗性成分逐渐减少。

第二,自我意识成分分化。自我分化是自我意识成熟的一个表现,具体表现为个体对自己的客观审视、评价及接纳自己。一方面,高中生将自我分化为"主我"和"客我"。自我分化使青少年不仅能从自己的角度进行自我评价,也能将自我作为客观对象加以分析。另一方面,青少年将自我分化为"现实我"和"理想我","现实我"即当前的自我,"理想我"即努力想成为的自我。"理想我"与"现实我"存在一定差距和矛盾,这种矛盾也会成为推动青少年的自我意识更加完善发展的动力。

第三,强烈地关心着自己的个性成长。高中生十分关心自己个性特点方面的优缺点,在对人对己的评价中,也将个性是否完善放在首要位置。他们也知道个性对社交关系的重要性,会为了获得社会的接受,有很强的动机想改善自己的个性。

第四,有较强的自尊心。随着成人感的产生,高中生的自尊心在这个阶段得到显著发展。他们希望得到别人的肯定,对外界的评价非常敏感。当获得肯定与赞赏时,他们就会产生强烈的满足感;当得到否定与批评时,就会体验到强烈的挫败感。

第五,道德意识高度发展。高中生在自我观察、自我评价、自我体验、自我监督、自我控制等方面都获得了高度的发展,并趋于成熟。他们开始能够通过现象揭露道德行为的本质,比较全面地考虑问题,能够分清问题的主次,并开始形成对具体问题进行具体分析的习惯。

**2. 高中生社会交往能力的发展**

由于高中生在感情上有了其他的依恋对象,与父母的情感不如以往亲密。高中生要求独立的愿望更加强烈,在行为上反对父母对他们的干涉和控制。他们不愿接受现成的观念和规则,对于父母的观点开始重新审视。随着高中生的思维水平和认知能力的提升,他们会逐渐发现存在于父母身上的、过去未曾察觉的缺点,对父母的理想化水平有所降低。

高中生不再盲目喜欢任何一位教师,他们开始品评教师,对所喜爱的教师几乎能达到完美的程度,并能在行动上对老师做出最好的回应。他们有一套自己的见解,关于什么样的教师才是自己心目中的理想教师,并会把现实中的教师与理想教师相对比,私下里同学之间也会互相探讨、交换对于老师的一些看法,当然,这不一定代表他们不尊重老师,更多的可能只是内心想法和观点的抒发。

高中阶段的友谊比以后各个年龄段的友谊都要直率,男生之间的友谊强度较大,女生之间的友谊则表现得更加温和、细腻。同时,男生女生的交往开始融洽相处,而且在一些男生和女生的心目中,会有一位自己所喜爱的异性朋友。但是他们一般不愿意将这种情感加以公开,在许多情况下这是一个永恒的秘密。青春期的男生女生之间的爱慕之情往往比较稚嫩,很少有保存下来并最终发展为爱情和婚姻的。然而,只要这种情感控制得当,也可以发挥一定的积极意义。当一位青春期的少年有爱慕的异性时,就会尽可能地按照一个好少年的标准要求自己,从而促进各方面的成熟与发展。

## 第二节　科学认识中小学生心理健康标准

### 一、确定心理健康标准的依据

从广义上讲,心理健康是一种持续高效而满意的心理状态;从狭义上讲,心理健康是知、情、意、行的统一,是人格完善协调,社会适应良好。但是心理健康的标准问题迄今仍是有争议的话题,不少国内外专家学者从各自不同的社会文化背景、研究立场出发,用不同的方法做出多种角度的解释。心理健康标准具有复杂性,既有文化差异,也有个体差异。结合相关文献,心理健康标准的依据可以归为如下六类。

### (一) 经验标准

主观经验标准是根据个体的主观体验判断心理是否健康,然而主观判断随意性大,无法成为有效的标准。从心理发展的观点来看,某种程度上的焦虑、彷徨、忧郁是生命历程中不可避免的。因此,判断一个人是否心理健康,不能单凭其是否体验到忧郁、痛苦等负面情绪下结论。

### (二) 社会规范标准

社会规范标准是在价值判断的基础上,以个人的心理行为是否符合社会道德、法律及风俗习惯等划分心理正常与否。一般而言,将社会规范作为心理健康的标准具有一定道理。因为人是社会中的人,如果一个人不具备基本的社会生活能力,不能与所处的社会环境相适应,难以保证他是心理健康的。因此,心理健康标准的界定需要考虑社会性价值。

### (三) 统计学标准

所谓统计学标准,是以统计学的正态分布理论为依据,依据对大量正常心理特征的测量取得一个常模,把当事人的心理与常模进行比较。以近于均值为正常,偏离正常为异常,偏离越远,异常越强烈。这个标准更多地应用于心理学研究之中,通常情况下,我们都要将个体的心理测验结果与常模对照,来判断其心理健康状况。在一定意义上,统计学标准是合理的,这保证人类大多数成员属于健康范畴。但是,偏离均值并不意味不健康。例如,仅仅因为高智商偏离均值就认定为心理异常,这显然不正确。

### (四) 生活适应标准

美国学者科尔曼(J. C. Coleman)认为,判断一个人心理是否健康,要看他的行为是否与所处的社会环境相适应,以及人际关系是否恰当,对社会事件和社会关系的态度是否符合社会要求。

以生活适应作为判断心理健康的标准,在学术界存在很大争议。人为了有效应对和处理现实问题,具备一定的生活适应能力是有必要的。但是一味追求社会适应,也不合适。例如,年轻人的圆滑世故就是过度社会化的表现。因此,仅仅以生活适应标准来判断心理是否健康,具有片面性。

近年来,学者们认为界定心理健康标准时,应该把适应标准与发展标准相结合。适应是个体通过不断身心调整,在社会生活环境中保持良好、有效的生存状态的过程;发展是个体的成长和品德、才能等在时间上所发生的持续的积极的变化。适应与发展是人生的两大基本任务,二者密不可分。我国学者江光荣指出,对于中小学生而言,有些表面上看属于适应的问题实际上是发展受阻的一种异常反应。因此,从中小学生的心理发展特点来看,关注心理健康的发展标准也是极为重要的。

### (五)心理成熟标准

心理成熟标准本质上是统计学标准的具体化,即以同龄人群的身心成熟与发展的平均水平为常模,低者为异常。一般而言,个体具有四个年龄层次,即实际年龄、心理年龄、生理年龄和社会年龄。实际年龄是个体的自然年龄;心理年龄是个体整体心理特征所表露的年龄特征;生理年龄是指生理发育成长的年龄特征;社会年龄是指个体为人处世、社会适应能力水平的高低。因此,心理成熟标准要求个体的心理特点必须与其心理年龄保持一致,并且个体四个年龄层次之间要保持协调。

值得注意的是,个体的心理成熟与其年龄之间并非简单的线性关系。不同社会生活背景下的个体心理成熟的具体情况及人们的评价是完全不同的。因此,单纯以年龄为依据判断个体是否心理成熟,往往不可靠。

### (六)生理学标准

生理学标准又称病因或症状存在与否的标准。德国学者克雷佩林认为,判断一个人心理是否健康要看其有无导致异常的原因和是否存在异常的症状。生理学标准有利于心理疾病的明确界定,尤其在精神疾病分类学中是比较科学的。但是,躯体疾病的病因与症状的出现不是由单一因素造成的,更不用说复杂的心理异常现象。因此,单从心理疾病的角度推断心理是否健康的方式也是片面的。

综上所述,目前界定心理健康的标准或多或少具有一定局限性,也正是由于在标准依据把握方面存在这种问题,使得心理健康标准的确定显得尤为困难。

## 二、心理健康的基本标准

综合多方面总结的心理健康标准的基本要点,结合学校心理健康教育的实践经验,目前心理健康的标准可以从如下六个方面把握。

### (一)智力发展正常

智力正常是个体生活、学习、工作最基本的心理条件,是人适应所处环境、谋求自我发展的心理保证,也是心理健康的首要标准。美国智力落后协会(AAMD)规定,智力落后是指在发展期就表现出来的、与适应行为缺陷并存的一般智力机能严重低常,并以智商(IQ)低于70分为典型的智力落后。心理健康的人,虽然各自表现的智力水平不同,但都能在生活、学习和工作中得到充分的表现,并且可以针对自身出现的各种问题、矛盾进行有效认识、克服及解决。

### (二)情绪稳定乐观

情绪稳定乐观是心理健康的主要标志。心理健康的人积极情绪占主导地位,能够保持愉快乐观的情绪状态,对生活充满乐趣。每个人都会遇到苦难与挫折,都会产生消极情绪,但是心理健康的人不会陷入消极情绪无法自拔,他们会成为情绪的主人,积极主动地调整自己的情绪状态适应外界环境。情绪的稳定性还表现在情绪的表现强度和持续时间上;心理健康的人情绪反应与客观刺激相适应,并且表现适度。

### (三) 意志品质健全

意志是指一种有意识、有目的地行动并且克服内外困难的心理过程。心理健康者的意志品质具备如下特征:① 独立性强。个体善于按照自己的合理创见提出行动目的、方法并积极实现,勇于对行为结果负责。② 果敢性强。个体善于当机立断,在复杂的情境中能迅速做出有效决定,并及时、勇敢地付诸实践。③ 坚毅性强。一方面,个体有坚定的意志,无论何种条件都不会动摇对既定目标的追求;另一方面,个体具有坚定的毅力,能够克服困难,坚持不懈。④ 自制力强。自制力强的人,能够控制与现实目标不一致的思想情绪和外部诱因,确保继续执行已有的决定,并且能够克服困难,一往直前。

### (四) 行为协调适度

人心理活动的各个方面最终都会在行为中表现,人的行为如同心理的镜子,可以透过个体的行为表现判断其心理是否健康。心理健康者的行为有如下特征:① 行为方式与年龄特点相一致;② 行为方式与社会角色相一致;③ 行为反应强度与刺激强度相一致;④ 行为具有一贯性和统一性。

### (五) 人际关系和谐

人际关系是人与人之间由于交往而产生的一种心理关系。和谐的人际关系既可以反映个体的心理健康水平,也可以促进个体的心理健康水平。和谐的人际关系具有如下特征:① 乐于与人交往,有广泛且稳定的人际关系;② 在交往中不卑不亢,能够保持独立而完整的人格;③ 能客观公正地评价别人,严于律己,宽以待人;④ 能够以尊重、信任、宽容和理解的态度对待他人;⑤ 有良好的集体荣誉感,能够与他人同心协力,合作共事。

### (六) 人格独立完整

人格是指一个人与另一个人区别开的独特的心理特征。心理健康教育的终极目标是促进个体保持人格的独立完整性,培养健全的人格。人格健全的特征为:① 人格结构的各个要素之间不存在明显的缺陷与偏差;② 具有正确的自我意识,能了解自己、接纳自己并且客观评价自己,形成良好的自我同一性;③ 具有积极进取、符合社会价值观的个体,希望通过自身努力实现自我价值并服务社会。

### 三、正确认识心理健康标准

人的心理健康是指一种持续的、积极的心理状态。个体在这种状态下,能够良好地适应所处环境,能充分发挥其身心潜能,就可被视为心理健康。据此,人的心理健康水平大体可分为三个等级:

一是一般心理问题。一般心理问题通常是由相对较轻的生活压力、人际关系、处事失误等日常生活中遇到的一些小事引起,而导致的心理冲突,冲突是常形的,并因此使人体验到不良情绪,如愤怒、懊悔、内疚等。不良情绪不间断地持续存在一个月,或者间断地持续两个月仍不能自行解决。个体的社会功能不受影响,不良情绪反应能在个体的理智控制之下,基本可以维持正常生活、工作、社会交往,只是工作、学习效率有所下降。此时,个体的情绪反应对象无泛化,不良情绪的刺激因素仅仅局限于初始事件,即使是与最初事件有联系的其他事件,也不会引起此类不良情绪。

二是严重心理问题。严重心理问题通常是严重的社会因素导致心理冲突,属于现实生活中的较大刺激,比如,目睹车祸、空难、地震、亲人离世等,并使个体体验到较大的痛苦情绪。值得注意的是,对于中小学生而言,中考、高考等关乎命运的事情,也会成为他们严重的、强烈的刺激。个体的痛苦情绪往往间断或不间断地持续两个月以上,半年以下。个体遭受的刺激越大,不良情绪反应也会越强烈,可能会使人暂时地失去理智,出现行为失常,对生活、学习、社会交往的影响较为明显。虽然情绪反应强度会随着时间的推移有所减轻,但是如果没有专业性的干预,个体往往难以摆脱困境。此时,个体的情绪反应出现泛化,痛苦情绪不但能被最初的刺激引起,而且与之类似、相关联的刺激,也会引起此类不良情绪。

三是神经症性心理问题。神经症性的心理问题也叫可疑神经症,这种状态已经接近神经症或神经衰弱,属于神经症的早期阶段,一般病程持续三个月。此时,个体的内心冲突是变形的,不具备现实意义或道德性质,例如,害怕一只老虎,或害怕羽毛,那么前者属于常形,可能被诊断为一般心理问题,或者严重心理问题,而如果害怕羽毛,不具备现实意义,则属于变形,可能诊断为神经症。在实际操作中,我们必须根据心理冲突的性质和病程两个维度来判断。

因此,我们应采用发展的健康观开展中小学生的心理健康工作,意识到大多数学生在发展中面临的许多人生课题,其心理危机与心理困难也都是在发展的大背景下产生的。如何科学认识心理健康的标准?我们认为应掌握三个标准,即相对性、整体协调性和发展性。

一是相对性。心理健康与不健康并无明显界限,而是一个连续化的过程,如果将正常比作白色,将不正常比作黑色,那么在白色与黑色之间存在着一个巨大的缓冲区域——灰色区,大多数人的心理健康状态都在这一区域内。人的健康状态是动态发展的,产生了某种心理障碍并不意味着无法根除。所以对多数学生而言,在成长过程中面临心理问题是正常的,应以积极的心态加以调整。

二是整体协调性。从心理过程看,健康者的心理活动具有整体协调性,这保证了个体在反映客观世界的过程中的高度准确性和有效性。一般而言,认识是健康心理结构的起点,意志行为是人格面貌的归宿,情感是认识与意志之间的中介因素。如果心理结构的各个方面不能遵循规律协调运作,就可能产生一系列的心理困扰或问题。

三是发展性。不健康的心理状态可能是人的发展中不可避免的发展性问题,会随着个体的心理成长得到逐渐调整而趋于健康。

## 第三节　树立积极的青少年心理发展观

长期以来,关于青少年的研究大都以"问题"为研究中心,采用传统病理学取向,过于关注青少年消极问题。以"完美"为标准来审视青少年身上存在的各种问题,从而达到预防青少年行为偏差的目的。我们期望青少年的终极目标是"完美",但是在他们的成长过程中总是存在一些问题,这是典型的"问题思维"模式。虽然这种研究思维对青少年研究具有一定意义,但是并不能回应青少年发展过程中的所有问题。于是,20世纪90年代,积极青少年发展观(Positive Youth Development,PYD)应运而生。

### 一、积极青少年发展观的内涵与结构

#### (一) 积极青少年发展观的内涵

积极青少年发展观由利特(Little,1993)首次提出后,经埃克勒(Ecceles,2002)、罗斯(Roth,2003)与勒纳(Lerner,2004)等人在理论与实践中不断完善与充实。积极青少年发展观认为:"第一,所有的青少年都具有积极成长和发展的固有能力;第二,良好的生活环境能激活青少年积极发展的轨迹;第三,当青少年参与到多元的和能够提供'滋养'的关系、背景和生态时,会进一步激发积极发展;第四,所有的青少年都可以从良好环境中获益,支持、授权、承诺对所有青少年来说都是重要的发展资源;第五,社区是促进青少年积极发展的可行且关键的承载系统;第六,青少年是自身发展的主导者,是能够促进其积极发展的重要资源。"[①]

积极青少年发展观的上述六个方面全面地反映了积极青少年发展观的核心要素。它既注重青少年发展的主体性,又重视内部心理环境和外部社会环境对青少年的重要影响,把青少年发展的主动性与环境的互动作用结合起来,以全面、辩证的眼光看待青少年发展的过程。

---

① [美]戴蒙,勒纳.儿童心理学手册[M].林崇德,李其维,董奇,译,上海:华东师范大学出版社,2009:1036.

### (二) 积极青少年发展观的结构

积极青少年发展领域的学者 Lerner 等人(2005)从青少年发展目标的角度,提出了积极青少年发展的 5C 结构,即能力(Competence)、自信(Confidence)、联结(Connection)、品格(Character)和关爱/同情(Caring and Compassion)共 5 个 C 的目标。[①] 该结构在 Geldhof 等人(2014)长达十几年的追踪研究中得到了验证。

积极青少年发展观的五个"C"发展目标是积极发展观理念的体现。通过整合一系列的发展资源,社会和家庭可以促进青少年实现上述发展目标。五个"C"发展目标的达成有利于青少年建立积极的人生态度,具备相应的社会能力与自信,并和周围人形成良好的人际关系。积极青少年发展观的 5 个"C"发展目标具体见表 4-1。

表 4-1 积极青少年发展观的 5 个"C"发展目标

| 5 个 C | 定义 |
| --- | --- |
| 能力(Competence) | 青少年对自己在特定领域(包括社会、认知、学术和职业)的行为持积极态度。社会能力是与人际交往技能有关(例如,解决冲突)的能力。认知能力是在认知领域的能力(如决策)。学术能力包含学业成绩、学习参与度等。职业能力则包括工作习惯和职业选择、探索等。 |
| 自信(Confidence) | 对自我价值和自我效能整体的内部感受。 |
| 联结(Connection) | 联结体现的是青少年与他人和社会机构的积极联系。这种积极联系反映在个人与同伴、家庭、学校和社会之间的双向交流中,双方都为这种关系做出贡献。 |
| 品格(Character) | 对社会与文化规则的尊重,拥有对善恶、正直的评断标准。 |
| 关爱与同情(Caring and Compassion) | 对他人的怜悯与同情。 |

## 二、积极青少年发展观的相关理论

### (一) 心理弹性理论

心理弹性的研究源于对处境不利儿童心理发展和适应性的关注。Anthony(1974)首次提出"心理弹性"这一概念,它被用来描述处境不利的个体获得良好适应或发展的现象。心理弹性现象体现个体积极发展的潜力,即个体处于逆境和风险中,也依然具备良好的适应和积极发展的潜能。

---

[①] Lerner, R. M., Lerner, J. V., Almerigi, J. B., et al. Positive youth development, participation in community youth development programs, and community contributions of fifth-grade adolescents: Findings from the first wave of the 4-H study of positive youth development[J]. The Journal of Early Adolescence, 2005, 25(1):17-71.

### (二) 发展资源理论

发展资源最初由 Benson(1993)提出,主要指一系列能有效促进所有青少年获得健康发展结果的经验、关系、技能和价值观。该模型将发展资源分为外部资源和内部资源两个方面,外部资源代表了能够促进青少年健康发展的环境特征,而内部资源代表了青少年具有的引导其行为的技能、价值观、能力和自我知觉等(Benson,2007)。

### (三) 发展情境理论

发展情境理论强调个体与情境的双向互动,其中情境包括物理环境、社会成员、发展中的个体和随时间推移的情境变量(即时间因素)四个层面(Bronfenbrenner,2001; Lerner,2006)。该理论认为青少年的积极发展是个体与情境共同作用的结果,同时还强调个体的积极发展会随时间推移而发生变化(Lerner,2006)。

### (四) 关系发展系统理论

关系发展系统理论是积极青少年发展研究领域的最新理论。相比于发展情境理论,该理论更加聚焦个体与情境的双向互动关系,并且额外强调青少年个体的自身力量与主观能动性。该理论认为,个体可以通过自我调节来与其所处的情境达到最佳匹配,从而促进自身的积极发展。其中,意向性自我调节作为个体自我调节的高级形式,对青少年的发展至关重要。意向性自我调节是指个体以增强自身功能或优化自我发展为目标,积极协调情境中的要求、资源与个人目标之间的关系,达到最佳匹配,获得积极发展的一系列选择、优化和补偿等过程(Bradley,2008;贾远娥,张晓贤,2013)。

## 三、积极发展观对青少年心理健康教育的启示

积极青少年发展观改变传统的批评教育理念,帮助教育工作者从一个积极的角度来看待青少年的发展、成长。这对于青少年心理健康教育有着积极的意义,主要体现在如下几个方面:

第一,改变过度关注问题的消极模式,以积极的干预方式促进青少年的健康发展。传统的青少年心理健康发展研究注重消除青少年发展过程中的问题行为。积极青少年发展观认为应该以青少年的优势作为发展的基础,注重为个体提供促进其最佳发展的资源。因此,应该关注青少年积极发展的资源,充分发挥社会、社区及学校的力量为青少年提供发展资源,促进青少年积极发展目标的达成。

第二,重视发展资源的内部因素,促进个体积极品质的培养。积极青少年发展观强调青少年的主体性,认为每个人都是自己成长发展的主导者和主体。所以,心理工作者在从事心理健康教育工作时,要充分激发青少年的主体性,以帮助他们形成正确的判断、选择和行动能力。

第三,从社会生态化模型出发,发挥社会资源整合对个体发展的积极影响。家庭、

社区和学校要形成强大的教育合力,为青少年营造良好的生长环境,让青少年更好地发挥主观能动性,促进自身积极发展。我们既要为青少年提供支持性的家庭环境、社会环境和学校环境,也要鼓励他们积极参加各类活动,培养自我价值感以及树立服务社会的理念。

第四,重视青少年积极发展与消极行为之间的关系,促进其健康成长。众多的研究证实积极行为的增加会导致消极行为的减少,但是积极发展的青少年也会参与有一定水平的危险行为。因此,我们在重视发掘青少年积极发展资源的同时也要关注不利于其发展的风险因素,以及发展资源与风险因素之间的相互关系,从而促进青少年的健康发展。

### 本章小结

本章介绍了中小学生的心理发展特点、心理健康标准与积极青少年发展观。在开展中小学生心理健康教育时,要把握其心理发展的特殊性,认识心理健康标准的相对性、整体协调性与发展性,树立积极的青少年心理发展观,既要充分开发青少年发展内部资源,也要积极整合外部社会资源,以促进个体的发展主体性。

### 思考与实践

1. 结合当前学校教育实践,谈谈你对心理健康标准的理解。
2. 谈谈如何树立积极的青少年心理发展观。

# 第五章
# 心理健康教育的基础理论(三)

微信扫码获取
学习资源

## ※ 学习目标

了解心理健康教育是人的全面发展教育的重要组成部分和重要保证,对人的全面发展教育的实施具有重要促进作用;了解心理素质的概念与功能,理解心理素质的基本结构及测量方法,掌握开发与培养学生心理素质的方法策略;分析学校心理健康教育存在的主要问题,并提出对策。

## ※ 关键词

心理健康教育;全面发展教育;素质教育;心理素质

教育是提高国民素质、促进人的全面发展的根本路径,寄托着亿万个家庭对美好生活的向往。随着社会政治、经济、文化、科技等方面的快速发展,社会对教育也提出了更高的要求。无论是政府,还是家庭,只要先入为主地要把一个孩子教育成为他们希望的某个类型,就必然只侧重发展和强化孩子的某一个或几个方面,而不是整体。① 因此,人的全面发展,即个体身心的全面、和谐和可持续的发展已经成为衡量一个人的重要标准。人的全面发展教育,则是指为了促进受教育者的全面发展而实施的包括德育、智育、体育、美育及劳动技术教育等多方面教育。

## 第一节 心理健康教育与全面发展教育

心理健康教育是对受教育者心理上的保健、适应和发展进行辅导与教育,以维护其心理健康,优化其心理素质,促进其心理发展,开发其心理潜能而进行的活动。心理健

---

① [印]克里希那穆提.当教育成为束缚:大胆从教育制约中走出来[M].张婕,译.上海:上海社会科学院出版社,2017:73.

康教育不仅是人的全面发展教育的重要组成部分,也为德育、智育、体育、美育、劳动技术教育等多方面教育的顺利实施提供保障和实现路径。

## 一、心理健康教育是人的全面发展教育的重要组成部分

学校倾向于让人们从脖子以上接受教育,这种不平衡性对孩子的全面发展有着不良的影响。[①] 人的全面发展包含个体在德、智、体、美、劳等方面的发展,也涵盖了个体健康的发展。随着社会进步和人类对自身认识的不断深化,人们对于健康的认识也赋予了深层次的含义。1989年,世界卫生组织提出了21世纪健康新概念:"健康不仅是没有疾病,而且包括躯体健康、心理健康、社会适应良好和道德健康。"因此,人的全面发展包括个体心理健康的发展,心理健康教育也理应成为人的全面发展教育的重要组成部分。

### (一)德智体美劳五育中渗透了心理健康教育内容

《全面加强和改进新时代学生心理健康工作专项行动计划(2023—2025年)》明确指出要五育并举促进心理健康,强调要以德育心,将学生心理健康教育贯穿德育思政工作全过程,融入教育教学、管理服务和学生成长各环节;以智慧心,优化教育教学内容和方式,在学科教学中注重维护学生心理健康,既教书,又育人;以体强心,发挥体育调节情绪、疏解压力的作用,让学生在体育锻炼中享受乐趣、增强体质、健全人格、锤炼意志;以美润心,发挥美育丰富精神、温润心灵的作用,教会学生认识美、欣赏美、创造美;以劳健心,让学生动手实践,磨炼意志品质,养成劳动习惯,珍惜劳动成果和幸福生活。

德育是对学生进行理想、信念、价值观等方面的教育,通过培养良好的道德品质,使人成为"人",进而实现学生的全面发展。德育过程中对学生道德意识(道德动机、道德需要、道德理想、道德信念等)和道德心理品质(道德认识、道德情感、道德意志等)的培养都涉及心理健康教育的内容。

智育指的是有目的、有组织、有计划地向学生传授知识、技能和发展学生智力的教育。教育者通过教学活动等智育过程促进学生智的发展与获得。智包括三个方面:一是指知识,包括基础知识和专业知识;二是指基本技能,如读、写、算的技能、实验技能等;三是指智力,它是指人的感知、记忆、思维、想象等认知能力的有机综合。从个体心理构成上来看,智属于个体的认知过程,因此,智育也涵盖了心理健康教育内容。

体,即个体的身体健康。自1977年,美国学者恩格尔提出了"生物—心理—社会医学模式"以来,人们逐渐深刻地认识到作为一个身心统一体的人,其生理健康与心理健康是相互影响的。同时,体育过程中对学生意志、耐力、竞争意识、合作精神的培养都反映了心理健康教育的内容。

---

① [英]罗宾逊,阿罗尼卡.什么是最好的教育[M].钱志龙,译.杭州:浙江人民出版社,2020:131.

美包括外在美与内在美两个方面。对于个体心理层面而言,美感属于个体的高级情感,美感是根据一定的审美标准评价事物时所产生的情感,是心理健康教育的重要内容。同时,内在美包括理想美、思想美、品德美、性格美和情感美,其中大多是个体心理健康特征所应包括的内容。因此,健康的心理特征中本身就蕴含着美的成分。

劳动技术教育是培养学生正确的劳动观点,使学生形成良好的劳动习惯,并初步掌握一定劳动技术知识和技能的教育。劳动技术教育过程中培养学生劳动意识、劳动观点、劳动态度以及热爱劳动人民的感情、促进身心健康发展,这都属于心理健康教育,其本身就是心理健康教育的内容。"孩子们学会劳动,这是最重要的。人是唯一必须劳动的动物,他必须先做许多准备,才能为自己的生活获得某些保障。"①

#### (二)心理健康教育是德智体美劳五育的必要补充

我国提出人的全面发展教育最初起源于马克思主义关于人的全面发展的论述。马克思主义关于人的全面发展的思想中,人的全面发展既表现为人的体力和智力的全面发展,又表现为人的个性才能和志趣的全面发展,而且是这些方面广泛、充分、自由地发展。基于马克思主义关于人的全面发展思想,1957年我国制定的教育目的提出了德育、智育和体育。20世纪80年代,我国又相继出台法律法规,分别将美育和劳动教育纳入人的全面发展教育体系中。由此可见,由"三育"逐渐发展至目前的"五育"是一个历史渐进的过程,人的全面发展教育内容体系的完善也是一个动态发展的过程。随着社会的发展,人们已经逐渐认识到心理健康教育的重要性,个体身上产生的心理问题已经成为"五育"难以解决的问题。2012年,教育部出台的《中小学心理健康教育指导纲要》明确指出:中小学心理健康教育,是提高中小学生心理素质、促进其身心健康和谐发展的教育,是进一步加强和改进中小学德育工作、全面推进素质教育的重要组成部分。2021年年初,教育部办公厅发布《关于加强学生心理健康管理工作的通知》更是为开展心理健康教育提供了政策支持。因此,心理健康教育成为人的全面发展教育重要组成部分,"五育"扩展至"六育"也成为一种必然。

#### (三)心理健康教育在人的全面发展教育体系中的相对独立性

人的全面发展教育中的德育、智育、体育、美育和劳动技术教育与心理健康教育存在着密切的关系,"五育"与心理健康教育之间具有交叉、重叠的内容,但同时在层级、表现形式、性质上均存在着明显的差异。2002年颁发的《中小学心理健康教育指导纲要》明确指出:"中小学生正处在身心发展的重要时期,随着生理、心理的发育和发展、社会阅历的扩展及思维方式的变化,特别是面对社会竞争的压力,他们在学习、生活、自我意识、情绪调适、人际交往和升学就业等方面,会遇到各种各样的心理困扰或问题。因此,在中小学开展心理健康教育,是学生身心健康成长的需要,是全面推进素质教育的必然

---

① [德]康德. 康德论教育[M]. 李其龙,彭正梅,译. 北京:人民教育出版社,2017:33.

要求。"这些均反映了心理健康教育在人的全面发展教育体系中相对独立地位的必要性。

## 二、心理健康教育是人的全面发展教育实施的重要保证

德、智、体、美、劳五育中渗透了心理健康教育内容,同时个体的德、智、体、美、劳诸多素质的发展和提升均是以心理素质作为前提条件的,人的全面发展也是以心理发展作为基础的。因此,要十分重视心理健康教育对"五育"实施的重要保障。

### (一)心理健康教育与德育存在着密切关系

心理健康教育与德育在目标任务上具有一致性,在内容原则上具有交叉性,在方法途径上具有借鉴性,在功能作用上具有互补性。[①] 二者都是针对学生的精神和心灵世界开展工作,在一些基本的文明习惯和道德规范上,如团结、合作、尊重、奉献等,心理健康教育与德育的关注点是一致的。总之,德育与心理健康教育相互联系、相互促进,两者既有共性又具个性,且互惠共生、合作共赢。心理健康教育和德育在实践中只有通过互相融合、协同发展,才能更好地实现"整体大于部分之和"的效果,最终达成促进学生全面发展的教育使命。

### (二)心理健康教育是智育实施的基础

美国教育心理学家弗兰德森指出,心理健康与学习中的成功是极其密切相关的,心理健康是有效学习的基础。一些儿童和青少年的学业成绩会超出或落后于我们通常可预料到的具有同等智慧能力的个体,其中一个重要的因素就是心理健康。心理健康教育具体目标之一就是使学生学会学习。一个人如若只是将自己局限于纯粹的知识,即使他学识出众,他的灵魂也是不健全的。[②] 心理健康教育强调在尊重个体差异的前提下,开发学生的智力和心理潜能,并以发展的眼光对不同认知水平、学习能力及智力特长的学生因材施教。同时,心理健康教育主张增强学生调控情绪、承受挫折的能力,提升其意志水平,健康的情绪情感和意志品质对个体智力的发展均具有巨大的推动作用。

### (三)心理健康教育是体育实施的重要前提

体育的本质在于强身健体,增强个体的生理健康。随着"生物—心理—社会医学模式"的提出,人们关于健康的认识不断深入,逐渐认识到心理健康对生理健康的重要影响作用。当一个人心理上处于长期和严重的不健康状态,如长期过度的烦闷、焦虑、愤怒、猜忌等,会导致个体生理出现异常和病态,如头痛、胃痛、高血压、冠心病等心身疾病。同时,体育注重培养学生顽强拼搏的意志品质和团结协作的合作精神,这些也都是

---

[①] 蒋波.心理教育与道德教育整合的理念和机制[J].教育科学研究,2007(1):47.
[②] [德]雅斯贝尔斯.什么是教育[M].童可依,译.北京:生活·读书·新知三联书店,2021:4-5.

心理健康教育的重要目标。因此,心理健康教育是体育实施的重要前提条件。

### (四)心理健康教育是美育实施的先决条件

美育是审美教学与美感教学的结合,通过教育提升人们感受美、理解美、欣赏美、创造美的能力。美包括外在美与内在美两个方面。心理健康是美育实施的前提,有心理问题的个体无法在生活中认识美、发现美,更不要提去创造美。同时心理健康也可能会导致生理疾病的出现,这也会影响身体美、行为美、语言美、精神美的实现。如具有不良习惯的学生,往往会经常出现反复地吮吸拇指、咬指甲、眨眼、皱眉、努嘴、嗅鼻等不美观的行为。因此,心理健康教育是美育实现的重要先决性条件。

### (五)心理健康教育是劳动技术教育的重要出发点

劳动技术教育除了培养学生正确的劳动观点,使学生形成良好的劳动习惯,初步掌握一定劳动技术知识和技能,还将促进学生身心健康发展作为自身任务之一。正规教育失败的真正原因,主要是人们从语言开始(伴随着绘图、想象或描述的动作等等),而不从真正的实际动作开始。[①] 让学生在劳动教育过程中体味艰辛、挥洒汗水,从而塑造坚韧的人格特质;在劳动技术教育中通过艰苦奋斗、顽强拼搏锻炼坚强的意志品质;在劳动技术教育中通过劳动实践培养学生良好的生活和社会适应能力。这些归根到底都能够促进个体心理健康发展。

## 三、心理健康教育对人的全面发展教育的实施具有重要促进作用

面向全体,促进学生心理积极和谐自主发展和心理潜能充分开发,倡导心理健康教育要关注和研究人心理生活的积极方面,用积极的方式对心理健康教育问题做出解释并获得积极意义。[②] 使学生学会学习和生活,正确认识自我,提高自主自助和自我教育能力,增强调控情绪、承受挫折、适应环境的能力,培养学生健全的人格和良好的个性心理品质,这些均是心理健康教育的主要目标。科学而富有成效的心理健康教育能够使学生在接受德、智、体、美、劳五育活动过程中始终处于积极的精神状态,促进人的全面发展教育的顺利实施。

### (一)心理健康教育是德育实施的推动剂

心理健康教育是德育的基础,为有效实施德育提供良好的心理背景,扩充和完善了目标与内容,提供了有效的方法和科学的依据。心理健康教育与德育通过与其他各育的紧密结合,通过相应的教育教学活动,培养学生形成良好的心理素质和思想道德素质,使学生的思想、品德和心理有机结合起来。加强心理健康教育,就能促使个体保持

---

① [瑞士]皮亚杰.皮亚杰教育论著选[M].2版.卢濬,选译.北京:人民教育出版社,2015:92.
② 崔景贵.职校生心理教育论纲[M].北京:科学出版社,2013:289.

健康的心理状态,有效塑造学生健全人格,树立崇高的理想和积极信念,这些心理素质均能够对德育的顺利实施产生导向和动力作用。

### (二) 心理健康教育对智育实施具有明显的增效作用

通过心理健康教育,让学生学会学习,形成良好的学习习惯,优化学习方法,从而提升学习效率;通过心理健康教育促进学生智力和能力的发展,为有效学习提供必要的智能条件;通过心理健康教育帮助学生调控情绪,培养积极情绪,缓解和消除不良情绪,保持良好的心境,推动个体智力活动积极进行;通过心理健康教育提升学生意志品质,增强个体承受挫折的能力,帮助个体克服学习过程中遇到的困难;通过心理健康教育塑造积极向上的积极心态和人格特征,充分调动学生学习的主动性、能动性。

教学不只是知识的传递,应该有道德的示范、情感的交流、人格的渲染,教师应该与学生面对面、肩并肩、心连心,要不断增强思想向心力、课堂吸引力、学习原动力和专业创造力。教师要自觉通过高雅的师德人品、高深的学术知识、高明的教学方法、高远的学习目标来引导学生努力成长为与历史同向、与祖国同行、与人民同在的一代新人。

### (三) 心理健康教育对于体育、美育和劳动技术教育均具有催化效应

通过心理健康教育提升个体心理健康水平,从而促进个体生理健康;同时心理健康教育能够培养学生健全的人格和良好的个性心理品质,提升个体参与体育的积极性。通过心理健康教育能够促进个体积极情绪养成,防范心理问题的产生,不仅有助于个体在生活中认识和发现美,也有助于个体"内在美"的实现。通过心理健康教育能够提高个体自主自助和自我教育能力,增强承受挫折和适应环境的能力,进而帮助个体有效解决在劳动实践中遇到的困难,促进劳动技术教育的实施。

## 第二节  心理健康教育与心理素质培养

20世纪80年代中后期开始,我国教育领域开展了一场声势浩大的素质教育改革。素质教育响应新时代人才培养的根本要求,以培养学生的创新精神和实践能力为重点,从而造就德智体美劳全面发展的合格公民。学生的素质是一个全面性的概念,包括生理素质、心理素质和文化素质。培养学生心理素质是学校心理健康教育的出发点,同时也是学校心理健康教育的最终归宿。

### 一、心理素质的概念与功能

#### (一) 心理素质的概念

心理素质概念的发展是一个不断完善的过程。研究伊始,不同学者就通过不同的

角度对心理素质的概念进行了界定。钱含芬等(1997)基于气质学理论,认为心理素质是包括人格素质、智力素质、身体素质三个相应影响的亚系统的自组织系统。① 王极盛等(1998)指出心理素质是一个具有多要素、多品质、多类别的动态综合体。② 燕国材(2000)则认为心理素质是一系列稳定心理特点的综合,包括智力素质与非智力素质。③ 张大均(2012)将心理素质定义为:以生理条件为基础的,将外在获得的刺激内化成稳定的、基本的、内隐的,具有基础、衍生、发展和自组织功能的,并与人的适应—发展—创造行为密切联系的心理品质。④ 这也是目前学术界普遍采用的定义。

### (二)心理素质的功能

心理素质是学生综合素质的重要组成部分,在维护和促进学生心理健康,促进学生学业发展,提升学生社会适应水平,培养良好的行为习惯等方面均发挥着重要作用。

**1. 心理素质与学生的心理健康**

心理素质与心理健康是个体心理的两个不同的层面,心理素质是一种相对稳定的心理品质,而心理健康是一种波动的心理状态。⑤ 心理素质一直被认为是个体心理健康的内源保护性因素。结合中医体质学思想,王鑫强和张大均(2012)提出了心理健康与心理素质的关系模型,其中的心理健康作用的亚机制模型认为:心理素质对心理健康的积极作用,不仅可以通过心理素质的直接作用实现,还可以通过中介作用或调节作用间接性地对心理健康产生影响。⑥ 比如,心理素质能够通过缓冲外在不利因素的消极影响,从而对心理健康起到保护性作用。同时,众多的实证研究也发现心理素质能够显著降低个体的抑郁水平和社会焦虑水平,并提升个体的正向情绪。

**2. 心理素质与学生的学业发展**

学生的心理素质与学业发展息息相关,心理素质好的学生在学业发展上具有更好的表现,能够获得更好的学业成绩。心理学研究发现,心理素质不仅能够显著地正向预测学生的学业成绩、对学业成就具有积极作用,而且能够显著降低学生的学业倦怠水平。心理素质对学生学业发展的积极作用在不同的学生群体中均得到验证,心理素质

---

① 钱含芬,张履祥,谢雍道.心理教育课与学生心理素质结构优化的实验研究[J].心理科学,1997(4):363-364.
② 王极盛,赫尔实,李焰.9970名中学生心理素质的研究[J].心理科学,1998(5):404-406.
③ 燕国材.论心理素质及其教育[J].云梦学刊,2000(3):71-75.
④ 张大均.青少年心理健康与心理素质培养的整合研究[J].心理科学,2012,35(3):530-536.
⑤ 张大均,王鑫强.心理健康与心理素质的关系:内涵结构分析[J].西南大学学报(社会科学版),2012,38(3):69-74.
⑥ 王鑫强,张大均.心理素质与心理健康关系模型构建:对PTH和DFM的超越[J].西南大学学报(社会科学版),2012,38(6):67-74.

能够显著正向预测其学业成绩,心理素质越好,学生的学业成绩相对来说也会越好。①研究还进一步发现:不仅整体心理素质对学生学业成绩具有积极作用,心理素质的认知、个性和适应性三个维度对学生学业成就也均有显著正向预测作用。②

**3. 心理素质与学生的社会适应**

社会适应对于学生的健康发展具有重要意义,指的是个体在与社会环境的交互作用中,达到并维持与社会环境和谐平衡关系的过程。心理素质与社会适应之间的关系十分密切,具有良好健全心理素质的学生,借助自身的性格和能力上的优势,能够更好地应对生活、学习中遇到的问题和麻烦,从而提升自身的社会适应水平。研究发现:心理素质可以通过促进学生形成积极的应对方式,从而提升学生的社会适应水平。③ 一系列的实证研究也发现心理素质不仅能够显著正向预测学生的同伴接纳水平、班级同伴地位和安全感,同时也能够显著降低学生的孤独感和抑郁水平。④

**4. 心理素质与学生的行为习惯**

学生的心理素质与行为习惯之间具有密切的关系,一方面,良好的心理素质能够避免学生出现问题行为;另一方面,具有良好心理素质的学生能够习得更多的良好行为习惯。实证研究发现:心理素质与学生的问题行为密切相关,并且能够显著负向预测学生的问题行为,学生的心理素质越低越可能表现出问题行为。⑤ 心理素质水平高的学生在课堂上表现出问题行为的次数要显著少于心理素质水平低的学生。⑥ 同时,研究者对学生群体通过横断面研究,进一步发现:心理素质与学生的良好行为习惯密切相关,心理素质越高的学生越可能养成并表现出更多的良好行为习惯。⑦ 学生良好的行为习惯总是受良好的心理素质支配的,同时良好行为习惯又可内化为一定的

---

① 张大均,苏志强,王鑫强. 儿童青少年心理素质研究30年:回顾与展望[J]. 心理与行为研究,2017,15(1):3-11.

② 程刚,唐昕怡,牛娟,李佳佳,张大均. 中学生家庭社会经济地位与学业成绩的关系:心理素质各维度的多重中介作用分析[J]. 心理发展与教育,2018,34(6):700-706.

③ 张大均,苏志强,王鑫强. 儿童青少年心理素质研究30年:回顾与展望[J]. 心理与行为研究,2017,15(1):3-11.

④ 李佳佳,张大均,刘广增,潘彦谷,张雪琪. 8~12岁儿童父母教养方式与同伴接纳:心理素质的中介作用[J]. 西南大学学报(自然科学版),2018,40(1):64-70;何花,张大均. 心理素质对初一和高一新生问题行为的影响:孤独感与安全感的中介作用[J]. 西南大学学报(自然科学版),2019,41(2):46-51;程刚,刘家琼,林楠,黄佳佳,王鑫强. 中学生家庭社会经济地位与心理健康的关系:心理素质的中介作用[J]. 西南大学学报(社会科学版),2019,45(1):105-112.

⑤ 何花,张大均. 心理素质对初一和高一新生问题行为的影响:孤独感与安全感的中介作用[J]. 西南大学学报(自然科学版),2019,41(2):46-51.

⑥ 武丽丽,张大均,程刚,胡天强. 小学生课堂问题行为与心理素质的关系:一项观察研究[J]. 心理与行为研究,2017,15(1):12-19.

⑦ 罗世兰,张大均,刘云艳. 家庭社会经济地位对幼儿良好行为习惯的影响:父母教养方式与幼儿心理素质的中介作用[J]. 心理发展与教育,2021,37(1):26-33.

心理素质。

## 二、心理素质的结构与测量

心理素质结构的研究及其测量工具的开发一直是影响心理素质进行深入研究的重要因素。经过几十年的研究，尤其是进入21世纪之后，心理素质结构的研究及其测量工具的开发取得了长足的进步。

### （一）心理素质的结构

心理素质结构的研究是一个逐渐发展与完善的过程。20世纪90年代，心理素质的研究初期，众多研究者对心理的结构进行了理论性分析。刘常涌(1992)提出了"智性说"，认为心理素质的结构是由"智"和"性"这两种成分组成，前者主要涉及心智层面，后者指的是个体的个性品质层面。[①] 张履祥(1994)指出：心理素质是一个动态变化的宏观系统，包含心理能力、心理动力和身心潜能三个子系统。[②] 燕国材(1996)认为心理素质包括心理过程、心理状态与个性特征三个基本的结构成分。[③]

进入21世纪，经过系列的理论与实证研究，张大均等就心理素质结构，相继提出了层次结构模型与双因子结构模型。心理素质的层次结构模型认为心理素质是一个包含从稳定的内源性心理基质到外显的适应性行为习惯的多层面的自组织系统，包括认知因素、个性因素和适应性因素三个基本维度，并将其具体划分为22种成分。[④] 随着心理素质研究的深入，心理素质的层次结构模型存在的问题也逐渐凸显出来，心理素质结构从之前的层次结构模型向双因子结构模型进行演变。心理素质双因子结构模型认为：心理素质包括"基本因子"和"特殊因子"两个结构成分，基本因子强调心理素质的基本特性，它参与到心理活动的各个层面；特殊因子则包括认知、个性和适应性三个维度。[⑤] 目前，心理素质的双因子结构模型得到了众多实证研究的验证，与其他模型相比，双因子结构模型具有较好的数据拟合度。

### （二）心理素质的测量

科学成熟的测量工具是深入开展心理素质研究的前提和保证。在研究初期，由于大部分学者缺乏对心理素质概念和结构的深入探讨，研究普遍采用人格测验、心理健康

---

[①] 刘常涌.心理素质的培养在素质教育中具有重要意义[J].山东教育科研,1992(5):50-52.
[②] 张履祥.安徽中小学生心理素质的测试研究Ⅱ：人格因素分布和发展特点[J].安徽教育学院学报(哲学社会科学版),1994(3):98-102.
[③] 燕国材.论心力、心育、心操[J].上海教育科研,1996(6):1-7.
[④] 张大均,冯正直,郭成,陈旭.关于学生心理素质研究的几个问题[J].西南师范大学学报(哲学社会科学版),2000(3):56-62.
[⑤] 武丽丽,张大均,程刚.中小学生心理素质双因子结构的构建[J].心理与行为研究,2017,15(1):26-33.

量表、智力测验等对心理素质进行研究。目前,大学生心理素质测量的工具有多个版本,比如王沥滢(2016)编制的《大学生心理素质问卷》[①],王鑫强等(2017)编制的《简明大学生心理素质量表》[②]等。其中,王鑫强等编制的量表得到了学术界的普遍认可。该量表包含认知、个性和适应性3个维度,共12个因子和36道条目,该量表具有良好的结构效度和内部一致性信度。

### 三、心理素质的开发与培养

心理素质是个体在后天社会文化环境与先天遗传生理基础交互作用过程中发展和形成的,先天遗传为学生心理素质的发展提供生理基础,后天环境为学生心理素质的发展提供了条件和可能性。

#### (一)重视心理素质形成与发展的生理基础

个体心理素质水平随着大脑的成熟发育不断提升和完善。一项实验研究采用fMRI技术,在静息态和任务两种情境下探讨不同心理素质水平的大学生脑区的激活程度。研究结果发现:脑区的激活程度在心理素质高低两个水平上存在着显著性差异,比如,静息态的情境下,高心理素质水平大学生的额上回、前扣带回、右侧海马旁回的激活程度均显著高于低心理素质水平大学生。[③] 因此,为心理素质发展提供良好的生理基础,我们需要从以下三方面着手:首先,强调优生优育,为大脑发展提供先天基础;其次,养成良好的饮食习惯,为大脑健康发展提供营养供给;最后,养成良好的用脑习惯,促进大脑健康发育。

#### (二)营造良好的家庭环境

家庭环境一直是被认为促进儿童心理素质发展的重要环境性因素。家庭环境中的家庭社会经济地位、家庭教养方式、家庭亲密度和亲子依恋对儿童心理素质发展均具有重要作用。众多实证研究均发现:家庭社会经济地位对学生心理素质水平具有显著的正向预测作用,家庭社会经济地位越高,学生心理素质水平往往也越高。[④] 研究还发现:良好的家庭教养方式是儿童心理素质良性发展的关键性因素。实证研究也发现:家

---

① 王沥滢.大学生心理素质问卷的编制及应用研究[D].新乡医学院,2016:11-26.
② 王鑫强,张大均,张雪琪.简明大学生心理素质量表(健康版)的修编及信效度检验[J].西南大学学报(自然科学版),2017,39(8):126-132.
③ 张娟,张大均.不同心理素质水平大学生对模糊情境的解释偏向[J].中国临床心理学杂志,2018,26(5):858-862.
④ 程刚,林楠,张文,龙女,谢婷,张大均.家庭客观经济地位与班级同伴地位的关系:父母教育卷入与心理素质的中介作用[J].西南大学学报(自然科学版),2020,42(2):15-21.

庭亲密度、亲子依恋对学生形成良好心理素质均具有显著的正向预测作用。①② 因此，我们应当从家庭社会经济地位、家庭教养方式、家庭亲密度和亲子依恋四个因素入手，为学生心理素质良性发展营造良好的家庭环境。

### （三）构建和谐的校园环境

心理学研究证实：校园环境中的学校氛围、教师支持两个因素对于学生心理素质发展均具有显著性影响。研究发现：学生感知的学校氛围对学生的心理素质具有显著的预测作用，学生感知到的学校氛围越好，对其心理素质的培养和发展越有利。③ 同时，研究还进一步发现：教师支持是学生心理素质形成和发展的重要外部影响因素，学生感知到的教师支持越多，其心理素质发展得越好。④ 为了构建和谐的校园环境，我们需要从以下三个方面入手：首先，在学校中营造公平公正的氛围；其次，提升教师对学生的情感支持、学习支持和能力支持；最后，引导学生构建和谐的校园人际关系。

## 第三节 心理健康教育的问题与反思

学校心理健康教育是人的全面发展教育体系中的重要组成部分，对于促进素质教育，推动学生全面发展具有重要的价值。党和政府高度重视学校心理健康教育，颁布了一系列文件指导学校心理健康教育实践。自20世纪80年代正式开展以来，我国学校心理健康教育从无到有，取得了很多成就，也积累了不少经验。但由于历史和现实的一些原因，目前我国心理健康教育仍然存在着许多问题与不足，需要我们反思与总结。

### 一、学校心理健康教育存在的问题

随着社会的发展与进步，人们逐渐认识到心理健康对于个体全面发展的重要性，学校心理健康教育也越来越凸显其独特的重要性和不可替代性。但是由于发展历史较短等现实原因，我国学校心理健康教育过程中仍然存在着一些问题。

---

① 潘彦谷,张大均,何龙韬,刘传星,李知洋,刘广增.父母的依恋风格与初中生的心理素质:亲子依恋的中介作用[J].中国临床心理学杂志,2021,29(2):217-223.
② 梁英豪,张大均,胡天强,梁迎丽,苏志强.家庭功能对中高年级小学生心理素质的影响:友谊质量的中介作用[J].西南大学学报(社会科学版),2018,44(5):98-104.
③ 聂倩,张大均,滕召军,陆星月,郭成.学生感知的学校氛围与主客观学业成绩:心理素质及其分维度的中介作用[J].心理发展与教育,2018,34(6):715-723.
④ 陈旭,张大均,程刚,胡天强,刘广增.教师支持与心理素质对中学生学业成绩的影响[J].心理发展与教育,2018,34(6):707-714.

### (一) 学校心理健康教育发展不均衡

经过多年研究与实践,我国学校心理健康教育取得了长足的进步,积累了许多成功的经验。但是,就全国范围而言,学校心理健康教育发展存在着参差不齐,区域不均衡的问题。对于经济发达的城市,学校心理健康教育发展较快,这些地区的学校开展形式多样的心理健康教育活动,积极邀请心理健康教育专家为学生开设系列讲座,定期开展丰富的心理健康教育宣传活动。而相当多的经济落后地区对心理健康教育仍然十分陌生,连最基本的心理健康的常识和观念也很少了解,甚至违背心理健康教育的行为和事件也时有发生。

总体而言,经济发达地区对学校心理健康教育重视程度较高,学校中的心理健康教育普及面广,发展速度快。而中西部经济欠发达地区、小城镇,特别是农村的中小学,学校心理健康教育无论是重视程度或普及程度还是发展水平都很不理想,两者差距十分显著,特别是占人口多数的农村中小学,学校心理健康教育几乎还是一片空白。一项调查研究显示:从整体来看,农村中小学的心理健康教育相对落后;中学心理健康教育滞后于小学心理健康教育,初中阶段尤甚。[①]

### (二) 学校心理健康教育师资队伍薄弱

心理健康教育的师资队伍是学校顺利开展心理健康教育的重要保证和关键性环节,但是我国学校心理健康教育师资队伍问题十分薄弱,已经成为一个不争的事实。学校心理健康教育师资队伍薄弱这一问题主要体现在以下两个方面。

**1. 心理健康教师数量短缺**

《全面加强和改进新时代学生心理健康工作专项行动计划(2023—2025年)》指出:配齐心理健康教师。高校按师生比例不低于1∶4 000配备专职心理健康教育教师,且每校至少配备2名。中小学每校至少配备1名专(兼)职心理健康教育教师,鼓励配备具有心理学专业背景的专职心理健康教育教师。建立心理健康教育教师教研制度,县级教研机构配备心理教研员。而事实上,目前在我国,尤其是经济欠发达地区的很多中小学并没有达到基本要求。

**2. 心理健康教师专业素质不高**

调查显示,目前我国学校尤其是中小学的心理健康教育教师大多仍然是"半路出家",有的是学科教师兼任,有的是管理干部兼职,而更多的是德育教师兼任。虽然这些教师具有丰富的实践经验,但由于他们缺乏系统的心理教育理论和训练,其中大多数教师也很难胜任心理健康教育工作,从实际效果来看,也差强人意。

---

① 俞国良,李天然,王勍.中部地区学校心理健康教育状况调查[J].中国特殊教育,2015(4):70-75.

### (三)学校心理健康教育德育化

《中小学心理健康教育指导纲要》指出:"各地在组织实施心理健康教育的过程中,要注意心理健康教育与德育工作的密切联系,既不能用德育工作来代替心理健康教育,也不能以心理健康教育取代德育工作。不能把学生的心理问题简单归结为思想品德问题。"但是,受到传统教育观念的影响,我国大多学校在开展心理健康教育过程中,把学校的心理健康教育与德育工作结合起来,并将心理健康教育作为德育工作的必要组成部分,从而导致在许多学校中心理健康教育德育化现象较为普遍。

首先,由于心理健康教育专业教师的缺乏,很多学校往往让德育教师担任心理健康教育教师,而他们往往习惯于用德育的原则、方法去实施心理健康教育;其次,由于心理健康教育教师的兼职教师众多,他们没有经过专业心理健康教育培训就上岗,往往认为心理健康教育就是德育、心理健康教育目标与德育工作目标是一致的;最后,很多学校把学生的心理健康问题等同于品德问题、思想政治问题来对待和处理,其结果往往是不但不能解决问题,反而使问题更加严重。

### (四)学校心理健康教育研究与实践脱节

目前,我国学校心理健康教育仍然处在一个发展的阶段,在一线教育实践的过程中,特别需要心理健康教育理论以及相关研究的支持和指导。理论研究的作用是巨大的,通过反映客观现实规律并科学指导实践,是理论研究的重要价值所在,但是我国学校心理健康教育研究面临着多方面的研究困境。

**1. 理论性研究较多,应用性研究较少**

目前对于心理健康教育的研究大多集中于一般理论阐述和介绍,比如:众多的研究主要介绍了心理健康教育的一般性原理、心理辅导的流派,但是对指导心理健康教育实践的可操作性方法的研究少之又少。近年,最常见的心理健康教育类的研究成果主要使用心理问卷与量表对某一特定学生群体进行测评,通过实证研究来解释某个学生群体心理健康问题背后发生机制,然后再提出一些大而化之、缺乏针对性的建议。这类研究对心理健康教育一线实践并无多少实质性的帮助。

**2. 研究选题不切合实际,缺乏现实指导意义**

理论为实践指明方向,但实践同样是理论发展、补充、丰富和完善的重要源头。目前发表在高水平期刊的论文作者基本来自高等院校的教师等科研人员,他们大多不是学校心理健康教育的一线工作者,缺少对学校心理健康教育实践的观察,难以发现心理健康教育真正需要的研究选题。脱离了心理健康教育实践的理论研究,就如同无源之水,无本之木,难以对实践发挥真正的指导作用。

**3. 理论研究较为晦涩难懂,难以吸引心理健康教育工作者**

目前发表在高水平期刊的心理健康教育研究论文多是采用实验法、问卷调查法,采用复杂的统计方法解释某个心理问题背后的发生机制。对于没有经历过专业科研方法训练的一线教师而言,这类研究性论文过于晦涩、难以理解。久而久之,心理健康教育教师们逐渐对理论研究的学习丧失了兴趣,从而理论研究也失去了指导心理健康教育实践的渠道。

## 二、学校心理健康教育的反思

经过多年的发展,我国学校心理健康教育取得了一定成绩。但在新时代全面推进和深化学校心理健康教育的背景下,我国心理健康教育仍然普遍存在的这些问题均值得我们深入反思。为了进一步促进我国学校心理健康教育事业持续良性的发展,应当着重关注以下几个方面。

### (一)提高重视程度,转变心理健康教育观念

近年来,我国政府十分重视学校心理健康教育,教育部门相继出台一系列文件对学校心理健康教育提出了一系列要求和规定,但是地方政府尤其是经济欠发达地区大多没有出台相应的配套政策进行落实。同时,相当多的学校甚至地方教育主管部门往往把心理健康教育看作一个时髦的教育口号和标志,认为心理健康教育是为了应付检查、评比或是达标。因此一些学校往往组织一些华而不实的心理健康教育活动,形式主义作风严重,一些学校心理健康教育机构甚至形同虚设。因此,应当以建设国家社会心理服务体系为契机,教育主管部门、学校管理层和全体教师应当转变观念,树立"育人先育心"的教育理念,充分认识到心理健康教育的重要作用,整合各方资源,真正将心理健康教育融入人的全面发展教育中。

### (二)加强心理健康教育师资队伍建设

学校心理健康教育是一项专业性强的工作,它不仅对教师的心理专业素质要求较高,而且对教师的职业道德、人生积累都有着较高的要求。而目前,我国大部分学校的心理健康教育师资队伍状况令人担忧,一方面心理健康教育专业教师短缺,另一方面,一些从事心理健康教育的教师不是心理健康教育专业出身,也没有接受过系统的心理学专业训练。因此,首先要加紧培养心理健康教育专业师资,师范院校相关院系适当扩大心理健康教育相关专业的招生规模,为心理健康教育事业输送专业人才;其次,教育部门应当规范心理健康教育教师上岗制度,提高专业门槛,让具有相关资格的教师成为心理健康教育教师;最后,要对现有的心理健康教育教师加强专业知识培训和专业技能训练,切实提升学校心理健康教育工作者的专业水平。

### (三)促进学校心理健康教育专业化

由于一些历史性原因,我国学校心理健康教育诞生伊始就带有德育的色彩。随着认识的深入,人们逐渐认识到:心理健康教育与德育不应该是一种从属关系,而应当是

并列关系。为了更好地实现学校心理健康教育专业化,我们应当从以下方面着手:首先,心理健康教育师资专业化。大力加强心理健康教育师资的培养和队伍建设,打造一支专职教师与兼职教师相结合、具有心理学专业素质的心理健康教育师资队伍。其次,心理健康教育内容标准化。严格根据《中小学心理健康教育指导纲要》内容要求,按照不同年龄阶段学生的身心发展特点出发,分阶段分年级确定不同的心理健康教育具体内容。再次,心理健康教育制度规范化。政府及教育主管部门应当为学校心理健康教育提供中长期心理健康教育计划、经费投入、人员编制等政策支持,加强学校心理健康教育的制度建设。最后,监测评估体系科学化。要尽快探索形成科学评估指标,建立健全符合我国国情的学校心理健康监测评估体系,将学校心理健康教育切实纳入教育督导和学校考核范畴。

### (四) 构建学校心理健康教育研究与实践的桥梁

目前,在我国学校心理健康教育领域,理论与实践之间的衔接存在问题,学校心理健康的理论研究难以对实践发挥有效的作用。为了打通学校心理健康教育研究与实践之间的壁垒,构建两者的衔接桥梁,我们应该做好以下几个方面的工作:首先,通过多种措施吸引理论工作者参与到学校心理健康教育实践中。研究者只有参与到心理健康教育一线工作中,才能够在实践中发现"真问题",做出心理健康教育需要的"真研究",从而指导和促进学校心理健康教育的发展。其次,提升学校心理健康教育工作者的科研水平。通过专业培训、专题研讨等形式提升学校心理健康教育一线教师的科研水平,通过科学的方法总结、萃取学校心理健康教育实践中的经验,从而更好地指导学校心理健康教育的发展。最后,做好学术研究的科普工作。学术期刊科研借助公众号、网站等渠道,通过通俗化的语言将最新的心理学研究成果进行科普,让更多的学校心理健康教育教师读懂学术研究,让学校心理健康教育理论研究真正发挥指导实践的作用,促进学校心理健康教育实践良性发展。

### 本章小结

心理健康教育是人的全面发展教育的重要组成部分,对全面发展教育的实施具有重要促进作用。心理素质是指以生理为基础的,将外在获得的刺激内化成稳定的、基本的、内隐的,具有基础、衍生、发展和自组织功能的,并与人的适应—发展—创造行为密切联系的心理品质。心理素质在维护和促进学生心理健康,促进学生学业发展,提升学生社会适应水平,培养良好的行为习惯等方面均发挥着重要作用。心理素质双因子结构模型认为:心理素质包括"基本因子"和"特殊因子"两个结构成分,基本因子强调心理素质的基本特性,它参与到心理活动的各个层面;特殊因子则包括认知、个性和适应性三个维度。学生心理素质的培育应当关注生理基础、家庭环境和校园环境的共同影响。当前,我国学校心理健康教育存在着教育发展不均衡、师资队伍薄弱、心理健康教育德育化、研究与实践脱节四个主要问题。促进学校心理健康教育的良性发展,从提高重视程度、转变心理健康教育观念,加强心理健康教育师资队伍建设,促进学校心理健康教育专业化,构建学校心理健康教育研究与实践的桥梁四个途径入手。

> **思考与实践**

1. 简述心理健康教育对人的全面发展教育的重要促进作用。
2. 什么是心理素质?如何培育学生良好的心理素质?
3. 简析当前学校心理健康教育存在的主要问题,并提出对策。

# 第六章 心理健康教育的基本内容

微信扫码获取
学习资源

### ※ 学习目标

通过本章学习,了解中小学生心理健康教育的基本内容,初步掌握中小学生心理健康教育的基本策略,从不同年龄段中小学生身心发展特点等实际出发,学会运用心理健康教育的方法和手段,培养中小学生良好的心理素质。

### ※ 关键词

心理健康教育内容;心理健康教育策略;方法和手段

《中小学心理健康教育指导纲要(2012年修订)》(以下简称《纲要》)指出,心理健康教育的重点应主要放在帮助学生适应中小学的学习环境和学习要求,培养正确的学习观念,提高其学习能力,改善学习方法;把握升学选择的方向;了解自己,学会克服青春期的烦恼,逐步学会了解和控制自己的情绪,抑制自己的冲动行为;加强自我认识,客观地评价自己,积极与同学、老师和家长进行有效的沟通;逐步适应生活和社会的各种变化,培养对挫折的耐受能力。本章将从学习与认知、情绪与自我、人际与生涯、生命与人格几个方面探讨中小学生心理健康教育的具体内容及教育策略。

## 第一节 学习与认知心理健康教育

### 一、学习与认知心理健康教育内容

学习是人与环境保持平衡、维持生存和发展的必需条件,也是提高人的基本素质的重要途径。《纲要》指出,帮助学生"调整学习心态,提高学习兴趣与自信心,正确对待自己的学习成绩,克服厌学心理,体验学习成功的乐趣,培养面临毕业升学的进取态度",《中国学生发展核心素养》将"学会学习"作为促进人自主发展的顶层核心素养之一提出。可见,心理健康教育教师要将学习与认知作为心理健康教育的重点内容之一。

根据《纲要》等文件精神,可以将学会学习心理健康教育的具体内容概括为:帮助中小学生树立现代学习观念;提升学习心理品质;提高基本学习技能,掌握有效的学习策略,发展其创造能力;培养学习兴趣,激发学习动机,形成良好的学习态度,养成良好的学习习惯;正确对待学业的成功与失败,树立学习自信心,解决与学习有关的各种心理困惑。

## 二、学习与认知心理健康教育策略

### (一)学习态度的心理健康教育策略

学习态度是对学习的认知、情感体验和行为意向的统一体。认知是指对学习意义、价值和作用的认识,情感成分是伴随认知而产生的情绪或情感体验,如是喜欢学习还是讨厌学习,意向是指以注意、期望和毅力等形式表现出来的心理定向活动。学习态度中的这三种成分相互联系、密不可分。

**1. 运用心理健康教育策略引导中小学生提高学习积极性、主动性**

对中小学生学习态度的教育引导,可以通过心理课或团体心理辅导等形式,从认知、情感和行为三方面全面影响和改变中小学生的学习态度。比如:首先,教师通过案例呈现,学生小组讨论案例中的主人公学习态度是否正确,良好的学习态度有何表现,对学习有何影响,自己的学习态度如何,可以如何调整,等等。其次,教师在学生讨论的基础上总结,引导中小学生认识到,积极主动、独立认真的学习态度,有利于深入、持久、高效地学习。最后,教师设计学习情境,让中小学生扮演不同态度的学习者角色,强化其对积极和消极学习态度及其表现的认识,鼓励学生端正和规范学习态度,改善自己的学习行为。

学习兴趣是中小学生力求探究事物并带有强烈情绪色彩的认知倾向。中小学生对学习感兴趣,会表现出积极接近与学习有关的事物,从中获得积极的情绪体验,持续进行相关活动。学习动机分为外部动机和内部动机。一般来说,内部动机比外部动机更能持久地推动学习者学习,外部动机在一定条件下可以转化为内部动机。具有积极动机的中小学生容易具有积极的学习态度和行为。要通过活动让中小学生体验到成功的快乐,从而培养学习兴趣。

心理健康教育教师要利用游戏、角色扮演等方式,设计"学习的苦与乐""学习的永动机"等主题培养中小学生的学习兴趣,激发其积极的学习动机。

> **活动示例**

### 了解学科兴趣

老师:请同学们按照自己对所学科目感兴趣的程度排序,并分析对其感兴趣的原因。

| 排　名 | 感兴趣的学科 | 感兴趣的原因 | 备　注 |
|---|---|---|---|
| 1 | | | |
| 2 | | | |
| 3 | | | |

讨论并分享：小组内成员依次分享自己是怎样对这一学科产生兴趣的，听了同学的分享后，有什么感受和启发；对于自己目前不太喜欢的学科，怎样做可以把外部动机转化为内部动机。

**2. 运用心理学基本技术引导中小学生转变不良学习态度**

由于多种原因的影响，中小学生有时会出现一些不良的学习心态，如缺乏信心、过度焦虑、沮丧等，教师要善于运用心理学基本技术加以引导。具体有：① 利用权威效应转变中小学生的学习态度，即联系中小学生已有的学习经验或过去的学习经历，联系当前的学习状况，借助权威关于学习态度的观点、思想，如名人伟人的学习格言、警句等说服和引导中小学生转变不良学习态度；② 通过角色扮演转变学习态度，即让中小学生扮演所期望的某个角色，在活动中亲身体验新的学习态度，获得新的认识；③ 通过认同和模仿转变学习态度，即通过榜样和范例的力量来博得中小学生的信任，引导中小学生向榜样学习看齐。教师还可以通过观察、谈心交流、家访等途径，了解不良学习态度的具体成因，采取切实的教育教学措施，如改善师生关系，教师改变教学态度，改革教学方法等，引导中小学生积极愉快、自主自觉地学习，充分体验学习带来的乐趣。

当前，中小学生存在的学习态度的一般问题，是学习心理发展过程中的正常现象，不必过分焦虑，但也不能听之任之。应当从学习态度的基本要素和影响学习态度的多方面因素着手加以积极的教育引导。

**（二）学习习惯的心理健康教育策略**

有研究表明，小学四年级到高中三年级的学生，学习习惯调查表的得分几乎不变。养成良好的学习习惯在小学低年级至关重要。学习习惯养成的标准一般有三条：① 动作的速度，指经过刻意练习，组成学习习惯的一系列动作的敏捷性日益提高；② 动作的质量，指动作的精确性和协调性应该不断提高；③ 学习者本身的体力消耗和脑力消耗要不断维持相对平衡。如果中小学生某种学习活动达到上述三条标准，说明其某种学习活动的习惯已经养成。

**1. 辅导中小学生养成良好的学习习惯**

小学低年级学生良好的学习习惯，主要有：

准备学习用品的习惯；养成学习时正确的姿势，如坐姿、立姿、写字姿势等；倾听与发言的习惯；预习和复习的习惯；认真作业的习惯；读书的习惯等。

> **活动示例**

**课堂七巧板**

老师用硬纸片将良好的学习习惯做成一套拼成正方形的"课堂七巧板"。

课堂出示并提问：哪几块做得好？哪几块暂时还没有做好？请用你做得好的部分试着拼一拼，看看能拼出什么图形？

讨论并分享：看着自己做得好的部分，你有什么感受？你是怎么做到的？小组内分享你的感受和经验。听了同学的分享，你有什么启发？有什么新的行为决定？如果都做到了，可以拼成什么形状？

**2. 辅导中小学生纠正不良学习习惯**

良好的学习习惯可以培养，不良的学习习惯可以戒除，也必须及早戒除。对于心理和学习可塑性较大的中小学生来说更是如此。国际知名的听力专家尼科尔斯指出，现代人尤其是中小学生听课学习常见的不良习惯有十种：认为课程单调无味，批评讲课者，过激反应，只听事实，概括一切，伪装注意，分散注意力，只听简单内容，对于感情词反应过激，浪费思维速度。心理健康教育教师要借助"自我学习评估表"帮助中小学生自我发现，通过强化暂停、"替身"、代币制奖励或惩罚等技术进行矫正。

**3. 辅导中小学生形成自己独特的学习风格**

学习风格是学习者持续一贯的带有个性特征的学习方式和学习倾向的总和。学习者的个性特征与其学习风格存在着相互结合、相互促进的密切关系。学习风格没有好坏之分。最重要的是适合于自己的个性，有利于发挥自己的优势和潜能。形成和强化学习风格，有利于中小学生维护心理健康和开发心理潜能，有利于中小学生的学习进步，也有利于促进中小学生的人格完善和全面发展。对个体来讲，心理健康教育教师要引导每个学生塑造和完善自己的个性，正确认识自己学习风格的长处和不足，做到扬长避短、取长补短；对群体而言，重要的是心理健康教育教师要引导中小学生把握学思结合的学习要求，既爱学习也爱思考，边学习边思考，在自主学习中积极思考，在深入思考中学会学习。

学会学习是每个现代人都要面对的时代课题。人的学习过程一般分为感知、记忆、理解、巩固和应用等基本阶段。美国教育心理学家布鲁纳强调学生学习过程的重要性，认为掌握学习的过程比掌握学习的结果更重要。培养中小学生的学习习惯，应当贯穿整个学习过程，落实到每个环节。在过程中发展个性，形成学习风格，开发学习潜能。

**（三）学习方法的心理健康教育策略**

学习方法，也可称为学习策略，是通过学习实践总结出的快速掌握知识的方法。国内外研究表明，中小学生学业成就高低与其学习策略水平密切相关。

**1. 辅导中小学生掌握与认知相关的学习策略**

心理健康教育教师要教授与认知相关的学习策略,包括认知策略(复述策略、精加工策略、组织策略),元认知策略(计划策略、控制策略、自我调节策略),资源管理策略(时间管理策略、学习环境管理策略、努力状态管理策略和社会支持管理策略)等。比如,心理课上,结合其他学科的具体知识,运用认知策略里的组织策略,教会中小学生对信息进行分类,或组块,或列提纲,以帮助理解和记忆;可以采用小组合作的方式,完成"学科学习方法探索表""学科知识网络图"等,帮助中小学生找到适合自己的最佳的学科知识学习策略;利用"自主学习监控表""学习方法自测表"等帮助中小学生增强自我学习调控能力。

学习与记忆是密切相关的两个认知过程。记忆是个体认知系统最重要的一环,没有记忆,就不可能有推理、运算、语言等高级认知活动,学习也就无从说起。记忆与观察问题、分析问题和解决问题等能力是相辅相成的,它本身又有一定的规律。"艾宾浩斯遗忘曲线"告诉我们,遗忘的规律是先快后慢、先多后少。系列位置效应、学习情境、材料的可理解性等会影响记忆效果,进而影响学习。心理健康教育教师要结合记忆的特点,联系具体学习材料,教授学生一些常用的记忆方法,如形象记忆法、谐音记忆法、逻辑记忆法、口诀记忆法、归类比较法、联想记忆法等,通过提高记忆效果,进而提高学习效果。

**2. 辅导中小学生科学计划安排学习时间**

心理健康教育教师要引导中小学生树立科学时间观,努力做自己学习时间的主人;懂得珍惜学习时间,自觉做到在规定的时间内保质保量地完成既定的学习任务;了解学习的"黄金时段",确定规律的学习时段,使用固定的学习区域,学习花更少的时间取得最优的学习结果。制定学习计划既要通盘考虑,内容尽量详尽具体,又要有一定的弹性和可操作性,便于中小学生自我对照检查和落实。学习计划的安排要分层渐进,做到动静结合,不同类型的活动和学习内容交替进行,有利于中小学生的身心健康、和谐发展。教授一些科学有效的时间管理方法,例如遵循 SMART 原则、四象限法则等。

**活动示例**

### 过去二十四小时

老师:请同学们回忆过去二十四小时发生的事情,要求尽量详细地回忆,并将它们记录在相应的时间段内。12 小时以内的写在内圈,12 小时以外的写在外圈。

讨论并分享:统计归类所写事情在"重要而不紧迫""重要又紧迫""不重要也不紧迫""紧迫而不重要"中所花费的时间各有多少,和组内同学分享并反思自己的时间管理情况。

**(四)升学考试的心理健康教育策略**

初三、高三是学生升学考试的关键时期,心理健康教育教师要实时关注学生的心理状态,对学生进行心理辅导,指导学生克服心理障碍,以积极正面的心态面对升学考试。

心理辅导的重点是帮助学生缓解过度焦虑和过大压力。

**1. 端正学生对考试价值观的认识**

心理健康教育教师要采用讲座、心理课等方式，帮助中小学生端正考试价值观。考试虽然很重要，但考试并不是人生的全部。优秀的道德品质、健康的身体素质、处理实际问题的能力等，才是未来发展的必备因素。考试成绩并不是人生自我价值实现的唯一途径，当今社会，不同类型、不同特长的人都可以获得良好的发展，考试成绩并不是评判人生的唯一标准，终身学习早已成为时代需要。引导中小学生以理性平和、积极向上的心态面对考试。心理课上要带领学生，以小组为单位将"万一考不好"的结果，尽可能多地罗列，依次辩驳。

**2. 教会学生科学缓解过大考试压力的方式方法**

心理健康教育教师要组织开展班级团辅活动，弱化班级同学的竞争关系，提倡以合作取代竞争，鼓励班级同学互相帮助，共同进步。在友爱向上的氛围下共同努力，争取在考试中发挥出最好的水平。

教会学生用合理宣泄法、放松训练法、目标转移法等缓解因压力过大而带来的强烈负向情绪。

**3. 利用考试契机，提升问题解决能力**

考试是培养学生问题解决能力的重要时机。安德森将问题解决定义为：任何受目标指引的认知性操作序列。此定义有三层含义：目标指向、操作序列（问题解决必须包含一系列的心理步骤）、认知操作（问题解决必须通过认知操作来进行）[①]。心理课上，心理健康教育教师通过辅导练习，让学生感受到积极语言暗示的力量，增强自信；通过"应考技巧"的团辅练习，增强学生问题解决能力，从容面对考试。

升学考试前是学生心理状态波动和学生心理问题的高发期，心理健康教育教师要及时关注学生的情绪和状态，以和煦的态度帮助学生解决心理问题，让每一个学生以积极健康的心态迎接考试。

## 第二节 情绪与自我心理健康教育

### 一、中小学生情绪情感心理健康教育

#### （一）中小学生情绪情感教育目标

《纲要》从中小学生情绪情感发展特点出发，提出心理健康教育的具体目标，其中特

---

① 吴增强.学习心理辅导[M].上海：上海教育出版社，2012：133-139.

别强调要增强中小学生调控情绪、承受挫折、适应环境的能力,并在心理健康教育的主要内容中将情绪调适列为重点:小学高年级要学会正确面对厌学等负面情绪,学会恰当地、正确地体验情绪和表达情绪;初中年级要鼓励学生进行积极的情绪体验与表达,并对自己的情绪进行有效的管理;高中年级要学会积极地应对考试压力,克服考试焦虑,培养人际沟通能力,促进人际积极情感反应和体验。如何以中小学生情绪情感发展特点为基础,贯彻《纲要》的具体要求,帮助中小学生建立起积极的情绪情感体验,是心理健康教育的重要目标之一。

### (二) 中小学生情绪情感教育策略

**1. 学会识别情绪与表达情绪**

情绪与情感是个体对外界事物的复杂态度,是对内在需求与外在现实之间差异的考量。随着活动范围的扩大,自我意识的增强,中小学生情绪情感的发展有着不同于其他发展阶段的特点:情绪两极性十分突出,时而积极向上、热情奔放,时而又陷入莫名的焦虑与烦恼;情感体验细腻深刻,内容丰富而微妙,外界的一切都可能成为中小学生兴高采烈或消极抑郁的原因;成长过程中的孤独寂寞感,美好憧憬与残酷现实的矛盾产生的失落感等,使得中小学生负性情绪体验增多。认识青春期的情绪特性,了解并识别自己所处的情绪状态,是建立积极的情绪情感体验的第一步。表达压抑的情绪,可以减少紧张感,增强控制感,因此心理健康教育,要努力拓展中小学生情绪表达。

**活动示例**

**我演你猜**

活动材料:硬纸片若干,上面写有表达情绪的成语。如,喜:眉开眼笑、手舞足蹈;怒:怒发冲冠、咬牙切齿;哀:愁眉苦脸、唉声叹气;惧:手足无措、心惊胆战。

① 老师邀请4位同学,每位抽取一个和情绪有关的成语。要求用手势、表情和肢体动作表演,不可以用语言,其他同学猜是哪种情绪,哪个成语。

② 讨论并分享:通过上面的活动,你知道了哪些表达情绪的成语?你还知道哪些表达情绪的词语?识别情绪有哪些方法?

**2. 学习并运用情绪调节策略**

情绪本身无好坏之分,但由情绪引发的行为及行为的结果有好坏之分,实证研究表明,积极情绪和消极情绪均可以主动调节,从而提高个体的心理健康水平[①]。

---

① Gross, James J. Antecedent-and response-focused emotion regulation: divergent consequences for experience, expression, and physiology[J]. Journal of Personality and Social Psychology, 1998, 74 (1): 224 – 237.

情绪调节策略是指个体在情绪调节的过程中所采取的认知或行为策略,通过调节策略使情绪处于平衡状态[①]。根据情绪调节策略的性质,将其分为积极情绪调节策略和消极情绪调节策略。

积极情绪调节策略对于心理健康有很大的贡献,灵活运用积极情绪调节策略会提高生活幸福感,减少抑郁、焦虑等负性情绪。而主要且常用的积极情绪调节策略为认知重评策略。情绪调节的对象通常是给中小学生的生活、学习等带来消极影响的过度的负性情绪。美国心理学家埃利斯创建的情绪 ABC 理论是最常用的认知重评策略。埃利斯认为激发事件 A(Activating event)只是引发情绪和行为后果 C(Consequence)的间接原因,引起 C 的直接原因则是个体对激发事件 A 的认知和评价而产生的信念 B(Belief)。即人的消极情绪和行为导致的结果 C,不是由于某一激发事件 A 直接引发的,而是由于经受这一事件的个体对它不正确的认知和评价所产生的错误信念 B 所直接引发的。错误信念也称为不合理信念。

### 活动示例

**正向的与负向的**

① 3人一组,1人讲述自己经历的挫折,1人从正向的角度,为当事人提供积极的、正面的评价或想法。1人从负向的角度,为当事人提供消极的、负面的评价或想法。正向的和负向的每人各说 30 秒。换人讲述另一个挫折经历,直到 3 人都讲述了挫折经历,都从正向的、负向的角度表达。

② 小组讨论,体验在激发事件(A)下的信念(B)如何影响情绪和行为(C),并思考负向的角度出现了哪些不合理信念,当事人更认同哪一方,小组分享活动中的感受。

**3. 常见情绪问题的辅导策略**

中小学生中常见的负向情绪有厌学情绪、焦虑情绪和抑郁情绪。厌学是指学生对学习感到厌倦的心理现象,是学生对学校的学习生活不能满足自己需要而产生的不满意、不愉快、不烦学习的情绪体验。当学生有厌学情绪时,教师要尽可能多鼓励、多肯定,使之在心理上获得平衡,把在学习上失去的兴趣重新找回来。教师要根据具体情况,采取相应的心理疏导方法。如,通过团体心理辅导,激发学习动力,改善学习方法;运用认知疗法,帮助中小学生形成对自我和学习的正确认知;通过积极暗示法,提高自我效能感;运用行为疗法,培养良好的学习习惯;通过意象对话技术,培养积极情绪;通过家庭疗法,创设积极的家庭环境等。焦虑是个体对即将来临的、可能会造成威胁所产生的紧张、不安、忧虑、烦恼等不愉快的情绪状态。学生通常会有学习焦虑或考试焦

---

① 刘启刚. 中小学生情绪调节策略与情绪调节能力的关系研究[J]. 心理研究,2011,4(6):37-43.

虑情绪,对于过度焦虑的缓解,可以采用放松训练、远离焦虑源、合理归因、转移注意等方法。抑郁是一种常见的负向情绪,最基本的特征是个体有无力的、无助的、无望的感觉。对于被抑郁困扰的学生,可以多陪伴而不评价,支持而不要求,相信对方自己能对生活负责,而不是急着帮其做自己认为正确的决定。每个人都有属于自己的有效的情绪缓解方法,如运动、绘画、写日记、击打宣泄、喊叫宣泄等,帮助学生找到适合自己的情绪调整方式对于学生自我恢复很有必要。

## 二、中小学生自我心理健康教育

### (一) 中小学生自我心理健康教育目标

《纲要》指出中小学心理健康教育的总目标是提高全体学生的心理素质,培养他们积极乐观、健康向上的心理品质,充分开发他们的心理潜能,促进学生身心和谐可持续发展,为他们健康成长和幸福生活奠定基础。

中小学生自我心理健康教育的主要任务是实现自我同一性,在此过程中,由于中小学生的自我认识存在不完整性、不稳定性,运用心理健康教育策略帮助中小学生认识自我、悦纳自我、超越自我成为促进中小学生健康成长的重中之重。

### (二) 中小学生自我心理健康教育策略

**1. 认识自我——帮助中小学生形成正确的自我认识**

自我意识是一个人对自己的存在,包括对自己的生理状态、心理特征、自己和他人的关系、自己在群体中的角色地位等方面的认识[①]。

(1) 认识真实的自我。心理健康教育老师要帮助中小学生从"我"与他人的关系中认识自我,即从与他人交往中获得自我经验;帮助中小学生从"我"与事的关系中认识自我,即从做事的经验中了解自己;帮助中小学生从与自己的关系中认识自我,即"吾日三省吾身"。

**活动示例**

**我眼中的自己**

活动材料:学习单,"我是_____的人"。

① 教师:请同学们在3分钟内写10个关于自己是一个什么样的人的句子,尽量采用描述的方式,让别人看出你的个性特点等。

② 小组分享交流。

---

[①] 金盛华.社会心理学[M].北京:高等教育出版社,2018:163.

> **活动示例**

### 别人眼中的我

① 发给每位同学一张白纸和别针,相互帮忙,将白纸用别针固定在自己背后的外衣上;

② 请同学起立,在教室里自由走动,在其他同学背上的白纸上写下你对他的看法(教师提醒不仅要写优点,也要写缺点),同时允许别人在自己背上的白纸上写下评价;

③ 10分钟后坐下,取下自己背上的白纸,看看别人给自己写了什么;

④ 分享过程中的感受。

(2)提升自我和谐程度。自我和谐是自我研究中的重要组成部分,主要是指自我内部协调以及自我与经验之间的协调。作为一种积极的内部心理资源,自我协调对于提升个体的社会适应能力,增进个体的心理健康有重要作用。

如今社会急剧变革,中小学生通过各种途径接受着大量信息的同时也承受着各方面的巨大压力和各种各样的评价和影响,而这些压力和影响势必会影响中小学生的自我和谐,当中小学生理想自我与现实自我之间的距离逐渐拉大时,会产生怨天尤人的不满情绪,甚至缺乏自信,导致不和谐状态。

一般来说,中小学生现实我与理想我存在一定的差距,在生活中会发现现实的我与理想的我相去甚远。因此,要实现理想中的自己,需要引导中小学生做好生涯规划,根据自己的能力、兴趣等实际情况适时调整自己,缩短理想与现实的差距。

**2. 悦纳自我——鼓励中小学生培养积极的自我体验**

(1)形成积极的自我信念。悦纳自我,指对自己保持一种接纳的态度,把自己看成是有价值的、值得尊重的人。世界上每一个人都不是完美的个体,每个人身上都有值得称赞的优点和值得改进的缺点,每个人在工作和学习中都会有顺境和逆境。如何保持积极的心态面对生活,形成积极的自我信念有着关键性的作用。

> **活动示例**

### "戴高帽"

① 5~8人一组围圆圈坐。请一位成员坐或站在团体中央,戴上用纸折成的高帽子。其他人轮流说出他的优点及值得欣赏之处(如性格、为人、处事等)。

② 被称赞的成员说明哪些优点是自己以前知道的,哪些是不知道的。

③ 每个成员到中央戴一次高帽,并接受其他成员的夸赞。

④ 小组交流体会并派代表全班交流。

(注意:必须说优点,态度要真诚,努力去发现他人的长处,要具体,不能毫无根据地吹捧。参加者要注意体验被人称赞时的感受,学习怎样用心去发现他人的长处,怎样做一个乐于欣赏他人的人。)

(2) 建立合理的归因方式。归因方式,也称"归因风格"或"解释方式",是指个体所具有的独特的归因认知方式及由此产生的特有的归因倾向,或者说是个体在过去经验和当前期望的基础上,对不同的事件或行为中相似的或习惯性的方式做出原因推理的倾向性。它是个体人格特征的重要表现形式之一。研究表明个体对正性事件做出内部的、可控的、稳定性的归因,往往会产生自信心,提高心理健康水平,心理问题出现的可能性较低;而对负性事件做出内部的、不可控性的归因,容易产生自卑心理,心理健康水平较低。因此,建立合理的归因方式对于心理健康有重要意义。

(3) 塑造良好的心理弹性。"心理弹性"(Mental Elasticity)这一概念的提出,最早是受到物理学中弹性力学的启发,该理论认为,"材料或物体有一种随外力作用而发生变形并随外力去除变形消失的特性",即为弹性。心理学上将心理弹性定义为个体在压力、逆境、危机或创伤下仍能够积极适应、茁壮成长的个性特征,是个体应对压力所需要的心理品质。

中小学生的心理弹性水平关系到其面对困难、逆境时的调节、适应能力,心理健康教育老师要着重培养中小学生的耐挫能力与适应能力。首先心理健康教育老师要帮助中小学生学会对困难障碍进行理性的判断与评估,针对困难的严重程度采取不同的策略方法,积极面对挫折。其次,要帮助中小学生学会调节情绪,面对负性生活事件,保持理性平和、积极向上的心态,全面客观地认识评价自我,看到自身的优势与不足,扬长避短。同时,为自我设定清晰明确的目标,制定遇到挫折困难时的解决方案,并集中精力倾力完成。

**3. 完善自我——引导中小学生实现不断的自我超越**

(1) 树立正确的价值观,预防"空心人"。中小学生的价值取向决定着未来整个社会的价值取向。初中、高中阶段是学生价值观探索和形成的重要阶段,是"扣好人生第一粒扣子"的关键时期。积极的人生价值观对中小学生人生规划,对整个社会发展都有着重要的意义。以路易斯·拉斯为代表的价值观澄清理论认为,在多元价值的现代社会,传统的说教、灌输的方式不能解决中小学生价值冲突的问题。他们提倡通过价值澄清的方式,以选择、珍视和行动的过程进行价值选择,减少价值混乱。

心理健康教育教师可以用价值排序、公开讨论、评价社会事件等方式引导学生了解自我价值观,并推动积极价值观的形成。

树立正确的价值观,需要尊重价值多样性,不一味追求功利价值取向;明白过程与结果一样重要,享受过程中的美好;强调与周围人产生情感联结,建立健全社会支持系统。

(2) 提升自我效能感,冲刺自我实现。自我效能感是指个体对自己是否有能力完成某一行为所进行的推测与判断。班杜拉对自我效能感的定义是"人们对自身能否利用所拥有的技能去完成某项工作行为的自信程度"。提升自我效能感,可以有效增强自尊心、自信心,更有利于个体完成学习、工作任务。因此,中小学生可以使用体验成功、用同伴的成功经验激励自己、保持良好的情绪状态、培养正确的归因方式等方法增强自我效能体验,促进个人的进步和发展。

> **活动示例**

**自我效能感提升团辅方案之活动过程**

① 我是谁?——创作自我肖像画,加深自我认识;

② 未来之旅——坐着时空穿梭机,穿梭到未来,看看自己在做什么?

③ 生活馅饼——世上无难事,只要肯攀登。为了实现自己未来的目标,现在需要做哪些准备呢?

④ 宝藏探索——从认识自我到规划未来,同学们逐渐打开心扉,探索自我,发现资源,请写出自己的5个优点。

每个人都是自己独一无二的主角,每个人通过自己的努力都能离自己的理想更近一步!

## 第三节 人际与生涯心理健康教育

### 一、中小学生人际关系心理健康教育

#### (一) 中小学生人际关系心理健康教育内容

人际关系是指人们在人际交往的过程中所结成的心理关系。① 其中人际认知、人际情感和人际行为是建立人际关系不可或缺的三个具有内在联系的不同成分。

中小学生正处于儿童向成人过渡、不断社会化的阶段,良好的人际关系可以让中小学生更好地完成社会化,也对中小学生的学业有着重要的影响。

根据《纲要》可以将中小学生人际关系心理健康教育内容概括为:引导中小学生正确认识自己的人际关系状况,避免认知偏差(人际认知)、调节不良情绪(情感互动)、掌握交往技能(人际行为),建立良好的人际关系。

#### (二) 中小学生人际关系心理健康教育策略

针对中小学生的人际交往特点,结合人际关系的心理结构,可以从以下几个方面对中小学生展开人际关系心理健康教育。

---

① 侯玉波.社会心理学[M].2版.北京:北京大学出版社,2007:146.

**1. 帮助中小学生建构正确的人际认知**

（1）帮助中小学生了解人际关系心理健康教育的基本内容。心理健康教育教师要有意识、有计划、有组织地通过各种途径帮助中小学生掌握人际交往的技巧和自我调适的基本知识。例如，通过举例引导中小学生正确看待人际交往中的心理效应，调整人际交往中的不良认知。

（2）帮助中小学生提高人际交往的自我效能感。人际交往自我效能感指的是个体在人际交往前，对自身顺利进行人际交往应具备的能力的主观评价。中小学生易出现自卑心理，使其人际交往的自我效能感低，表现为害怕交往、缺乏自信等。心理老师可采取多种形式，如团体辅导、校园心理剧、小组合作等，让中小学生有更多的参与机会，在教师的鼓励和引导下，习得人际交往能力，从而提高人际交往自我效能感。①

**2. 帮助中小学生管理人际交往中的情绪情感**

中小学时期是情绪的"疾风骤雨期"，如果把握不住情绪，不利于建立良好的人际关系。

（1）化解人际冲突，保持情绪健康。人际冲突是人际交往中普遍存在的社会互动行为。中小学生渴望人际交往，但是又容易产生人际冲突。因此，帮助中小学生学习化解人际冲突，保持情绪健康显得尤为重要。

一是引导中小学生换位思考。

二是学会调节人际冲突中的负向情绪，具体方式如：增加理智感，学会克制自己的怒气；深呼吸，悄悄跳出冲突情境等。

三是双方积极交流，表达自己的感受和想法，各自思考解决问题的方案，双方协商，力求达成共识。

四是寻求第三方（老师、家长、同学等）的帮助。

（2）提高共情能力。共情就是能够设身处地感受对方的内心世界，站在他人的角度思考问题。对中小学生来说，共情能力直接影响他们的友谊质量，进而影响人际关系。②

心理健康教育教师可以用团队辅导的形式，对中小学生进行共情训练。共情训练常用的方法有：① 角色扮演法。通过角色扮演亲身感受对方的心境，有利于进行理性辨析。② 多感觉练习。用看（看表演、看录像、话剧等）、听（听录音）、读（阅读治疗法）、想（追溯回忆）等感觉方式来提高中小学生的共情水平。

**3. 帮助中小学生掌握有效的人际交往技能**

人际关系是一门学问，其中蕴涵着深刻的道理和技巧。因此，运用正确的方法与人交往，将会事半功倍。

---

① 方丽珍. 初中生人际交往自我效能感的发展及其影响因素[D]. 广西民族大学, 2020: 40-41.
② 赵菲叶. 共情对初中生友谊质量的影响[D]. 扬州大学, 2021: 42.

（1）建立良好的第一印象。良好的第一印象是建立和谐人际关系的基础。卡耐基建议,给别人留下良好第一印象的途径有以下 6 条:① 真诚地对别人感兴趣;② 微笑;③ 多提别人的名字;④ 做一个耐心的听者,鼓励别人谈他自己;⑤ 谈论符合别人兴趣的话题;⑥ 以真诚的方式让别人感到他很重要。

（2）恰当的沟通行为。帮助中小学生提高人际沟通能力,能够使其建立起良好的人际关系。加拿大心理学家埃里克·伯恩(Eric Berne)提出了著名的关于人格结构的 PAC 理论。该理论的核心观点是,个体的人格特征由三种心理状态构成:"父母""成人""儿童",每当"父母""成人""儿童"这三种心理状态分别占主导地位时,就会出现与此相应的行为方式。

通过心理剧技术,帮助中小学生理解 PAC 理论,并付诸实践。

**活动示例**

### 雕塑实验[①]

教师:老师的手里有三个信封,信封内的纸上写着雕塑实验的要求(P:权威的、居高临下的姿态,A:平等的、开放尊重的姿态,C:幼稚的、无理取闹的姿态)。老师邀请四位同学上台,其中三位同学分别表演雕塑 P、A、C,另外一位同学作为感受者,台下同学作为观察者。

三位学生表演雕塑 30 秒,感受者和观察者代表谈感受。

（注意:教师在活动过程中要联系实际）

（3）指导学生学会帮助别人。人际交往中的帮助别人,既包括感情上的支持,如对痛苦的分担、观点的赞同、建设性的建议,也包括困难解决上的协助和物质上的支持。

**活动示例**

### 助人的想象

① "助人的想象":闭上眼睛,想象你曾帮助别人的,令你印象深刻的一件事。（想象当时的场景、地点、人物、言行等）

② "被人帮助的想象":闭上眼睛,想象你曾接受别人帮助的,令你印象深刻的一件事。回忆当时的体验、感受,对他们的动机、态度进行推断。

③ 小组交流:分享彼此的感受。

---

① 宋晓红,许晓霞.宿舍人际冲突"慧"沟通——中职心理辅导课教学设计[J].江苏教育,2021(33):73-75.

**4. 引导中小学生正确看待青春期异性交往和恋爱**

随着身心的发育成长,学生异性交往的需求与渴望更加强烈,并把异性交往作为展示自己性别魅力的方式。但这并不是说,学生异性交往就等于谈恋爱或者对对方有企图。真正的异性友谊在男女同学之间是存在的,关键要看当事人怎么看待异性同伴。据此,心理健康教师要引导学生正确看待青春期异性交往和恋爱,认识到异性交往是人生发展的必修课,理性看待恋爱动机,知道友谊和爱情的区别,正确引导和疏导异性交往态度。在引导时,要对学生的情感有足够的尊重和明确的规则与底线,与学生谈论异性情感时,不回避,不持消极态度,而持尊重、自然的态度。

**5. 引导中小学生正确认识在虚拟网络中的人际交往**

当下网络时代,中小学生常常通过电子产品获取信息和与人交流,虚拟网络的人际交往成为人际关系中的重要部分。一方面,虚拟网络交往使得中小学生拓宽其人际交往范围,有利于情感释放;另一方面,网络环境的复杂性可能会让中小学生在网络人际交往中受到伤害,如果网络交往过多,也会使其弱化现实中的人际交往。[①] 因此,可以通过课程教育和媒体宣传的方式,加强对中小学生网络交往行为的引导和监管,提高他们在虚拟网络交往中的甄别能力。

## 二、中小学生生涯规划心理健康教育

### (一) 中小学生生涯规划心理健康教育内容

中小学生以自身的实际情况为基础,以当下的机遇、挑战和障碍为范围,合理拟定自己的未来发展方向、未来职业道路以及走上这条职业道路所涉及的规划称之为生涯规划。规划只是起点,目的是发现自己并了解自己所处的世界尤其是职业世界,从而更好地把握自己的现在和未来。

中小学生在初中毕业和高中毕业时段将面对两次大的分流。选择普通教育还是职业教育、选择升学还是就业,是中小学生要面临的重要抉择。但中小学生存在职业观、价值观单一,缺乏职业生涯规划的意识,对职业认知不够充分等问题;再加上经济全球化的到来和技术更新速度的加快,职业环境呈现出复杂性、多变性等特征,导致中小学生面对分流和选择不知所措。对中小学生开展职业生涯规划心理健康教育至关重要,其内容主要包括:唤醒他们的职业生涯意识,鼓励他们进行职业探索和自我探索,树立理想,培养兴趣,学会初步的职业生涯规划,从而为未来的职业生涯发展做好准备。

进行生涯规划时,可以用 SWOT 法,对自己的选择做比较全面的分析,尽量突出优势、规避弱势,发现和抓住机遇、最大限度地减少负面因素的影响。

---

① 黄一雯.虚拟网络交往的自我暴露对中小学生心理发展的影响[J].教育现代化,2019(69):202-205.

**SWOT 分析法**

SWOT 是"优势、劣势、机遇、威胁"四个英文单词首字母的组合。

优势(Strength):性格中的优点,学过的知识、技能,曾经的经历等。

劣势(Weakness):性格中的弱点,经验或经历中的欠缺,经历过的失败等。

机遇(Opportunity):对社会大环境、就业发展趋势、各种职业发展空间与需求状况等方面的认识与分析,实现理想拥有的条件和空间。

威胁与挑战(Threat):选择的专业可能会过时,参与的竞争可能过于激烈,选择的职业可能薪酬低、条件艰苦等。

### (二) 中小学生生涯规划心理健康教育策略

#### 1. 依据中小学生心理发展特点,不断深化教育内容

生涯规划心理健康教育是一个循序渐进的整体,由于中小学生年龄跨距较大,心理发展水平差异也较大,心理老师要兼顾学生的心理差异,在知、情、意、行四个方面,根据不同学段学生的心理特点,确定相应的职业生涯规划辅导目标、内容和方法。

依据萨柏提出的"职业生涯五阶段论",小学生正处于职业幻想阶段,对未来职业的幻想多来源于父母的职业。对其辅导应侧重于职业感性认知,通过游戏和活动,增进对职业世界的认识,培养正确的工作态度和劳动习惯,了解工作的乐趣和劳动的快乐,尊重各种职业,学习初步的分析。

初中学生处于职业兴趣阶段和能力初级阶段,该阶段主要以探索兴趣爱好和性格特点为中心,根据自身的优势及对职业的偏好进行定向能力的培养。对其辅导应侧重于职业探索和计划,学会从不同的途径了解不同的职业、了解自我,树立正确的职业观,并形成一定的规划,科学面对第一次分流,做出合理选择。

高中学生更为成熟,需要面临许多抉择,处于探索阶段的试验期,该阶段的主要任务是对自己进行自我评定、角色分析以及职业认知,进而找到适合自己的职业方向。这一阶段的辅导应侧重于通过实践和理性学习,增强他们对职业较深层次的理解(包括发展前景、就业环境等),了解专业和学校信息,掌握志愿填报技巧,树立正确的职业价值观,提升决策能力,并根据社会发展适时调整职业生涯规划[①]。

职业生涯规划心理健康教育目标应随着年级不断深化,主要表现为职业认知由具体向抽象发展,由知识向观念转变;职业情感由外在形象美的体验向道德感发展,最终能体验到任何职业所包含的职业精髓,即职业价值、职业精神和职业道德;职业探索活动也逐渐由简单向复杂发展,探索范围逐渐扩大,探索内容逐渐深化。

---

① 向长征.中小中小学生职业生涯教育的策略探析[J].基础教育参考,2018(2):3-6.

> **活动示例**

### 职业认知教育

小学阶段:要求采访三到五个家族成员,了解他们的职业;初中阶段:要求了解这些职业的过去、现状,并预测其未来;高中阶段:要求画出自己家族成员的职业家谱树,并写上相应职业的工作内容、专业技能等;每一阶段都要求班级分享讨论。

### 2. 注重生涯规划心理健康教育内容和形式的趣味性、生动性

心理老师平时要做有心人,注意收集职业相关的新闻时事、人物传记。从职业领军人物到渎职失职人员,从职业事实的陈述、信息的统计到专家评论等,满足学生的好奇心的同时引导学生从正确的视角看社会,用积极的观点评论事件。要有意识地收集相互间有矛盾冲突的材料,在辨析过程中,加速学生职业认知发展。如:以往的职业生涯规划更加注重"人职匹配";但近年来,生涯混沌理论认为,生涯发展具有主动适应的特征,每个人在一定程度上都可以按照自己的剧本塑造自身的生涯历程[1],可向学生介绍"蝴蝶模型",增加学生不同的认识,并通过蝴蝶模型进一步进行规划。

有研究显示,情境体验是实现心理教育教学目标的最佳途径,情境体验需要情境教学来完成[2]。因此,在生涯规划心理健康教育活动中要有情境体验,可以是模拟情境,也可以是真实情境,例如模拟招聘会、角色扮演、实地参观等。这样课堂的时空完全属于学生,增强了学生的直观感受,激发了他们的思维和情感,触发到他们内心的真情实感。

> **活动示例**

### 了解职业能力

社会调查:为什么现实世界中,没有培养董事长、总经理的专业,却涌现出不少杰出的董事长、总经理?他们是如何成长起来的?班级讨论分享。

(职业关键能力主要包括方法能力和社会能力。方法能力包括"自我学习""信息处理"等;社会能力包括"与人合作""解决问题""创新革新"等)

### 3. 多方合作,协同教育合力

完善的生涯规划指导体系要以中小学生为本,将生涯规划指导有效融入学校管理、

---

[1] 刘鹏志,金琦. 普通高中生涯教育要避开五大"雷区"[J]. 人民教育,2019(Z1):108-111.
[2] 张克新,夏和先,黄梅. "情"的顿悟与"境"的启发——论心理健康教育过程中的情境教学[J]. 内蒙古教育(职教版),2015(11):28.

教学等各个环节中①。因此职业心理健康教育应多方合作,实现教育合力。

（1）学校方面：首先,学校需要打造完善的教育主体结构,学校领导、班主任、专职心理教师是主体中的重要部分,要组织专题活动、讲座进行职业心理健康教育,如："生涯规划"演讲比赛,我看"工匠精神"主题班会等。其次,专职心理老师要和其他学科老师达成合作,在学科教学活动中渗透职业心理健康教育,在职业心理健康教育中包容学科信息,引导中小学生将学科学习兴趣、能力与未来职业发展联系起来。最后,学校要开展"劳动教育"。

（2）校外专家方面：生涯规划教育是一门集多个学科或领域的知识和技能于一体的、专业性较强的综合类教育②。学校要聘请各行业知名人士作为职业辅导顾问,定期通过讲座、人物访谈等形式给中小学生开展辅导活动,充分发挥社会资源,以实践性的社会资源充实中小学生对职业生涯规划的认识。

（3）家长方面：家长的择业观、价值观、从事的行业与社交圈会在一定程度上对中小学生的职业选择产生影响③。要发挥家庭的优势,共同推动中小学生的职业生涯规划。可定期开展"家长学校",对家长进行相关辅导,转变家长"唯分数""唯名校"的偏见,引导家长树立科学的职业观。还可设立"带孩子上班日",让中小学生了解父母职业,体验工作内容,将认识与实践结合。

总之,要指导中小学生回答好职业的5大问题："我要去哪里？""我在哪里？""我有什么？""我的差距在哪里？""我要怎么做？"心理老师就要从目标、能力、性格特质、优势等方面帮助中小学生了解自己；善于整合各方资源,形成职业心理健康教育的合力,才得以建设完善的职业心理健康教育。

## 第四节　生命与人格心理健康教育

### 一、中小学生生命教育

#### （一）中小学生生命教育内容

2021年,教育部印发了《生命安全与健康教育进中小学课程教材指南》(下文简称《指南》),其中明确将"坚持'生命至上、健康第一'理念"列为基本原则之一："以学生健

---

① 马林,谢莉,徐群.高中生涯规划指导的系统性与有效性探究——基于对安徽若干所高中的调研[J].安徽师范大学学报(人文社会科学版),2019,47(5):148-157.
② 田丽.以核心素养为引领,探寻普通高中生涯规划教育实施体系[J].课程·教材·教法,2017,37(10):63-69.
③ 龙梦姣.湘西地区中小学职业生涯规划教育现状与对策研究[J].教育观察,2021,10(31):41-43.

康成长和终身健康为核心,覆盖生理、心理和社会适应领域,关注影响生长发育的自然环境与社会环境因素,帮助学生树立关爱生命、热爱生活的观念,形成健康意识,养成健康生活方式,提升健康素养。"生命教育是面向"全人的发展",它涵盖了人从出生到死亡的整个过程和这一过程中涉及的各个方面。既关乎人的生存与生活,也关乎人的成长与发展,更关乎人的本性与价值。生命教育不仅要教会中小学生珍爱生命,更要启发中小学生完整理解生命的意义,积极创造生命的价值;生命教育不仅要中小学生关注自身生命,更要引导中小学生关注、尊重、热爱他人的生命;生命教育不仅是惠泽人类的教育,还要让中小学生明白让生命范畴涵盖的其他物种和谐地生活在同一片蓝天下;生命教育不仅是关心今日生命之享用,还应该关怀明日生命之发展。

根据《纲要》《指南》等文件精神,可以将中小学生生命教育的目标概括为:让学生体会生命的无常,珍惜自己,关怀别人;让学生理解生命的意义,感恩惜福,爱护大自然;让学生珍惜生命的价值,乐观进取,树立正确的人生观;帮助学生识别心理危机的信号,掌握初步的干预方法,预防心理危机,维护生命安全。

### (二) 中小学生生命教育策略

**1. 开展生命教育之"生"的教育——生之伟大,珍爱生命**

心理健康教育教师可以通过展示人的胚胎发育、小鸡的破壳而出、小草的破土而生等视频、图片,带给学生心灵的震撼。教师适度引导,让学生更好地感悟生命的神奇与伟大。可以采用"生命冥想感悟技术",朗诵冥想指导语,带领学生冥想并感受自己在母亲子宫中生命最初孕育诞生的感动与震撼,从而感受到生命来之不易,更应珍惜与敬畏。

**2. 开展生命教育之"死亡"教育——活出生命的意义**

2021年7月教育部办公厅发布《关于加强学生心理健康管理工作的通知》,明确学校要"注重安排形式多样的生命教育、挫折教育等","切实培养学生珍视生命、热爱生活的心理品质,增强学生的责任感和使命感"。心理健康教育教师要引导学生对生命进行多维度思考,使他们认识生命、敬畏生命、尊重生命、热爱生命,并以积极主动的态度提升生命的价值。心理健康教育教师要安排全方位、系统的融入真实情境的生命教育。如,组织学生参观消防站或开展法制专题宣讲等活动,让学生在真实的求生故事中感受生命的可贵与脆弱,让学生形成自我保护、珍爱生命、远离危险的意识;组织学生探访和照顾老年人,让学生体验不同的生命阶段,引导学生思考:"你对生命与死亡产生了哪些思考?你是如何看待生命与死亡的?当你想到死亡时,你会想到什么,请用图画或文字描述你对死亡意义的理解。"通过情景模拟、角色体验、实地训练、志愿服务等形式,引导学生理解生命的过程和意义,尊重、关心他人,珍爱生活,理解生命的可贵、精彩与无限可能。

生与死不仅是一个自然命题,也是一个哲学命题,是每个生命都必须要面对的。通过播放视频、情境体验、课堂讨论与分享,学生认真思考死亡,只有真正明白死亡对生命的意义,才能更好地活着,从而鼓励学生寻找人生的价值与意义。

**3. 帮助中小学生探索生命的意义,实现生命的价值**

生命教育的核心目标在于,通过生命管理,让每一个人都成为"我自己",都能最终实现"我之为我"的生命价值,即把生命中的爱和亮点全部展现出来,为社会、为人间焕发出自己独有的美丽光彩。心理健康教师可以通过课堂活动,引导学生设定努力方向,珍爱生命,体悟人生价值,体验成长艰辛,且行且珍惜。

**活动示例**

叩问心灵,规划人生——心灵游戏"画出我的生命线"

活动过程:

1. 学生每人画出一条自己完整的人生评估和展望的"生命线"(从出生到死亡)。首先,在过去和现在的生命阶段标注上感觉快乐和痛苦的事情(快乐的事情写在生命线的上面,痛苦的事情写在生命线的下面)。接着,写下 2 至 3 件将来希望完成的事情。当然,在将来的生涯中,还有挫折和困难,比如职场或事业方面可能出现的挫折等。

2. 引导学生思考并交流分享:找到你目前所在的点,对比过去走过的人生路和未来要走的人生路,你有何感想?当把生命线画完后,对于过去已经发生的事,走过的路,你怎么看?这些事情对于现在的你以及你今后的人生路有怎样的影响?如果大部分事情都位于线的下面,是否考虑调整自己看世界的眼光?现在,你如何理解生命的"长度"与"宽度"?

3. 在你未来生命的每个十年中,列出一个最主要的目标。从"自我""人际""职业"等层面设定努力方向。

**4. 做好中小学生心理危机干预与应对——自杀心理预防策略**

我国台湾设立了"生命教育委员会",多省市成立心理危机干预中心,说明预防和干预中小学生自杀成为生命教育的重要内容之一。

心理老师可以引导学生通过小组讨论:"你在多少岁首次接触死亡?你当时对死亡有什么看法?你现在对死亡的看法是怎样的?如果灾难降临你身上,你的生命即将终结,时间只允许你做三件事,你最想做的事是什么?"在讨论分享的过程中,让学生真正理解危机的含义,对可能会出现的危机做好心理建设,增强信心,提高应对危机的能力。学生在课堂讨论中提出的疑惑,教师要重视,让学生能够识别心理危机的信号,初步掌握基本的干预方法,维护自己与他人的生命安全。

**活动示例**

老师:请同学们画一画"能量彩虹图"。在最外层圆圈写上,当遇到困境时,可以支持我们的人、物、集体(I have);在中间层圆圈写上,过往应对困境时,体现出的我们身上的特质和优势(I am);在内层圆圈写上,我们拥有的应对困境的能力和方法(I can)。小组分享并讨论。

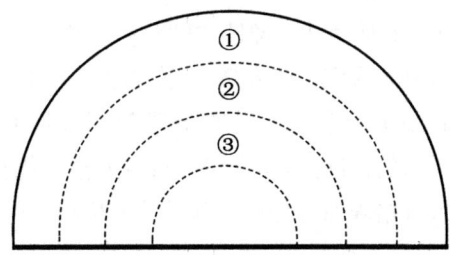

① 当遇到困境时,可以支持我们的人、物、集体(I have)
② 过往应对困境时,体现出的我们身上的特质和优势(I am)
③ 我们拥有的应对困境的能力和方法(I can)

学生通过发掘自己的内心能量与外部支持等资源,在遇到心理危机时能够充分调动自己的积极性并有效利用身边的社会资源,使自己度过心理危机。

生命教育是贯穿教育过程始终的活动,需要教育者用爱心、耐心、细心和恒心潜移默化地去影响、感染。心理健康教师虽然不能决定学生生命的长度,却可以帮其拓展生命的宽度,增加生命的高度。我们的教育应教会学生无论是顺境还是逆境,都能经得起人间的冷暖,扛得住世上的悲欢;也许会失落失望,但不迷失方向;虽未必美好美满,但依然满怀希望。

## 二、中小学生人格心理健康教育

### (一)中小学生人格心理健康教育内容

相关研究证明,健全的人格与以下几点关联紧密:较高的生活满意度,健康的自尊,自我满足,清晰稳定的自我认知,乐观,抑制冲动的能力,约束行为,必要时集中注意力。健康人格往往伴随着较低的攻击性(尤其是敌意和愤怒)及剥削性。[1] 中小学生正处于人格成长与发展的敏感期,学校教育不仅有义务和责任对学生进行人格教育,更有条件进行有系统、有目标、分阶段和分步骤推进的人格教育。《纲要》指出,心理健康教育应以培养学生健全的人格和良好的个性心理品质为具体目标。自我同一性的建立关系到

---

① Bleidorn, W., Hopwood, C. J., Ackerman, R. A., Witt, E. A., Kandler, C., Riemann, R., Samuel, D. B., & Donnellan, M. B. The healthy personality from a basic trait perspective[J]. Journal of Personality and Social Psychology, 2020, 118(6), 1207-1225.

中小学生人格的健康发展,面对中小学生自我同一性危机,如何引导中小学生反思自我,在理想和现实之间取得平衡,在学习和实践中形成科学的信念和价值判断,建立良好的人际关系,形成正确和恰当的自我认同和社会认同,形成独立自主、积极主动、自尊自信的人格特质,是中小学生人格教育目标的重要内涵。

### (二)中小学生人格心理健康教育策略

**1. 帮助中小学生了解发展过程中的常见人格缺陷**

大部分中小学生在发展过程中或多或少地存在人格缺陷,即在人格发展过程中表现出一些不良发展倾向,如敏感、多疑、自卑、冷漠、消极、抑郁、暴躁、自我中心等。中小学生正处于自我意识觉醒,但认识还不够成熟的阶段,在人格心理健康教育中,成熟的人格测验是帮助中小学生了解自身人格特点的重要工具,心理健康教育教师可借助人格测验帮助中小学生认识各种人格特质和类型的优缺点,学会发挥自身人格的优势、弥补人格欠缺。还可以通过观看影片、案例分析、人格画像等加深对常见的人格缺陷的认识和了解。

**2. 帮助中小学生发展健全的人格**

健全的人格应该具有爱他人也能接受他人爱的能力;不盲目依赖他人、不轻信盲从的独立;正确认识自己、不妄自菲薄的自信;开放自己、热情待人的乐群;朝气蓬勃、奋发有为的积极;不惧困难、乘风破浪的坚韧等多方面的特点。

(1)和谐人格培育策略。罗杰斯认为人的本性就是要努力做到因满足于个人生活而保持乐观态度,他把达到这一目标的人称为心理和谐的人。心理和谐是健康心理的本质特征,表现为身心和谐、知情意的和谐、人格的和谐。心理和谐的人能坦诚面对自己的经历,愿意投身生活、体验生活,在选择职业等重要决定时更遵从自己的兴趣、价值观和需要。自我是人格的核心成分,它在健康人格中起统领与调控作用,自我的和谐与否是心理健康和人格和谐的关键。

理想我与现实我的冲突是中小学生人格发展冲突最突出、最集中的表现。由于个体的社会背景、生活经验、智力水平、追求目标等方面的差异,自我认识也出现了个别差异。心理教师要借助心理课、心理剧排演、团体心理辅导等方式引导学生在遭遇挫折时,能灵活运用升华、幽默等防御机制应对困难,调节自己,培育和谐人格。

(2)自我认同感培育策略。艾里克森认为,中小学生早期人格发展的主要任务是获得勤奋感、克服自卑感和实现体验能力;中后期则处于同一性与角色混乱阶段,人格发展的主要任务是构建自我同一性。在学习和交往合作等社会活动中,有着良好自我认知和人际关系能力的中小学生,会更乐于学习,形成"勤奋感",做事也更积极主动、更独立。反之,则感到自卑,丧失对自我能力的信心。中小学生的自我认同感既来自个体勤奋感和自我体验能力的获得,也来自社会认同,需要来自同伴、教师、家长的积极评价才能获得。因此,学业成就感、友谊感和师生关系亲密感,便成为中小学生独立自主、积极主动、自信等人格特质培育的重要变量。

自我认同感的培育可以通过以下方式进行：利用小组合作，充分发挥朋辈心理互助的作用，给予心理安慰、鼓励、劝导和支持；动员学生开辟班级心理辅导专栏、壁报等载体，专门介绍有关知识，如：科学用脑、合理安排时间、消解负向情绪等；指导学生进行有效的放松训练；使用讨论、分享等方法来活跃气氛、调动情绪、增加学习兴趣，拓宽探索同一性的渠道，使其顺利渡过孤独的探索期。

(3) 积极人格培育策略。积极心理学主张关注人的积极资源。拥有积极人格特质的人，更容易积极关注，关注积极。积极人格特质的培养主要通过激发和强化个体各种现实能力和潜在能力，使之成为习惯性的运作方式。积极心理学提出主观幸福感、自我决定性和乐观等三种主要积极人格特质。

中小学生是不是学习活动的活跃参与者、是否对学习任务有胜任感，能否根据自己的成熟程度在一定范围内决定自己的生活，都影响着中小学生积极人格特质的形成。借鉴内观疗法的思想，针对学生在心理健康方面存在的一些共性问题，指导学生对一个阶段学习、生活进行重新认识，并进行自我教育，有利于巩固阶段化成果，提升主观幸福感、自我决定性和乐观等积极人格特质。

中小学生人格的发展受到环境因素的影响，良好的环境助益健全人格。心理健康教育要协调家庭、学校、社会等多方因素，以形成人格教育合力。教师要以良好的心情面对学生，并在教育中影响感染学生，从而使学生以积极的心态面对学习生活，要营造积极向上、友好互助的班级氛围。学校层面还要开展家庭教育指导，帮助家长个人成长，形成健全人格，从而营造有利于中小学生人格健全的家庭氛围。

## 本章小结

心理健康教育基本内容直接关系到工作开展的科学性、有效性。本章从学会学习、情绪调节、自我认识、人际交往、生涯规划、生命教育、人格塑造等方面，介绍了中小学生心理健康教育的基本内容和教育策略，将理论与活动示例融会贯通，注重心理健康教育内容和形式的趣味性和生动性，提供有价值、可操作的中小学心理健康教育的方式、方法；激发中小学生认知、情感、行为等方面的体验，引导中小学生积极思考、自我反省，在交流分享中学会自助和互助，从而提升心理素质。

## 思考与实践

1. 概述中小学生心理健康教育的基本内容。
2. 结合本章所学，自选主题设计一堂心理课，撰写教案并试讲。

# 第七章
# 心理健康教育的基本技术

学习资源

### ※ 学习目标

通过本章学习,了解当前心理健康教育常用的基本技术;掌握心理测量中测验选择、实施及结果解释的技术,掌握一般心理问题和严重心理问题的诊断技术;了解心理危机产生的原因、一般干预流程,掌握心理危机干预的基本技术。

### ※ 关键词

心理辅导;心理测评;心理诊断;心理危机干预;心理技术

心理健康教育工作的开展必须依赖于建立辅导关系、会谈等基本技术。不仅要有进行心理测量和诊断的能力,更要能够进行有效的危机干预。学校心理健康教育的基本技术直接关系到学校心理健康教育工作的科学性和有效性。

## 第一节 心理咨询与辅导的基本技术

### 一、建立心理辅导关系的技术

从学校心理辅导过程角度来看,建立辅导关系是具有重要意义的第一步。良好的心理辅导关系是开展心理辅导的前提条件。心理辅导关系的建立与维护,受心理教师和求助者的双重影响。首先,心理教师的辅导理念、辅导态度、个性特征等对咨询关系的建立和维护有着至关重要的影响。辅导态度不仅仅是单纯的方法,而是心理教师职业理念和人格魅力的体现。其次,求助者的动机、态度、期望程度、悟性水平、自我察觉水平、行为方式以及对心理教师的反应等也会在一定程度上影响辅导关系及效果。因此,建立良好的心理辅导关系是心理教师与求助者双方共同的责任和任务。

在学校心理辅导过程中,心理教师只有与来访者建立起一种融洽、和谐、信赖的关系,才能使来访者做出积极的反应,取得良好的咨询效果。建立辅导关系有赖于心理教师掌握科学的心理技术。建立辅导关系的技术主要包括同感、接纳和尊重、真诚等。

### (一) 同感

**1. 同感的内涵**

同感(Empathy),又译作移情、共情、同理心等,其含义是指设身处地地、像体验自己精神世界那样体验他人精神世界的态度和能力。也就是说,同感包括态度和能力两个方面,其核心是理解。

同感的态度,是指咨询者愿意把自己的信念、价值观和经验参照体系搁置在一边,站在对方的立场,深入对方的内心,从对方的角度去体察、感受和思考一切的心理倾向,达到近乎"感同身受"的理解境界。其关键是站在对方的立场上,抛开咨询者本人的偏见和主观判断,理解来访者。

同感的能力,是指咨询者深入当事人的内心世界,把握其体验、经历、行为以及它们之间的关系,并运用有关技巧将自己的理解准确传递给对方。同感的能力包括两个方面,一是要确有所感,二是要让对方明白。

同感与单纯的理解不同,理解是根据自己的参考系对某个对象形成认识,同感则不光有认识,更有对感受的体察和体会,"用来访者的眼睛看世界"。同感也不同于同情,同情是对对方遭遇的怜悯和关切,同感并无怜悯成分,而是去体察对方的心情。

同感有不同的层次水平,代表了不同的同感质量。国外学者对此有不同的分类。卡库夫(R. Carkhuff)将同感的层次水平分为五类:① 毫无同感反应,即完全忽视来访者的感受和行为;② 片面而不准确的同感反应,即理解来访者的经验及行为而完全忽略其感受;③ 基本的同感反应,理解来访者的经验、行为及感受,但忽视其感受程度;④ 较高的同感反应,理解来访者的经验、行为及感受,并把握其隐藏于内心的感受和意义;⑤ 最准确的同感,即准确把握来访者言语传达的表层含义,亦把握其隐藏的深层含义及其程度。

**2. 同感的表达技术**

产生同感仅仅是心理教师的心理感受,只有当辅导者把自己的同感有效地传达给来访者,才会产生应有的效果。掌握同感的表达,要领有五点:

(1) 转换角度。真正设身处地地使自己"变成"来访者,从他的视角去知觉、思维和体验。

(2) 投入地倾听来访者。不仅要注意他的言语内容,更要注意非言语线索(如声调、表情、姿势等)所透露的情感信息。

(3) 回到自己的世界里来。把自己从来访者那里知觉和体会到的东西进行一番识别、分辨和理解。

（4）以言语或非言语方式把辅导者接收到的东西表达出来。有些时候，仅仅把他的意思和感受准确表达出来即可，偶尔也可以比他更深一些，或加一点辅导者的理解和解释。

（5）在反应的同时留意对方的反馈性反应。关键是看对方是否感到心理教师准确地理解了他，因为心理教师的同感可能出错，对方的反馈是纠正错误的重要信息。

**3. 同感的发展注意事项**

发展同感能力，应注意三个方面：① 内容，即对来访者所陈述的事实、观点、情况等是否有准确了解。② 来访者的感受，这是他的情绪或情感的体验，它们可诉诸语言如"我觉得悲伤""我好难过"来表达，但更可能是通过来访者的表情、声调和姿势动作来表达。③ 对感受体认的程度，即是否全面、准确地把握了来访者的感受。高水平的反应往往显得比来访者表达出来的还全面、准确。

## （二）接纳和尊重

**1. 接纳和尊重的内涵**

接纳（Acceptance），也称为积极关注或无条件关注。它是心理教师对来访者的一种态度，对其整体性接纳，而不是对他身上符合自己口味的地方接受，不符合自己口味的地方排斥，即对他个人整体的关切。尊重（Respect）通常有"赞同""敬仰"的意思，有较强的道德评判色彩。

接纳与尊重有密切联系，有的学者认为它们是同一态度的不同方面，或认为接纳为尊重的前提，有了接纳，才会较自然地表现出尊重；而只有尊重来访者的个性和特殊性，才能达到真正的"无条件接纳"。

有的来访者身上存在这样或者那样的问题，如何能让人"无条件接纳"呢？接纳虽说包括他身上的缺陷，但只是说咨询者能够宽容、理解这些缺陷，而不是说必须赞成。咨询者应该深信来访者身上潜在的积极力量，他将能够克服缺陷，走向成长。在这种总体性接纳关怀的态度下，咨询者可以对来访者的劣行感到厌恶，甚至直接表达反感，但心理教师对来访者本身则应保持仁慈关爱之心，达到这样一种境界，就是无条件接纳。咨询者的确应有超乎常人的品质，即能超越个人价值观、欲求和利害计较的仁爱之心。心理教师如果有这样的胸怀，接纳就是顺理成章的事。

可以用微笑、点头、专注来传达心理教师的接纳。微笑代表亲和，常常能解除人际关系中的胶着状态，增加活泼生动的气氛，是增进感情的营养剂；微笑无需成本，却创造许多价值。点头，表示信任和鼓励，使对方感到亲切，并乐于表露自己的思想，无形中拉近了距离。专注，通常通过面部表情、身体位置和动作及口语的反应来表达。一般地说，当对方倾诉时，心理教师要善于利用目光参与听，比如，表达安慰时，目光要充满关切；心理教师的坐姿要注意身体稍向前倾，以示亲切与亲近；在做解释、指导、概述时，应尽量保持平和的语气，给来访者稳定、自信、可靠的感觉。

**2. 接纳和尊重的表达技巧**

心理教师对来访者接纳和尊重的表达技巧主要包括：

（1）对来访者保持非评价、非批判态度。心理教师可以不赞成来访者的某些消极品质和行为，但那仅仅是针对他的某些行为，而不是对他作为人的价值的否定。

（2）接受个别性。能够容许来访者按自己的方式去探索解决自己的困难，不强求别人按自己的希望去生活，不把自己的价值观、行为准则强加于人。当然，这不意味着鼓励他走一条既害人又害己的道路。心理教师可以对来访者与自己不同的看法或打算表示理解和尊重，但不一定赞成。

（3）平等、非权威主义。这是心理教师特别要注意的一个问题，不要认为以支配的、权威主义的态度对待来访者，可以使其对自己的能力和专业形象产生信赖，从而增强自己的影响力。这种权威主义态度可能会助长来访者的无能感和依赖性，这与咨询目标是背道而驰的。

（4）创造一种温暖的氛围。来访者都希望心理教师有经验、有能力，但同时又是让人感到温暖亲切的。许多心理辅导关系在一次会见后就中止，一个重要原因就是由于辅导者冷冰冰、公事公办的态度。温暖可以通过语调、表情、姿势、动作等非言语线索来表达。

## （三）真诚

**1. 真诚的内涵**

真诚（Genuineness）是指心理教师应坦诚面对来访者，开诚布公、直截了当地与来访者交流自己的态度和意见。也就是说，真诚就是要求心理教师放下种种角色面具（如心理教师等），以自己本来的面貌出现在来访者面前。因此，真诚的核心是表里如一。

但是，在心理辅导过程中要真正做到真诚，却比较困难。心理辅导过程中所要求的真诚态度，并不是"表演"出来的，而是心理辅导者在生活中一以贯之的待人品质。事实上，真诚是无法表演的，它是一种"发乎其中，形于其外"的态度体验，这就要求心理辅导者在生活中必须是一个真诚的人。

**2. 真诚的传递技术**

心理教师向来访者传递真诚的技术主要包括：

（1）自我表露。指心理教师自愿、适度地将自己的真实感受、经历、观念等拿来与来访者分享。这可促进双方的人际互动，建立和维护良好的心理辅导关系，从而影响来访者和辅导过程。有研究证明，心理教师的自我表露可以使来访者表露得更多，感到会谈更有兴趣和吸引力。心理教师的自我表露有两种形式：一种是表明自己当时对来访者言行的体验，例如："我很高兴你今天能一个人来这里，而不再让你母亲陪着你来"；另一种是告诉来访者自己过去与他相似的一些经历，例如："你说你感到一种可怕的孤独，我可以想象得出，我上高中时也有过类似的体验。"但是，自我表露不能离开会谈的主题,不然就可能变成咨询者的自我炫耀或自我发泄。

（2）言行协调技术。指调动和运用非言语技术来传递真诚,并使言语传递与非言语传递相互配合、协调一致。一些研究表明,人们进行信息加工处理所得信息的总体效果,言语信息占7%,声音信息占38%,面部表情占55%。也就是说,当人们发觉对方的言语行为和非言语行为不一致时,人们宁愿相信非言语行为,而不会相信言语行为。这也说明了心理辅导中言行协调一致的重要性,尤其是真诚,更强调表里如一、心口一致。心理教师需要经常留意和控制自己的一举一动、一言一行,尤其是那些下意识的动作和习惯。

### 3. 真诚在心理辅导中的意义

（1）真诚的态度能带来信任感、安全感和更开放的交流。心理教师以坦诚待人,会让对方感到自己可以信任,可以交心。因为人们倾向于认为,"人以诚待我,我也应以诚相见"。这样就会为双方营造一个安全、自由的交谈氛围,有效地促进来访者进行内心探索。在心理教师的真诚面前,来访者可以坦白表露自己的软弱、失败或过错而无须顾忌。

（2）真诚提供的榜样作用能产生治疗效果。心理教师坦白、开放的待人态度对来访者能产生一种吸引力,也希望自己能像辅导者那样坦坦荡荡地生活,根本不需要随时随地提防他人、琢磨问题,就会感受到轻松自在。来访者的许多问题也往往是与其人际交流的表面性、虚假性有关,而真诚的咨询关系能让来访者获得切实的感受和体验,并可能去模仿和内化,从而起到促进其改变的积极效果。

## 二、心理咨询的会谈技术

会谈是两个或两个以上的人之间的信息交流,会谈是心理咨询与辅导的基本形式和手段。会谈的信息交流可分作两个方面来讨论。其一是信息的性质,其二是信息的传递方式。会谈中的信息主要有两种,一是认知性的,二是情绪情感性的。认知性信息,主要包括事实、行为、观点、意见等,可以称之为内容。情感性信息主要包括心理感受、情绪、情感等,其共同特点是体验。信息传递的方式也有两种:言语的和非言语的。心理教师在辅导过程中所做的事主要是两方面,一方面是接收、理解来访求助者的认知性信息和情感性信息;另一方面,对此做出反应,即发出言语信息和非言语信息。在心理咨询过程中,主要运用以下会谈技术:

### （一）倾听

#### 1. 倾听的内涵

倾听是咨询会谈的最基本技术。心理辅导者主要是运用听来开始咨询过程的,细心倾听能更有效地了解来访者存在的心理问题及内心世界,缩短双方的心理距离。因此,细心倾听是建立良好关系的决定因素,甚至可以说倾听本身就是一种治疗。有时,对某些寻求理解、安慰和宣泄的来访者而言,如果对方能充当一个良好的听众可能就已经足够,此时倾听便具有帮助和治疗的效果。

**2. 倾听的技术要领**

在心理咨询中,使用倾听技术通常有如下要求:

(1) 倾听应有一个框架。这一般包括三个方面:一是来访者的经历,即到底发生了什么事,如谈到无缘无故被老师、家长或其他人批评了一顿,这就是他的经历。二是来访者的情绪,如谈到受批评后心里感到委屈,还有些愤怒。三是来访者的行为,如他谈到当时想不通,忍不住与老师顶了几句等。

(2) 倾听与关注相结合。倾听不仅要理解来访者的言语信息,包括表层含义和深层含义,或者说字面之意与言外之音,还要关注、留意他的非言语信息,要深入来访者的内心世界,细心注意他的所思所想、所作所为,注意他如何表达自己的问题,如何谈论自己及与他人的关系,如何对所遇到的问题做出反应。只有将倾听与关注这两个方面结合起来,才有完整、准确的理解。

(3) 倾听应该客观,摒弃偏见。对来访者要无条件尊重,在他诉说时,为获取完整的信息,对其谈话的内容不要表现出惊讶、厌恶等情绪反应;不要随便打断他的话,不要过早地做出反应与判断。带有偏见的倾听通常会使倾听的内容因过滤和选择而不全面、不准确,容易导致信息交流的歪曲或双方会谈的中断。

(4) 心理教师应该敏锐地做出反应。要注意来访者在叙述时的犹豫、停顿、语调变化以及伴随着语言出现的各种表情、姿势、动作等,从而做出更完整的判断。辅导者为了对倾听加以引导,还需要借助言语和非言语的反应,如口头应答和表情动作、提问、鼓励等,以表示接纳、理解、同情和反馈。倾听的最基本的作用在于鼓励来访者把他的观念和感受表达出来,因此,倾听不是一种被动的活动,而是积极地对来访者传达的全部信息(包括目光接触、身体语言、空间距离、沉默、言语反应等)做出反应的过程。缺乏这些技巧,会谈和倾听将难以维持。当然,敏锐的反应并不是越多越好,而是要求倾听者机智灵活、自信果断地适时反应。

**(二) 提问**

**1. 提问的内涵**

会谈中的提问主要有开放式和封闭式两大类,各有不同的功能和特点。封闭式提问往往用"是不是""有没有"等形式,答案是简单且限定的,容易使谈话受抑制。如"你喜欢你们那个班级吗?"开放式提问往往用"你能不能谈谈……""……怎么样""除此之外还有什么"等句式表述,它的特点是对回答不做限定,能促使来访者引发某些话题,更自由地对有关问题、想法、情感、行为等进行详细的表述。如仍然询问有关对班级的态度问题,则可以问:"你能告诉我一些有关你们班的情况吗?"这种发问容易诱发交谈者的各种联想,便于采集多方面的信息。

**2. 提问的技术要领**

使用提问技术应注意以下几点：

（1）多用开放式提问，少用封闭式提问。通过开放式的提问，心理教师可以了解与问题有关的具体事实、来访者的情绪反应、看法及推理过程等。要注意发问时的语气语调，不可显得过于咄咄逼人，否则会使对方产生疑虑，甚至对立。

（2）使用"轻微鼓励"。轻微鼓励是指在谈话过程中，咨询者可经常借助一些短语"嗯、噢、是这样、还有吗"或复述来访者谈话中的一两个关键词或语气词，或点头、注视等表情动作来完成，以支持对方往下说。例如：

来访者："我把什么都说了，可老师就是不相信！"

心理教师："不相信？"

轻微鼓励的首要作用是表示出对来访者的接受，对所谈的内容感兴趣，希望不要中断等意思，支持来访者继续说下去。这是最简单的技巧之一，却能使心理教师得以进入来访者的精神世界。

（3）封闭式提问不可连续使用。一连串的"我问—你答"，易使来访者感到对方主宰着会谈，而把解决问题的责任转移给辅导者；来访者往往变得沉默，不问就不说话，停止其自主探索，甚至降低对辅导者的信任度。

（4）开放性的问题要慎用"为什么"。因为有时来访者对问题的原因并不很清楚，或感到难以表达；有时对问题原因的解释可能会触及其秘密和隐私，当咨询关系还不够成熟时，就不能保证其回答的真实性，反而会为以后的咨询或辅导带来困难。

（5）不要连续提问。如果提问后来访者谈出一些重要的信息，辅导者应该做出同感反应，而不要接着提问。因为同感能促使来访者进一步探索自己。

（6）要善于运用积极性提问。积极性提问是指能使来访者以积极心态进行回答的提问。例如，一些来访者常诉说"我不能集中注意力学习""我不能在人多的场合发言"，问其原因又回答不出。这时，就可以这样提问："如果你能这样做的话，你会怎么样呢？""你感觉是什么原因妨碍了你正常的学习？"这样的提问能引起对方一系列相对较为积极的内心体验和行为意象，有利于他以一种新的状态去做出回答。

（7）避免判断性提问。带有判断性的提问往往包含着辅导者本人对来访者的某种评价，例如："你父母代你填写理工科的志愿，是关心你，有什么错呢？你这样对他们发脾气应该吗？"这样发问，来访者就会认为辅导者不但不理解他，还站在父母一边教训他，内心就会产生不满，这必然会对后面的咨询带来不利影响。又如："这种想法是错误的，我认为应该……，你说是不是？"这种直截了当地，对来访者的谈话内容予以否定的问法更不应该出现，它对会谈只能是有害无益。

**（三）释义**

**1. 释义的内涵**

释义亦即说明，就是将来访者的主要内容、意思，用辅导者自己的话再反馈给来访者。但某些敏感性的词汇或一些重要的词语,最好用来访者自己的用语为好。重复有简单重复和变式重复两种,简单重复即重复来访者原话内容,变式重复是重复原话中所得出的感受。释义通常采用"你说……是这样吗?""你的主要意思是……是吗?"的句式,主语一般都是用"你",句末多是问句,例如:

来访者:"我简直不能理解,他刚刚让我做这,一转身又要我做那。"

心理教师:"你不明白他这样到底是什么意思?"

释义的作用主要包括:一是辅导者向来访者核对自己对对方所谈内容的理解程度,确保理解的准确性;二是对来访者起鼓励作用,支持他继续说下去;三是重复的主要是"关键词""引导词",帮助来访者重新探索自己的问题,重新思考自己所谈问题之间的关系,重新审视和剖析自己所面临的困扰,把谈话引向深入。

**2. 释义的技术要领**

释义反应要掌握三个要领:① 听取来访者的基本意思;② 提纲挈领地向来访者复述基本意思;③ 观察来访者的反应,看他是否感到被准确理解了。由于释义不可避免地带有辅导者思想、观点的烙印,也就使得来访者有机会站在他人的角度反观自己言谈中的思想和观点。对那些需要做出某种抉择的来访者而言,释义就显得更加有意义了。

**(四) 情感反映**

**1. 情感反映的内涵**

情感反映就是心理辅导者用言语把来访者的各种体验、感受表达出来。这些感受是来访者感受到,却并未清楚地意识到,或未曾留意的。情感反映的基本作用主要为:① 引导来访者注意和探索自己的感受和情绪体验,在意识水平上了解它们,重新面对和审视自己的情绪反应,清理、整合自己的情绪,达到对自己的整体性的体验和认识。② 能起到稳定来访者会谈心情的作用。

情感反映和释义有时是分不开的,有许多共同之处。但释义着重于对来访者所谈的事实、内容的反馈,而情感反映着重于对来访者所透露出来的情绪的反映。情感反映在表达时,常常用感受性的动词和情绪性的词汇。如"你觉得……""你心里感到……""你感到……是因为……"等句式,以便于核对。情感反映一般与释义结合起来使用,这是因为情绪往往是思想认识的结果。

**2. 情感反映的技术要领**

(1) 在运用情感反映的技巧时,咨询者自身首先要对人类丰富的情感有较深的认识,能够比较正确地定义某些常见的情绪情感,如愤怒、恐惧、高兴、悲哀、孤独、道德感等。

(2) 有时来访者可能根本说不清他的复杂而微妙的内心体验,有时来访者只说出了事情的经过,而没有说出他的主观情绪体验,但咨询者感受到了他内心的强烈情绪。对这样的来访者,就需要咨询者对这些情绪做出准确的感受反映。因此,来访者会深切地体验到被人理解的感觉,而辅导者才有可能向同感的境界迈进。

例如,单一的情感反映,例如咨询者:"你是说,你感到左右为难,烦恼不已,是这样吗?"情感反映与释义结合使用,例如咨询者:"你感到左右为难,烦恼不已,因为你妈妈的举止虽然很不雅,但……她又是你的妈妈。"

### (五)面质

**1. 面质的内涵**

面质,也称为对峙,就是让来访者面对自己暴露出的态度、思想、行为等方面的矛盾之处,与他对质讨论,以便使其澄清认识,达到对自己的透彻理解。面质不是对来访者认识和感受的直接的简单的反馈,而是更重视对方更深层次的动机与行为之间的矛盾。一般认为在以下情形中应进行面质:① 来访者的自我观念与他的理想自我不一致;② 来访者的自我观念(自我知觉和评价)与他的实际行为表现不一致;③ 来访者的自我体验与咨询者对他的体验和印象不一致;④ 来访者所谈到的体验、思想或看法前后不一致。咨询中出现的矛盾,有时来访者自己能意识到,只是有意掩盖不想暴露的某些方面。而有时来访者自己也没有察觉,正反映了他本身的心理矛盾。

**2. 面质的技术要领**

面质有时会对来访者构成挑战,暂时会给来访者的心理平衡带来一定的危机,但这是一个更好地认识周围世界,建立新的反应系统,促进新的发展的过程。面质的技术要领主要包括:① 面质必须建立在良好咨询关系的基础上,因为对来访者来说,面质很可能是应激性事件;② 要注意面质的时间性,在来访者能承受和接受时才能使用;③ 面质最好是尝试性的,不要咄咄逼人,宜采取逐步接近要害的方式;④ 面质也不可用得过多,那样可能会损害咨询关系。

### (六)解释

**1. 解释的内涵**

解释,是指咨询者运用有关的心理学理论来说明来访者思想、情感和行为的实质、发展过程及原因、影响因素等,促使其从一个新的角度,借助于理论知识来加深对自身的认识和理解,进而做出积极的改变。对一些较复杂的问题,不仅需要对有关问题的形成原因及性质做出解释,而且需要对促使问题发生积极变化的基础和可能性做出解释。因此,解释被认为是一种非常重要的影响技术。

解释一般有两种,一种是根据咨询者个人的经验及对来访者问题的了解与分析得出的;另一种是根据不同的心理咨询与治疗的理论,对来访者的问题做出的解释。不管哪一种解释,其目的都是帮助来访者从另一个视角对自己所遇到的问题有新的认识。咨询者必须掌握有关理论,具有一定的工作实践经验,才能对问题做出恰当的解释。要针对不同来访者的具体问题,灵活而富有创造性地进行思考和表达,而不是生搬硬套、牵强附会地解释一通。

**2. 解释的技术要领**

运用解释时要注意以下三点：

（1）解释应因人而异。如对受教育程度较高的来访者，解释应该系统而全面，而对受教育程度较低的来访者，解释则应尽量通俗而浅显。

（2）解释不宜多用。一般认为，一次会谈中，运用得当的解释不应超过三个，这是因为解释过多往往会使来访者感到难以接受。

（3）解释不应该强加给来访者。即使解释合理，但如果对方一时不能接受，心理辅导者应分析其中的原因，不能以权威自居，强迫来访者接受。

## （七）沉默

**1. 沉默的内涵**

沉默指的是会谈过程中来访者停顿数十秒或数分钟不讲话的情况。沉默的原因有多种：为了整理自己的思想；回想谈到哪了；话题已经谈尽；涉及隐私没有勇气谈；觉得厌倦不愿再谈；等待辅导者讲话；表示抗拒或拒绝；等等。心理辅导者要善于分辨沉默的原因，从而采取针对性的解决办法。由来访者引起的沉默一般可分为三种：

（1）领悟性沉默。这是来访者对刚才的谈话，刚刚发生的感受的一种内省反应。"目光凝视空间某一点"是领悟性沉默的典型反应。此时来访者其实并未看什么，而是沉浸在自己的思绪或感受之中。这时候心理辅导人员最好也保持沉默，什么也不要说，也不要有引人注目的动作，以免分散对方的注意力，但要在等待中注视对方。这样做意味着心理辅导者了解对方内心正在进行的思考活动，以自己的非言语性行为为对方提供所需的时空，这将成为富有收获的时刻。辅导者的沉默，是一种鼓励，让其掌握继续思考或交流想法的主动权。

（2）自发性沉默。自发性沉默往往出现于不知下面该说什么好的时候。咨询的初始阶段往往会出现这种现象。这时的沉默，来访者的目光是游移不定的，也可能会以征询、疑问的目光看着心理辅导者。这时双方都会感到有说话的压力，沉默时间越长，压力越大，也越紧张。辅导者宜立即有所反应，可以这样发问："你可以告诉我现在正在想什么吗？""你还有什么要说的吗？"以填补空白。

（3）冲突性沉默。这种沉默可能由于害怕、愤怒或愧疚引起，也可能起于内心在进行某种抉择（如选择话题、表达方式等）。由于它是内心冲突造成的，就比较难把握。它可能是对将要说出的事感到难堪，难以出口；或不知自己的话该不该说，有无必要说，要不要表达不同的看法以反驳心理咨询师；用什么方式比较妥当等。冲突性沉默常伴随着较强的情绪体验，如羞耻、害怕、委曲、愤慨等。因此，咨询师要注意和分辨来访者的情绪表现，针对不同的情况，给予鼓励、保证，主动说明自己的看法等。如果一时难以判断，就应以鼓励、抚慰、坦率为反应原则，以真诚的态度和来访者相处，向来访者表明不管是什么,也不管是否重要,咨询师都准备倾听,并且愿意正视和解决这个问题。例如:"我感到你有些为难,我想知道那是什么。""你似乎在以沉默告诉我什么,为什么我们不直接谈它呢?"

**2. 沉默的技术要领**

沉默不是空白。沉默可能是咨询过程中的一种危机,但也可能是一种契机。沉默传达了许多信息,它有时是激战前的寂静,黎明前的黑暗,有时则是问题的爆发或无声的交流。心理辅导者对此不必回避,而要正视和面对沉默,很好地利用沉默,把握机会仔细分析,跟踪追迹,往往会有所突破,收到很好的效果。

## (八)建议与指导

**1. 建议与指导的内涵**

建议,是辅导者提供一些参考信息,以协助来访者进行认识或做出决策。建议在有关青少年学生升学、就业的心理咨询中用得非常广泛。辅导者可以通过测验获得来访者的能力倾向、职业兴趣和价值观方面的资料,然后提出有关的建议。建议通常采用"我希望……""如果你能……就会更好""你不妨……"等句式。

指导,是指辅导者直接告诉来访者去做某事、如何做,并鼓励他去做。指导是一种极具影响力的会谈技巧,在咨询的各个阶段都可以使用。例如,在评估问题、商定目标阶段,咨询者可以指导来访者的言行做出某种改变:"请你将'我的成绩实在不好'改为'我希望自己的学习成绩在班里……'",这能使来访者清晰地理解自己的目标。

**2. 建议与指导的技术要领**

提供建议时,应该注意以下几点:

(1)建议要明确、具体,便于来访者理解和执行。提出建议应以良好咨询关系为基础。

(2)措辞应该委婉。生硬的措辞显得缺乏尊重,常会使人产生抵触心理。

(3)建议不宜过多。过多、过于主动地提出建议,即使是一片好心,也可能会使当事人产生反感,难以接受。

(4)建议不应强加给来访者。建议应从来访者的利益出发来考虑,并要尽可能地说明所提建议的依据,以便对方接受。如果对方一时难以接受,咨询者应仔细寻找原因,提出另外的建议,切不可一味坚持自己的意见。

需要说明的是,有些理论学派和学者不赞成在咨询过程中为来访者提供建议和指导,而强调"非指导性原则"。但我们认为,在中国特定的社会文化条件下,起码对中小学生而言,咨询过程中的建议和指导是不可缺少的。

### (九) 总结

**1. 总结的内涵**

总结是当会谈的一个自然段落完成，或一次会谈结束之前，把双方所谈的主要内容、辅导者自己的观点等加以概括。它既可以用于会谈中划定一个小的段落，也可用于会谈结束前，还可以用于其他情境中。这可以使得整个咨询过程层次分明、脉络清楚，给来访者留下深刻印象。

**2. 总结的技术要领**

(1) 在总结时，给来访者一种过程感，感到在探索问题、情感及原因方面正取得进展，使双方明确我们已经做了些什么。

(2) 在总结时，让双方对前一阶段的会谈内容有一个重新审视的机会，看看是否有遗漏和理解不清的地方，同时强调已得到的认识，加深印象，来访者通过这次审视也许能更好地认识自己，或补充资料。

(3) 在总结时，要为下一步会谈的主题做好准备。

有时，总结概括这一工作也可请来访者参与或由其完成。当然，辅导者也可以用提问的形式来进行指导，如"通过几次咨询，我们做了哪几项工作？"在此基础上，辅导者再做补充或修正，这样效果也比较好。

## 第二节 心理测量与诊断的基本技术

在学校心理辅导活动中，通过恰当的心理测验，心理教师可以确认对来访者的印象和直观感觉，可以察知到对来访者的认识盲点，可以发现来访者潜在的素质倾向。而恰当的心理测验也为来访者提供了自我洞察、自我体味的良好机会，使自己模糊不清的问题变得更加明确，增强其探究内在世界的动机。因此，对于心理教师来说，掌握科学的心理测验应用技术具有重要意义和实用价值。但是，2021年7月颁布的《教育部办公厅关于加强学生心理健康管理工作的通知》也明确指出，开展心理辅导必须"谨慎使用心理测试量表或其他测试手段，不能强迫学生接受心理测试，禁止使用可能损害学生心理健康的仪器，要防止心理健康教育医学化的倾向。"

### 一、心理测量基本技术

#### (一) 常用心理测验概述

**1. 心理测验的含义及其种类**

心理辅导、心理咨询与心理治疗工作离不开心理测验。心理测验是根据一定的心理学理论与统计学原理使用一定的操作程序对人的心理行为进行标准化测定的技术。[①] 心理测验是心理学各个领域理论研究和实际应用的重要手段。就学校心理辅导工作而言，心理测验可以为鉴定和评价青少年学生的心理健康状况提供科学的信息，为解除其心理问题、增进其心理健康提供决策参考。

心理测验的种类很多，主要分为以下几种：

（1）能力测验。能力测验包括一般能力测验即智力测验、特殊能力测验如艺术能力测验、创造力测验。

（2）成就测验。成就测验也叫学绩测验，是测量经某种教育或训练之后，对知识和技能的掌握程度。成就测验还可以分成四类，即成套检查测验、诊断检查测验、单科检查测验、诊断测验和预测测验。

（3）人格测验。人格测验是测量个性心理特征中除了能力以外的所有特征即气质、兴趣、态度、性格等。人格测验方法中最常用的是问卷法和投射法。问卷法又称为自陈问卷，学校心理辅导中常用的临床诊断量表即归于此类。投射法最大的特点是测量目标的掩蔽性，如罗夏墨迹测验。

**2. 常用的心理测验量表简介**

（1）韦氏智力测验。这是由美国的韦勒克斯（D. Wechsler）于1939年开始主持编制的系列智力测验，是目前世界上应用最广泛的智力测验表，包括韦氏儿童量表、韦氏成人量表。

韦氏成人智力量表（WAIS）包括11个分测验，其中6个组成言语量表，5个组成操作量表。言语表的内容：① 常识；② 背数；③ 词汇；④ 算术；⑤ 理解；⑥ 类同。操作量表的内容：① 填图；② 图画排列；③ 积木图案；④ 拼图；⑤ 数字符号（译码）。

（2）瑞文推理能力测验。瑞文测验是英国的瑞文（J. C. Raven）于1938年设计的非文字智力测验，可用于智力诊断和人才选择。测验共有60题。除常见的瑞文一般推理能力测验外，还有瑞文高级推理能力测验、瑞文彩色推理测验。

（3）艾森克人格问卷（EPQ）。该问卷由英国艾森克教授领导编制，分别用E（内一外向性）、N（神经质，即情绪稳定性）、P（精神质，亦称倔强性）和L（掩饰性，即说谎）计分。其中E、P、N分别代表人格的三种维度，它们彼此独立。

（4）十六种人格因素测验（16PF）。美国心理学家卡特尔（Cattell）及其同事采用系统观察法、科学实验法及因素分析法确定了16种人格特质，并据此编制了测验。测验共187题，所测人格特质分别为：① A 乐群性；② B 聪慧性；③ C 稳定性；④ E 持强性；⑤ F 兴奋性；⑥ G 有恒性；⑦ H 敢为性；⑧ L 敏感性；⑨ L 怀疑性；⑩ M 幻想性；⑪ N 世故性；⑫ O 忧虑性；⑬ Q1 实验性；⑭ Q2 独立性；⑮ Q3 自律性；⑯ Q4 紧张性。此外，还可根据有关公式，得出8个次级因素：① 适应与焦虑性；② 内向与外向性；③ 感

---

① 张厚粲，余嘉元. 中国的心理测量发展史[J]. 心理科学，2012,35(3):514-521.

情用事与安详机警性；④ 怯懦与果断性；⑤ 心理健康者人格因素；⑥ 从事专业而有成就者人格因素；⑦ 创造力人格因素；⑧ 在新环境中有成长能力者人格因素。

(5) 爱德华个性偏好测验(EPPS)。爱德华个性偏好测验又称个人倾向量表，是美国哈佛大学教授默里(H. A. Murry)于20世纪30年代提出的构想，1953年由爱德华设计出来的。默里认为，人有15种需要，需要程度因人而异，这些需要可以通过一些题目加以测量。

EPPS共有225题，所测15种需要是：① 成就；② 服从；③ 秩序；④ 表现；⑤ 自主；⑥ 亲和；⑦ 省察；⑧ 求助；⑨ 支配；⑩ 谦逊；⑪ 慈善；⑫ 变异；⑬ 坚毅；⑭ 性爱；⑮ 攻击。

(6) 明尼苏达多项人格测验(MMPI)。该测验是美国明尼苏达大学教授郝兹威(S. R. Hawthway)与莫金利(J. C. Mckinley)于20世纪40年代编制的，它被译为多种文字，在人格鉴定、心理疾病的诊断、治疗、心理咨询以及心理学、人类学、医学的研究工作中有着广泛的应用，是当今人格量表中使用最广泛而且最受研究者重视的一种。MMPI是采用经验法编制的，共有566个自我报告形式的题目，其中16个为重复题。题目的内容范围很广，包括身体各方面的情况、精神状态以及对家庭、婚姻、宗教、政治、法律、社会等问题的态度。

MMPI的临床量表有10个：① 疑病(HS)；② 抑郁(D)；③ 癔症(HY)；④ 精神病态(PD)；⑤ 男性化—女性化(MF)；⑥ 妄想狂(PA)；⑦ 精神分裂(SC)；⑨ 轻躁狂(MA)；⑩ 社会内向(SI)。此外，还设置了4个效度量表去识别不同应试态度或反应心向。这4个量表是：① 说谎分数(L)；② 诈病分数(F)；③ 校正分数(K)；④ 疑问分数(?)。

(7) 中国中学生心理健康量表。该量表由王极盛编制，主要包括60个项目，测查包括10个因子：① 强迫症状；② 偏执；③ 敌对；④ 人际关系敏感与紧张；⑤ 抑郁；⑥ 焦虑；⑦ 学习压力感；⑧ 适应不良；⑨ 情绪不稳定；⑩ 心理不平衡。

(8) 康乃尔健康问卷(CML)。康乃尔健康问卷由美国康奈尔大学设计，旨在对一个人的健康做出全面的评价，包括身体情况、心理状态和社会适应能力诸方面。该问卷195题，内容涉及躯体和精神症状以及既往家史和行为习惯等四个方面。由于该测验是对躯体和心理(如适应不良、抑郁、焦虑、敏感、易激惹、紧张等)两方面的健康症状测量，故在心理咨询与治疗中有重要作用。

(9) 加州心理量表(CPI)。加州心理量表是一个类似MMPI的经验效标问卷。CPI主要是用于测量正常人格维度。测验由462个项目组成，包含20个量表，其中含三个测验受试态度的效度量表。这三个量表是幸福感(W)、好印象(G)和同众性(C)，分别测查被试是否装好、装坏或做随机反应。17个临床量表是基于人格的"通俗"概念编制的，用于测量心理学家和普通人都能清楚理解的人格维度。

(10) 罗夏墨迹测验(RIT)。该测验由瑞士精神病学家罗夏编制，是使用较广泛的人格投射测验。这类测验主要通过观察被试在看多种墨迹图片时的不同反应，以对他们潜在的人格倾向进行判断。该测验共包括10张墨迹图片。在10张图片中，有五张是黑白的，有两张除黑白外，还有红色墨迹，其余三张则为淡彩色。每张图片上的墨迹都是对称的。RIT 的计分和解释较为复杂,应由受过专门训练的人来进行。对每一个反应,通常从反应的部位、反应的决定因素与反应的内容三个方面来计分、解释。

(11) 心理痛苦管理筛查工具。心理痛苦管理筛查工具(DMSM)包括两个部分:心理痛苦温度计(DT)和心理痛苦相关因素调查表(PL)。DT 是一个从 0 到 10 分的视觉模拟尺度类量表,用于快速筛查患者的心理痛苦程度;PL 则由 5 个部分,40 个条目构成,包括情感问题、身体问题、实际问题、交往问题和信仰/宗教问题等。

(12) SCL-90 症状自评量表。SCL-90 症状自评量表又称 90 项症状清单(Symptom Checklist 90,SCL-90),由德若伽提斯(Derogatis)等于 1973 年编制,包括 9 个因子,共 90 个项目,其项目主要来自精神病症状学,涉及感觉、思维、情感、行为、人际关系、生活习惯、饮食、睡眠等方面。该量表用于心理健康与行为问题的测量,主要目的是用于评定一个人是否有某种心理症状,及严重程度如何,临床上常用作精神科、咨询门诊的一个筛选量表。

### (二) 心理测验实施技术

**1. 测验选择技术**

在心理辅导中所使用的心理测验量表或问卷,要保证其科学性和适用性。在选择心理测验时,应注意以下问题:

(1) 所选择使用的测量工具必须是由相应领域的心理学家按照一定的标准化程序精心编制,并经过多年探索与修订后趋于成熟和完善的量表或问卷。只有保证测验编制过程的标准化,才能保障测验有较高的信度和效度。

(2) 要充分了解测验的理论基础、性质和功能。不同的心理学家在编制量表时所依据的理论基础不同,所测内容的定义、观点、维度及概念系统也不同。即使两个量表的名称相近,看似测量相同内容,也可能针对完全不同的心理特点。

(3) 要注意心理测量量表的适用性。很多心理测验量表有其特定的范围。其范围往往在量表编制时就已经确定。依据测量目标,适合于该测验的被试团体成为目标群体。心理测验量表只有当它被用于目标群体时才能显示它的效能。因此,在选用测验工具时,需要考虑其适用人群。还要注意测验工具的本土化问题,尽可能使用本土化程度较高的测量工具,以增加其适用性。

(4) 要注意心理测验常模的"近时性"问题。一般而言,每隔 5 年常模就会失去可比性。如果不注意这个问题,得出的结果肯定会不尽如人意,甚至会贻笑大方。

**2. 测验实施技术**

心理测验的基本原理是通过观测受试者在测验情境中的行为样本推断其平日的一般行为。换句话说,根据测验分数可以预测被试可能会产生何种心理特征,或可能做出哪方面的行为反应。但测验分数不仅决定于测量工具本身,也受到测验过程的影响。

(1) 测验主试要熟练地掌握施测程序,熟悉测验内容,掌握施测步骤和计分方法。

(2) 熟记测验指导语并能用自己的语言流利清楚地表达出来。

(3) 测验的条件要严格遵照标准化测验的要求,进行心理测验时,务必排除外界一切干扰。

(4) 测验时,应注意稳定来访者的情绪,测验主试可以利用保证测验结果高度保密或鼓励作答等方法来消除来访者不必要的过强的测验焦虑。

(5) 施测者应与来访者建立良好的协调关系并设法努力引起来访者对测验的兴趣,取得他的合作,以保证其能按照标准测验指导语行事。

(6) 在做能力测验时,应要求来访者注意当前的任务,并要求他尽最大的努力来完成测验;在做人格测验时,应要求来访者坦率而忠实地回答问题。

(7) 切实保证评分过程的标准化。

### (三) 测验结果的解释技术

在学校心理辅导中,心理测验只是一种鉴别被试心理特点的手段,为后续的心理咨询提供依据,而不应成为最终目的。如何向来访者报告测验分数,使其更准确地理解分数的意义是至关重要的问题。

(1) 在向来访者解释测验结果时,要使用来访者能理解的语言。

(2) 要让来访者理解,测验分数只是一个估计值,应以"一段分数"来解释,而不应以"特定的数值"来解释。

(3) 通过解释测验结果达到心理咨询的目的,但不要做过于技术性的专业解释。

(4) 如果所使用的是常模参照测验,应让来访者知道自己是在和什么常模团体进行比较。

(5) 要考虑测验分数可能会给来访者带来何种影响,避免来访者因分数不理想而产生自卑心理。

(6) 报告测验分数时,要设法了解来访者的心理感受,并采用适当的措施加以引导,使其能以积极的心态对待测验结果。

(7) 心理测验的结果要迅速归档,并设专人保管。对无关人员高度保密,以免对来访者造成负面的影响。

## 二、心理诊断技术

### (一) 心理诊断的含义

"心理诊断"一词,最早出现在 M. 罗夏的《心理诊断》一书中。当时他提出这一概念,专门是用于精神病学的,但这一概念很快便超出了医学范围,在临床心理学中,成人和儿童的智力、人格及各类偏常行为的测评也都被涵盖其中。第二次世界大战之后,人们也把鉴定和区别各种情绪障碍的手段称为心理诊断。[①]

　　心理诊断的目标与一般性心理学研究的目标是不相同的。一般心理学研究的目标是寻求人类总体或某一群体的共同心理规律；心理诊断则是以个体为目标，探求其某一心理特质在群体中的相对位置，即确定个体行为与常模偏离的程度和距离。比如，一般心理学研究受暗示性问题时是为了探求受暗示性的自然分布状况，而心理诊断是研究某一个人受暗示的程度以及这种程度在自然分布中的位置，从而由此判断是不是致病的因素。

　　任何人都可以直观地理解心理评估—诊断的必要性和目的性。正像一个内科医生在决定对病人进行治疗之前必须弄清疾病的性质、种类和病情一样，一个心理咨询师要想切实解决求助者的心理问题或解除他的心理障碍，就必须对求助者的智力、情绪和个性有一定的了解；对他的个人生活史、目前生活状况、人际关系、工作性质有一定了解；对他的心理问题或障碍的形成发展、严重程度以及对其他心理活动的影响有一个确切的判断，而后，才能选择最恰当的治疗方法和制定符合求助者实际情况的治疗方案。

　　在心理咨询和治疗的临床实践中，上述过程常常被称为"心理诊断"。但"诊断"这一概念过分强调结果而忽视过程，因此，随着学科发展，为更确切地说明治疗之前的决策过程，目前多采用"心理评估—诊断"这一概念。

　　心理诊断这一概念是就内涵方面都是以观察法、会谈法、实验法或测验法来获取临床资料并通过对资料的分析对求助者的心理状态和个性特征做出判断，而一般心理问题、严重心理问题和神经症性心理问题的分类和鉴别，则是依据心理诊断的标准，所以，更准确地理解和使用心理评估和诊断的概念，应限制在临床心理学范围内。

### （二）一般心理问题的诊断

　　诊断为一般心理问题，必须满足如下四个条件：

　　第一，由于现实生活、工作压力、处事失误等因素而产生内心冲突，冲突是常形的，并因此而体验到不良情绪，如厌烦、后悔、懊丧、自责等。

　　第二，不良情绪不间断地持续一个月，或不良情绪间断地持续两个月仍不能自行化解。

　　第三，不良情绪反应仍在相当程度的理智控制下，始终能保持行为不失常态，基本维持正常生活、学习、社会交往，但效率有所下降。

　　第四，自始至终，不良情绪的激发因素仅仅局限于最初事件；即使是与最初事件有联系的其他事件，也不引起此类不良情绪。

　　一般心理问题是由现实因素激发，持续时间较短，情绪反应能在理智控制之下，不严重破坏社会功能，情绪反应尚未泛化的心理不健康状态。

---

[①] 林家兴,王建平,蔺秀云,等.诊断与评估在心理治疗与咨询中的意义与作用[J].中国心理卫生杂志,2004(9):667-670.

## （三）严重心理问题的诊断

严重心理问题，是由相对强烈的现实因素激发，初始情绪反应强烈、持续时间较长、内容充分泛化的心理不健康状态。严重心理问题有时伴有某一方面的人格缺陷。

诊断为严重心理问题，必须满足如下四个条件：

（1）引起严重心理问题的原因，是较为强烈的、对个体威胁较大的现实刺激。内心冲突是常形的。在不同的刺激作用下，求助者会体验到不同的痛苦情绪，如悔恨、冤屈、失落、恼怒、悲哀等。

（2）从产生痛苦情绪开始，痛苦情绪间断或不间断地持续时间在两个月以上、半年以下。

（3）遭受的刺激强度越大，反应越强烈。大多数情况下，会短暂地失去理性控制；在后来的持续时间里，痛苦可逐渐减弱，但是，单纯地依靠"自然发展"或"非专业性的干预"，却难以解脱；对生活、工作和社会交往有一定程度的影响。

（4）痛苦情绪不但能被最初的刺激引起，而且与最初刺激相类似、相关联的刺激，也可以引起此类痛苦，即反应对象被泛化。

## （四）提出心理评估报告

### 1. 临床资料的核实

一般使用调查法，通过访问求助者的父母、朋友、同学等人，核实临床资料。

### 2. 评估求助者的心理、生理及社会功能状态

当咨询师向求助者试问"您希望在哪些方面得到我们的帮助"时，求助者常会对其心理、生理及社会功能状态做出回答，但其回答的内容可能只是其心理、生理或社会功能的某一方面。例如求助者可能回答说"我很心烦。"心烦是一种心理状态，但说得比较笼统，咨询师必须就"心烦"这一话题展开询问。例如，它从什么时候开始，是经常的还是断续的；除了心烦以外还有哪些心理感受。此外，还要了解有关的生理及社会功能状态。

无论采取结构式的会谈或无结构式的会谈，为了不遗漏信息，其所询问的内容都应满足关于"求助者目前精神、身体和社会工作与社会交往状态"的要求。所谓评估实际上是要求咨询师确定求助者心理、生理及社会功能的哪方面出了问题，其表现程度如何，引发问题的关键点和原因是什么。

### 3. 导致心理问题的原因分析

仅仅对求助者心理、生理及社会功能状态做出评估，只是一种现象学的诊断，正如医学上所说的"症状诊断"，为了解决问题，心理咨询师还必须探明引发心理问题的原因，即要做原因诊断。引发心理问题的原因也可能不止一个，要分别对其在求助者心理问题的发生中所起的作用大小做出评估。

在对求助者心理问题产生原因进行分析时,不同学派有不同的观点。例如,精神分析学派强调潜意识中的冲突,童年时期的情结;行为主义学派强调条件反射的形成;认知理论则强调不正当的认知评价方式等等,应在融合贯通的基础上,因人而异,灵活运用。

综合以上三项的内容,确定求助者心理问题的性质及产生的原因,写出分析评估报告。

### 三、心理访谈

#### (一)心理访谈的含义

心理访谈是一种通过面对面的交流,帮助个体认识自我、解决问题,促进心理健康的活动。心理访谈主要针对心理问题的治疗和预防,通过普及心理学知识,指导人们正确处理人际关系,学会健康成长。它特别关注青少年时期的心理健康,因为这一阶段是身心快速成长的时期,容易出现各种情绪问题。心理访谈通过提供具体的案例分析,帮助人们认知、梳理、管理自己的情绪、心理和行为,从而提高生活质量,促进家庭和谐。

#### (二)心理访谈筛查的内容

学生心理访谈主要从睡眠饮食、学习状态、情绪状态、人际关系、应对方式等方面切入,并确认其是否有自杀自残的想法,是否有过自杀自残的行为。例如可以设置如下一些结构化问题。

(1)你最近的睡眠和饮食状况如何呢?有出现失眠或者吃不下的情况吗?
(2)你感觉自己的学习状态怎样?
(3)近期你的情绪状态如何?当遇到烦恼或不开心的时候,你一般会怎么做?
(4)你感觉自己的人际关系怎么样,有关系较好的朋友吗?
(5)你是否有自杀自残的想法,是否有过自杀自残的行为?

在谈话中除了关注学生回答的内容以外,还需敏锐地觉察学生在谈话过程中的情绪变化和肢体语言。例如,学生在说到某个事件的时候眼睛湿润了,这时,教师在做好安抚的同时,要迅速地抓住这个时机,适当探寻了解。需要注意的是,不要就这个问题展开深入的心理咨询,否则会影响约谈时间,偏离约谈的目的。通常出现这种情况时,心理老师在访谈记录中可做好备注,约谈结束后再综合评估该生是否需要接受心理咨询。

## 第三节 心理危机预防与干预的基本技术

2018年,国家卫生健康委、中央政法委、中宣部等10部门联合印发的《全国社会心理服务体系建设试点工作方案》指出,开展中小学生心理健康教育,要"坚持发展、预防和危机干预相结合",要"注重预防和解决发展过程中的心理行为问题,在应急和突发事件中及时进行危机干预"。由于种种客观和主观原因,青少年学生遭遇心理危机在所难免。学校心理辅导人员要掌握心理危机干预技术,促使处于危机中的青少年学生把握现状,重新认识危机事件,尽快恢复心理平衡,顺利度过危机,并掌握有效的危机应对策略。

## 一、心理危机及其产生原因

心理危机简称"危机",是指个体面临重大生活事件如亲人死亡或自然灾害时,既不能回避,又无法用通常解决问题的方法来应对时所出现的一种心理失衡状态。危机往往是在短时间内许多迅猛的变化一起发生,人们先前已有的适应方法和惯常的防御机制已无法应付。巨大的压力使人陷入困境,惊慌失措的情绪瓦解了心理的平衡,最终导致其心理结构的颓败和心理防线的崩溃。在危机爆发前,当事人一般已尝试过多种解决办法却毫无效果。中小学生易于发生的危机情境一般有出走、自杀和被强奸等。中小学生危机形成的原因一般包括:① 家庭变故(父母死亡、离婚或被监禁,父母再婚)或家庭冲突;② 学习或学校中的某些事件使他感受到无法承受的压力,或失去了对他来说具有重要意义的事物,如自尊心、成就感等;③ 从小受溺爱或过度保护,不易合群,环境适应不良;④ 缺乏应对紧张、挫折、意外等情境的经验,极度焦虑而又无力处理。

心理危机识别包括如下几方面:

(1) 情绪方面:消极情绪明显,经常出现暴躁冲突、抑郁强迫、狂躁多语或孤独少语、焦虑烦躁、绝望麻木、痛苦不安或激情难抑、恐惧、害怕、沮丧、过分敏感和警觉、无价值感、异常强烈而无法宣泄的愤怒或仇恨等严重的情绪与行为的失衡状态。

(2) 生理方面:身体不适或睡眠饮食失调,主要表现为肠胃不适、食欲下降、腹泻、做噩梦、头痛、失眠、肌肉紧张、容易惊吓等等。

(3) 认知方面:话语中有意或无意地透露出危险的念头。时常说出绝望、告别的话,如"没有人关心我的死活,我要离开……",表达出无价值感,经常落泪,发出有关绝望、无助、无价值的言论;健忘、兴趣减退、注意力不集中、缺乏自信心、精神萎靡等等。

(4) 行为方面:突然出现奇怪的明显的异常行为,如突然转变社交风格、将心爱之物分赠他人、轻生自杀、肢体自残、暴力攻击、离家出走、吸毒酗酒、不信任他人、不敢出门、容易自责或怪罪他人等等。

心理教师应该正确、及时地识别学生的心理危机,并积极关注处于危机状态中的学生,更好地为学生的发展服务。

## 二、心理危机类型

**1. 发展性危机**

人正常成长和发展过程中,如果发生急剧变化或转变,导致出现异常反应,被称为发展性危机,如升学危机、身心发展速度不匹配危机等。

**2. 境遇性危机**

境遇性危机是指突如其来、无法预料或者难以控制的心理危机,如交通事故、受到性骚扰、受到霸凌、自然灾害等,通常个体无法预测及控制,是超越个人能力的挑战的危机。

**3. 存在性危机**

存在性危机是指一些人生中的重要事件出现问题,引起个人内心冲突或者焦虑,是伴随重要的人生责任、人生目的和未来发展等内部压力的冲突和焦虑的危机,这类心理危机没有特别的事件,仅为内心冲突。

**4. 障碍性心理危机**

某些心理障碍或心理疾病可能导致病理性心理危机产生,如抑郁、焦虑等,病理心理是个体的主要特征,会使其心理上受到痛苦和困扰,甚至会产生躯体的症状。

### 三、心理危机干预、步骤及模式

#### (一)危机干预的基本步骤

心理危机干预又称危机介入、危机管理或危机调解,是给处于危机中的个体提供有效帮助和心理支持的一种技术,通过调动其自身的潜能来重新建立或恢复到危机前的心理平衡状态,获得新的技能,以预防心理危机的发生。

尽管危机干预没有一个统一固定的程序,但一些基本步骤是共同的。Gilliland 和 James 提出了危机干预六步法:① 确定问题。从求助者角度,确定和理解求助者本人所认识的问题。② 保证求助者安全。在危机干预过程中,危机干预者要将保证求助者安全作为首要目标,把求助者对自我和他人的生理、心理危险性降到最低。③ 给予支持。强调与求助者的沟通和交流,使求助者感到危机干预者是完全可以信任,能够给予其关心帮助的人。④ 提出并验证变通的应对方式。危机干预者要让求助者认识到有许多变通的应对方式可供选择,其中有些选择比别的选择更合适。⑤ 制定计划。危机干预者要与求助者共同制定行动步骤来矫正求助者情绪的失衡状态。⑥ 得到承诺。让求助者复述所制定的计划,并从求助者那里得到会明确按照计划行事的保证。

#### (二)心理危机干预的基本模式

心理危机出现前、心理危机过程中和心理危机处理后的干预方式和重点各不相同,三者结合在一起,组成心理危机干预的基本模式,如图 7-1 所示。

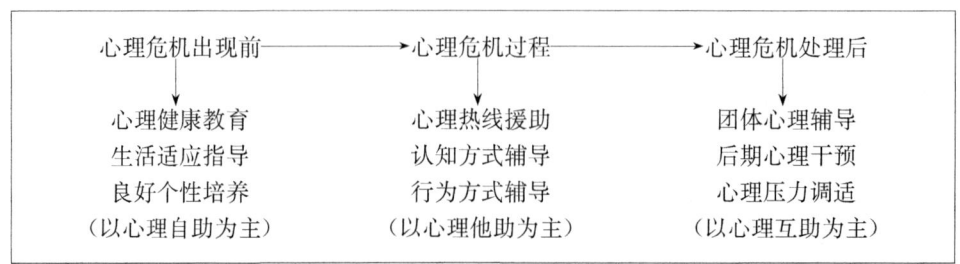

图 7-1 心理危机干预的基本模式

## 四、心理危机干预的技术

根据求助者的不同情况和危机干预者的擅长,采取相应的心理干预治疗技术,如行为治疗、认知治疗、短程动力学治疗。一般来说,危机干预主要包括支持技术和干预技术。

### (一) 支持技术

由于求助者在危机开始阶段焦虑水平比较高,应该尽可能减轻其焦虑。通过疏泄、暗示、保证、改变环境等方法,一方面可以降低求助者的情感张力,另一方面有助于建立良好的沟通和合作关系,为以后进一步的干预工作做准备。要注意支持是指给予情感支持,而不是支持求助者错误的观点或行为。

### (二) 干预技术

危机干预是一种特殊形式的心理咨询和治疗,心理咨询的基本技术如倾听技术、提问技术、表达技术、观察技术是完全必需的。简单地说,干预的基本策略为:① 主动倾听并热情关注,给予心理上的支持;② 提供疏泄机会,鼓励求助者把自己的内心情感表达出来;③ 解释危机的发展过程,使求助者理解目前的处境,理解他人的情感,建立自信;④ 给予求助者希望,使其保持乐观的态度和心情;⑤ 培养求助者的兴趣,鼓励其积极参与有关的社会活动;⑥ 注意发挥社会支持系统的作用,使求助者多与家人、亲友、同学接触和联系,减少孤独和隔离。

Mitchell 于 20 世纪 70 年代提出了紧急事件应激报告(Critical Incident Stress Debriefing,CISD)。[1] CISD 最初是为了维护应激事件救护者的身心健康,后被多次修改完善并推广使用,现在已经开始用来干预遭受各种创伤的个人,成为危机干预的一个基本工具。CISD 的方针是防止或降低创伤性事件症状的激烈度和持久度,迅速使个体恢复常态。它可以分为正式援助和非正式援助两种类型。非正式援助由受过训练的专业人员在现场进行急性应激干预,整个过程大约需 1 小时。而正式援助型的干预分 7 个阶段进行,通常在危机发生的 24 或 48 小时内进行,一般需要 2~3 小时。具体包括:① 介绍期(Introduction phase)。指导者和小组成员自我介绍,指导者说明 CISD 的规则,强调保密性。② 事实期(Fact phase)。要求所有求助者从自己观察到的角度出发,提供危机发生时的所在、所见、所闻、所为、所嗅等。③ 感受期(Thought phase)。鼓励求助者暴露自己有关事件最初的和最痛苦的想法,从事实转到思想,开始将事件人格化,让情绪表露出来。④ 反应期(Reaction phase)。这是求助者情绪反应最强烈的阶段。当求助者谈到自己对事情的情感反应时,指导者要表现出更多的关心和理解。

---

[1] Mitchell, Jeffrey T. When disaster strikes: The critical incident stress debriefing process [J]. Journal of Emergency Medical Services,1983(4):36-39.

⑤症状期(Symptom phase)。确定个人的痛苦症状,可以从心理、生理、认知和行为等方面来描述。⑥教育期(Teaching phase)。让求助者认识到其躯体和心理行为反应在严重压力之下是正常的,是可以理解的;讨论积极的适应和应对方式;提醒可能的并存问题。⑦再登入(Re-entry)。对前面的讨论进行概括,回答问题并考虑需要补充的事项,提供进一步服务的信息。CISD提供了一个安全的环境让求助者用言语来描述痛苦,并有小组和同事的支持,而且在需要时能得到进一步的支持,对于减轻各类事故引起的心灵创伤、保持内环境稳定有重要意义。

中小学学校心理危机工作网络如下:

一级网络:主要为广大学生。

在学生特别是学生骨干中普及危机预防和干预的基本常识,在班级设立心理健康委员,负责关注同学们的心理状态,及时发现并报告潜在的心理问题或异常情况。班级心理委员能够充分发挥朋辈群体作用,一旦发现有异常情况发生,能够做到及早发现、及早报告,把可能出现的过激行为、心理危机遏制在萌芽状态,避免事态的进一步恶化。同时,心理健康委员还可以作为桥梁,连接学生与学校心理健康服务中心,为同学们提供专业的心理支持和必要的干预措施。

二级网络:主要为班主任。

班主任定期接受心理健康及危机干预培训,熟悉危机症状,及时发现学生的异常问题,与学校进行协调,尽可能实施干预,并负责与学生家长建立联系。班主任要成为心理危机预警系统的核心队伍。班主任与学生接触密切,也比较容易得到学生的信任,如果班主任能运用心理学的有关理论知识从学生成长发展的角度看待学生中出现的各种现象,那么我们学校教育和管理的效能就能提高,很多心理危机问题就可以得到及时的发现和解决。

三级网络:主要为学校专业危机干预人员。

根据相关测量结果,心理教师筛查出高危人群信息存档备案,并向班主任发出预警信息,促使其协助进行跟踪和监控。对于有严重危机倾向的学生,应预约本人来访,帮助其疏导情绪,解除困扰,降低危机发生的可能性。若发现学生中有严重心理问题者,应引导其及时就医,若发现有精神疾病患者,应及时与当地的医疗卫生机构取得联系,进行治疗。

## 本章小结

在学校心理健康教育过程中,心理教师应掌握同感、接纳和尊重、真诚等心理技术,与来访者建立一种融洽、和谐、信赖的心理辅导关系;在了解常用的心理测验的基础上,正确掌握测验的选择技术、实施技术和测验分数的解释技术,为顺利开展心理辅导奠定基础;掌握倾听、提问、释义、情感反映、面质、解释、沉默、建议与指导、总结等会谈技术,以切实提高心理辅导的效果;掌握专业的支持技术和干预技术,以使中小学生来访者面临心理危机时,能尽量减轻伤害,顺利度过危机期。心理教师应熟练掌握心理学基本理论,并将之与实践相结合,灵活自如、综合地使用心理辅导技术,才能取得良好的效果。

> **思考与实践**

1. 建立心理辅导关系的技术主要包括哪些方面？具体如何操作？
2. 在学校心理健康教育工作中,如何选择适合的心理测量量表(问卷)？如何具体实施心理测验？如何科学解释测验结果？
3. 概述一般心理问题和严重心理问题的诊断依据。
4. 简析学校心理危机干预的一般流程及基本技术。

# 第八章
# 心理健康教育的基本形式

微信扫码获取
学习资源

## ※ 学习目标

通过本章学习,了解当前学校心理健康教育的主要形式;理解团体心理健康教育、朋辈心理健康教育、网络心理健康教育的功能、分类与特点;掌握学校心理健康教育的操作流程和基本要求。

## ※ 关键词

团体心理健康教育;朋辈心理健康教育;网络心理健康教育

团体心理健康教育、朋辈心理健康教育和网络心理健康教育是学校心理健康教育的主要形式,由于组织方式的不同,这三种教育形式体现出不同的内涵与功能,为不同需要的人提供帮助。

## 第一节　团体心理健康教育

学校团体心理健康教育包括课堂心理健康教育和团体心理辅导两种形式。课堂心理健康教育是面向全体学生开展的发展性心理健康教育,是一种集体性的心理健康教育;团体心理辅导是面向部分学生开展的心理健康教育活动,如心理社团、考试焦虑团体。

### 一、课堂心理健康教育

课堂心理健康教育是以班级为单位,以心理辅导的理论与技术为指导,按照学生心理发展的规律与特点,有目的、有计划地对学生进行心理健康教育,以提高学生的心理素质,激发学生的潜能,促进人格完善,增强社会适应性的心理教育形式。课堂心理教育的内容,可以根据学生年龄心理特点事先设定,也可以根据学生的心理需求及发展中产生的问题临时制定。课堂心理健康教育的方式主要是活动的方式,在教师的指导下,学生在活动中体验、感悟,从而认识自己、认识别人,学会学习、学会生活、学会交往。

### (一)课堂心理健康教育的分类

根据课堂心理健康教育的组织形式,课堂心理健康教育分为心理健康活动课和心理健康主题班会两种形式。

**1. 心理健康活动课**

这是由心理老师专门执教的心理辅导课。学校可以以选修课、活动课的形式安排进教学计划,纳入课表,课时数由各地区、各学校视具体情况而定。一般来说,学校可根据学生的年龄特点,安排在相应的年级开课,如小学阶段、初中阶段和高中阶段,课时可安排每周一节或每两周一节。心理健康活动课有课程教材(通常有教师用书和学生用书两种)。课程内容围绕学生成长中面临的共性问题设计。

**2. 心理健康主题班会**

这是由班主任或心理教师定期开展的心理健康教育活动。教师利用班会的时间,根据班级学生的情况不定期开设,在时间上具有灵活性,可以每个月一节,也可以每周一节。班会主题根据班级学生的具体情况确定,老师与学生均可以定主题。通常以目前班级学生共同关注的心理问题为主题,如班级规范、班级人际关系等。

### (二)课堂心理健康教育的特点

课堂心理健康教育不是心理学课,不以学习心理学理论知识为任务,重在解决学生成长中的问题。课堂心理健康课区别于学科教学,不是说教和灌输,而是通过具有积极意义的活动潜移默化地影响学生。课堂心理健康教育有其独有的特征:

**1. 互动性**

互动是课堂心理健康课的基本特征。在心理健康课中,每个学生认知的改变、情感的迁移、新行为的建立和强化,都依赖于班级同学间的交流与互动。互动的前提是参与,因此,心理教师必须促成一种安全、友善的班级气氛,让学生积极参与,让每一个学生都想说话,让每一个学生都有话说。

**2. 体验性**

课堂心理健康教育是每个学生自我探索、自我了解、自我成长的过程,在参与活动的实践中,获得心理体验与感悟。学生将自己的体验与感悟与其他同学进行交流、分享,彼此给予反馈、鼓励和建议。心理教师应创设体验情景,提供体验的时空条件。

**3. 趣味性**

课堂心理健康教育要从情境体验开始,引发学生的情感共鸣,心理健康活动设计无论是内容还是形式都应生动有趣。趣味性设计要考虑学生的心理特点,从学生感兴趣的活动入手,调动学生参与的积极性。

**4. 积极性**

课堂心理健康教育创设的情景、设计的活动以及教师的引导都应具有正面的、积极的内涵,学生参与的游戏活动、角色扮演活动等也都具有积极的暗示作用,师生之间的互动与分享都要注重积极方面的引导,让学生在参与中、思考中得到启示,促进发展。

### (三) 课堂心理健康教育的优势与局限

课堂心理健康教育的组织形式与学校的教学工作接轨,便于操作与管理,具有特定的优势和实效。

**1. 课堂心理健康教育的优势**

第一,普及性强。以班级为单位的课堂心理健康教育,面向全体学生开展,为全体学生服务,学校每一个学生都要接受心理健康教育,教育内容根据多数学生共同的成长需要设计,涉及普遍存在的问题,因此,普及性强,辅导受众多。第二,充分利用班集体的教育资源。班集体中蕴含着丰富的教育资源,班级规范、班级凝聚力对学生的行为具有重要的影响。班集体的氛围和人际互动,潜移默化地促进学生的心理发展。课堂心理健康教育有利于学生之间的心理互助,在教育中他们既是受助者,也是助人者。

**2. 课堂心理健康教育的局限**

课堂心理健康教育的实施主要在课堂进行,活动场地是普通的班级教室,一般教室多是秧田式的座位排列,活动空间较小,班级人数通常在40～50人,由于班级人数多而场地小,因而许多教育活动如分组活动、团体游戏、角色扮演等受到一定的限制。

### (四) 课堂心理健康教育的基本步骤

课堂心理健康教育的实施按照下列步骤展开:确定主题与目标、实施教育计划。

**1. 确定主题与目标**

每一次的课堂心理健康教育都应围绕一个主题进行。教师要明确课程主题所要达到的目标是什么,解决学生什么问题,对他们目前年龄段的成长提供什么帮助。教师要了解学生的心理特点与心理期待,了解学生近期面临的热点和困惑问题是什么,进而有针对性地设计教育主题。

**2. 实施教育计划**

课堂心理健康教育的起始要用暖身的方式带领学生逐渐进入主题。通常采用音乐、游戏等活动进行暖身,目的是让学生放松心情,营造气氛,为后续的主题活动做好心理准备。课堂心理健康教育要进行分组讨论等活动,教师要采取随机的方式进行小组划分,如抽签、报数、图片分组等方式。每次活动都随机分组,可以使学生有更多的机会与其他同学分在一个小组活动,扩大人际交往。教师指导学生围绕主题开展活动,组织学生互动,通过讲座、讨论、角色扮演、游戏等形式促进学生对心理健康知识的理解与掌握。

## 二、团体心理辅导

团体心理辅导是在团体情境下进行的一种心理辅导形式,它是通过团体内人际交互作用,促使个体通过观察、学习、体验,认识自我、探讨自我、接纳自我,调整和改善与他人的关系,学习新的态度与行为方式,以发展良好适应的助人过程。在学校心理健康教育中,往往针对部分学生,开展团体辅导,如心理社团;或针对有问题的学生组建团体,开展团体辅导,如焦虑团体、人际交往团体。

### (一)团体心理辅导的分类

团体心理辅导因组成因素与设计内容的不同,可有不同的分类。目前一般是依据团体组成的背景、目标、功能等进行不同的划分。

**1. 同质团体与异质团体**

这是根据团体成员的背景相似度或问题的性质来划分的。同质团体是指团体成员的年龄、性别、学历、心理问题具有一定的相似性,例如入学适应团体、考试焦虑团体。异质团体是指团体成员的自身背景条件、个人特质或所遇到的问题具有差异性,如心理社团,是由跨年级跨班级的学生组成的团体。

**2. 结构式团体与非结构式团体**

这是根据团体心理辅导活动有无计划与目标来划分的。结构式团体是带领者事先做了充分的计划和准备,根据团体所要实现的目标来设计相应的活动程序,如生涯规划团体。非结构式团体是指不刻意安排有程序的固定活动,强调成员自主性的团体。带领者对团体较少承担责任,其主要任务是促进成员的互动,对团体目标与方法很少介入,团体目标与团体进程由成员在互动中自己探究,如心理沙龙团体就是一种非结构式团体。

**3. 封闭式团体与开放式团体**

这是根据团体成员的固定程度来划分的。封闭式团体是指从第一次团体聚会到最后一次团体聚会,其参加成员保持固定不变的团体。封闭式团体的成员有较高的和谐性和认同感,在团体心理辅导过程中是不允许吸纳新成员加入的,如人际交往团体。开放式团体是指参加成员不固定,新成员有兴趣可以随时参加,旧成员可以随时离开,如中学生阅读团体等。

### (二)团体心理辅导的功能

团体心理辅导具有教育、发展、预防与治疗四大功能。这四大功能相互联系、相互渗透,在团体辅导过程中共同起作用。

**1. 教育功能**

团体心理辅导的过程是一个借助成员之间的互动而获得自我发展的学习过程。团体心理辅导非常重视成员的主动学习、自我评估、自我改善，有利于成员的自我教育。在团体中成员可以进行信息交流、相互模仿、尝试与创造，学习人际关系技巧、学习社会规范以及适应社会生活的态度与习惯等，有利于培养成员的社会性。

**2. 发展功能**

团体心理辅导的积极目的在于发展的功能。通过教育给予学生启发与引导，满足学生自我发展的需要，促进其对自我的了解与接纳，学习建立充满信任的人际关系所必备的技巧与方法，养成积极应对问题的态度，树立信心，培植希望，充分挖掘个体内在的潜能，促进心理健康发展，培养健全的人格。

**3. 预防功能**

团体心理辅导是预防心理问题发生的有效途径。通过辅导，成员可以加深对自己的了解与认识，懂得什么是适应行为，什么是不适应行为。团体心理健康教育可以为成员之间交换彼此意见提供更多的机会，成员可以互诉心声，讨论可能遇到的困难及应对策略，增强其独立处理问题的能力，预防心理问题的发生。

**4. 治疗功能**

团体活动的情境比较接近日常生活与现实状况，以此处理情绪困扰与心理偏差行为容易收到效果。在团体中个人有勇气面对问题或困扰，在带领者与成员的帮助下，获得反馈，使问题得到澄清与解决。

**（三）团体心理辅导的优势与局限**

在团体心理辅导中，学生对自己问题的认识及解决是在团体中通过成员间的交流、相互影响来实现的，这是团体心理辅导有别于个别心理辅导的独特优势。

**1. 团体心理辅导的优势**

团体心理辅导不是一次教育活动，而是围绕主题进行的系列活动。第一，效率高，省时省力。个别心理辅导是辅导者与学生面对面、一对一的帮助指导，每次咨询面谈需要50分钟；团体心理辅导是一个辅导者面对多个团体成员，一次团体心理辅导可以指导多个学生，节省了教育的时间与人力，提高了教育的效率。第二，感染力强，影响广泛。在个别辅导中，学生可仿效的只是辅导教师一个人，在团体心理辅导中除了辅导者外，还可以模仿和参考其他同学的行为。成员间能够有更多的机会听到别人对自己的看法，能够有效地改变自己的不良行为，发展适应行为。成员对问题有不同的观点和理解，这种不同视角的多元信息交流，影响范围广，拓展了彼此的视野。第三，教育效果容易巩固。团体是社会的缩影，也是社会的真实反映。成员在团体中的言行常常是他们日常生活行为的习惯表现，在充满信任的团体氛围中，通过示范、模仿、讨论等活动，成员可以发现和识别自己的不适应行为,并尝试改变。成员在团体中学到的经验,会迁移到团体之外的现实生活中,巩固了辅导效果。

**2. 团体心理辅导的局限**

团体心理健康教育尽管有很多优势,但也存在局限性。第一,个人特质的限制。团体心理健康教育不是适合每一个人参加的,辅导的助人功能受到限制。某些具有个人特质如焦虑过度、太自我中心的人,以及极端内向、自我封闭的人,不宜参加团体。他们在团体中难以与人相处,团体压力与规范会造成对其个人负向的影响,同时这些人还会妨碍团体的发展。第二,保密性不高。团体心理健康教育过程中成员暴露出的个人隐私,可能会被其他成员不经意间泄露,会给当事人带来不便,甚至感到受伤害。

### (四) 团体心理辅导的阶段

团体的运作是一个复杂的过程,团体成员从相互生疏到彼此熟悉,从各自独立到互助合作是一个渐进的过程。团体心理辅导一般经历四个阶段:团体创始阶段、团体过渡阶段、团体探索阶段和团体结束阶段。

**1. 团体的创始阶段**

团体初建阶段的主要任务是使成员相互间尽快熟悉,建立信任感。辅导者要协助成员了解团体辅导的目标及团体发展历程;讨论参与辅导过程中可能遇到的困难;讨论成员间基本的信任及有效活动的基本原则等。

**2. 团体的过渡阶段**

小组成员互动频繁,小组的自然"领袖"产生,同时成员会表现出各种不同形态的抗拒心理、自我防卫心理,因此,小组中容易出现矛盾与冲突。团体心理辅导的任务是鼓励成员接受挑战,协助成员面对并解决冲突,消除消极情绪以及因焦虑而产生的抗拒,使团体建立起坦诚而互相信赖的团体气氛。

**3. 团体的探索阶段**

团体成员彼此熟悉,成员对团体产生归属感,成员与成员之间产生认同感和信赖感,成员能够在众人面前开放自己,自由表达,积极争取改变。团体心理辅导的任务是协助成员从自我的探索与他人的反馈中尝试改变自己的行为,并设法使成员在辅导过程中集中注意力,朝向团体目标和个人目标,做有益的改变。

**4. 团体的结束阶段**

该阶段团体的主要任务是评估团体心理辅导的成效,和团体成员告别。辅导者协助成员整理归纳在团体中学到的东西,鼓励他们将所学的东西应用于日常生活中,使辅导中所获得的改变与成长得以延续。辅导者可以组织成员对辅导过程进行回顾与评价,如"团体活动的经验对你的生活有什么影响?"

**时间管理团体辅导设计**

1. 团体辅导目标:促进学生优化时间安排,有效地进行自我管理,积极乐观地应对学习与生活中的挑战,维护心理健康。

2. 活动内容:

活动1:暖场——小组雕塑。通过雕塑营造温暖、安全、互助支持的小组心理氛围,促使学生在雕塑演练过程中彼此熟悉,放松身心,投入团体,为后续聚焦主题讨论奠定基础。雕塑的主题是与时间有关的成语,如"弹指一挥间""白驹过隙""闻鸡起舞"等。

活动2:时间饼图。活动目的:将时间管理问题具象化,有利于学生觉察自我,发现自己的时间管理问题。教师要求学生以一天24小时画饼图,按照自己典型的一天时间来分割饼图,看看能够分割成哪些饼块。然后看看自己的饼图,哪些时间是可以控制的,将可控的部分涂色。之后,小组成员交换饼图,看看别人的饼图与自己的有什么不同,并给成员反馈"我最欣赏你的饼图哪个部分",促进成员彼此接纳与支持。

活动3:时间管理。活动目的:将时间管理问题刻度化,有利于学生通过量化澄清时间管理的问题,通过一小步的努力增加改变的执行力。小组成员讨论:在你一天的时间里,哪些事情花费了较多的时间?哪些事情被忽略了?如果用1~10评量,1为最小,10为最大,在时间控制方面你目前几分?你遇到的困难是什么?你如何克服困难增加1分时间控制力?为了提高你的时间控制能力,目前你要做的一小步是什么?

## 第二节 朋辈心理健康教育

朋辈心理健康教育是学校心理健康教育的形式之一,是同辈学生之间的互助式教育。朋辈心理健康教育可以弥补专业心理教师的不足,是学校心理健康教育工作可以利用的资源。

### 一、朋辈心理健康教育概述

朋辈是指"朋友"和"同辈"的意思,在学校就是年龄相当的学生。朋辈心理健康教育也被称为朋辈心理辅导。国外专家关于朋辈心理辅导有多种定义,格雷和霆多尔(1978)将"朋辈辅导"定义为:"非专业工作者作为帮助者所采取的人际帮助行为。"包括一对一的帮助关系,小组领导关系、劝告、教学,以及人际发生的各种帮助活动。苏珊(1978)认为,朋辈心理辅导是指受过培训和辅导的学生向前来寻求帮助的学生以言语或非言语的方式,尽量少给或者不给建议,而为其提供倾听、支持及帮助的过程。[①] 不管研究者们给朋辈心理辅导以怎样的定位,但其核心内容是同辈互助。

---

① 颜农秋.朋辈心理辅导理论与技巧[M].广州:中山大学出版社,2007:5-7.

我国学校朋辈心理辅导员由志愿参与辅导训练课程与活动的高年级学生组成，在专业心理教师的督导下，通过开展校内辅导活动帮助同学维护心理健康。朋辈心理辅导是非专业心理辅导，它不是严格意义的心理辅导，只是带有心理辅导功能的心理助人活动。朋辈心理辅导员主要是给予学生安慰和支持，基本不涉及深层次心理问题的处理。

### （一）朋辈心理辅导的分类

朋辈心理辅导分为个别心理辅导和团体心理辅导。

**1. 个别心理辅导**

由受过朋辈心理辅导课程训练的学生，对需要帮助的学生提供一对一的心理辅导。朋辈心理辅导员对学生在入学适应、学业、生活、情感、就业等方面的问题，提供倾听、支持、信息等服务，解答他们的困惑，有助于被辅学生在学习、人际交往、社会适应能力等方面的提升。

**2. 团体心理辅导**

由朋辈心理辅导员做团体指导者，组织并带领团体辅导活动。心理沙龙、成长小组是朋辈心理辅导员开展团体心理辅导的主要形式。

（1）心理沙龙。朋辈心理沙龙是一种小组会谈，由朋辈心理辅导员主持，就入学适应、压力应对、人际交往、职业选择等话题展开自由的讨论，通过朋辈之间的思想及情感交流达到释疑、解惑、领悟、成长的效果。心理沙龙是学生与学生展开平等对话的过程，朋辈心理辅导员既是引导者，又是一个普通的参与者。

（2）成长小组。成长小组也称为交朋友小组。辅导的目的是促进个人的心灵成长，辅导内容包括了解自我、增强自信、学会人际交往、寻求有意义的生活等。成长小组强调团体中的人际交往，鼓励成员主动开放自己，坦诚地与其他人分享自己的看法和感受。朋辈心理辅导员通常会在年级或全校进行小组成员招募，不同班级、不同年级、不同性别的学生会聚到小组中，成长小组对人际交往训练具有很好的效果。

### （二）朋辈心理辅导的功能

**1. 分担心理辅导工作**

朋辈心理辅导可以分担专业辅导人员的辅导工作，减轻其工作负担，有助于学校整体辅导功能的提升。朋辈心理辅导服务范围很广，包括：① 心理信息员。经常深入学生班级、宿舍，通过座谈、个别谈话等方式，了解学生心理状态，发现问题及时向心理辅导教师汇报。② 危机预防。在辅导中发现学生的心理危机问题，可以为学生提供安慰、情感的支持，同时负责将其转介到学校心理健康辅导中心。③ 组织开展辅导活动。如成长小组、心理沙龙、心理测试等，宣传与普及心理健康知识，促进学生间的人际互动与沟通。

**2. 扩展辅导效果**

朋辈心理辅导员通常是同辈的楷模，在学习、品德上是同学或友伴的表率。朋辈心理辅导工作在自然情境中进行，采用习以为常的与同学分享知识和技能的方法，易于被同学接受。朋辈心理辅导员分布在学生中间，能够及时发现与解决学生的问题，起到扩展辅导功能的效果，使学校心理辅导工作的预防性及全面性落到实处。

**3. 促进自身的成长**

朋辈心理辅导员在工作之前，需要接受心理辅导的理论与技术的训练课程，在实际的助人过程中，他们需要学习如何与人建立关系、如何协助他人解决问题。这些学习与训练，有助于朋辈心理辅导员反省自己、提升助人技巧与领导能力。另外，朋辈心理辅导本身就是一项积极意义的同辈成长方案，朋辈心理辅导员在助人的过程中获得自助与成长。

## 二、朋辈心理辅导的优势与局限

### （一）朋辈心理辅导的优势

与专业的心理辅导形式相比，朋辈心理辅导在心理辅导中具有不可替代的优势。

**1. 同辈接纳度高**

朋辈心理辅导员与受辅者之间年龄相仿，彼此容易沟通。当学生遇到心理困扰时，首先求助的对象是同学、朋友和亲人，而不是心理老师或其他社会工作者。作为高年级学生，朋辈心理辅导员对各年龄段同学的心理状况已经有了一定的了解，同时又具备一定的辅导知识与辅导技巧，说服力与影响力强。青少年时期同辈的说服力与影响力有时甚至超过父母与教师。由于代际差异，成年人往往无法说服青少年，相反，同辈的观点易得到同伴的认同与采纳。因此，在某些问题方面，朋辈辅导的效果相比专业人员更有优势。

**2. 实效性强**

朋辈心理辅导的成本低，实效性强。专业心理辅导过程首先需要心理老师与学生建立良好的相互信任的关系，并对学生有一定了解，这需要较长时间。同辈之间在相同的情境中学习和生活，相互了解的程度高于教师，朋辈心理辅导员与受辅者之间可以在较短的时间内建立信任关系。朋辈之间有着相似的价值观、思维方式和生活经历，相互之间容易交流。如果是由老师进行辅导，有些学生会因为年龄和身份上的悬殊，感觉教师在说教，反而对某些问题避而不谈。

**3. 简便易行**

与严格意义上的教师心理辅导相比，朋辈心理辅导受时间、地点、语言等因素的影响较少，朋辈心理辅导员往往与被辅学生共同生活和学习在一起，学生之间的问题，他们往往发现得比老师还早,只要他们发现问题,便可随时随地进行辅导,既不需要特殊的场地,也不需要咨询预约。

### (二)朋辈心理辅导的局限

**1. 朋辈心理辅导员的工作能力问题**

朋辈心理辅导员是非专业的辅导工作者,人生阅历比较浅,对学生中的问题分析判断能力有限,辅导的技术水平不高。在辅导过程中,对学生的求助问题可能存在难以把握问题的性质,或出现措手不及的现象。

**2. 朋辈心理辅导员的心理枯竭问题**

在辅导过程中,朋辈心理辅导员接触的负面情绪太多,如听到许多愤怒、悲伤、挫败的故事,朋辈心理辅导员一般缺乏自我保护能力,长时间的辅导活动会让朋辈心理辅导员感到自我资源的枯竭,有精疲力尽的感觉,出现工作倦怠,对辅导活动缺乏关注与兴趣,辅导时情绪容易烦躁,甚至不想面对来访学生,拒绝工作。

## 三、朋辈心理辅导工作的开展

学校开展朋辈心理辅导工作主要经历四个阶段:朋辈心理辅导员的招募;朋辈心理辅导员的培训;朋辈心理辅导员开展工作;朋辈心理辅导的效果评估与督导。

### (一)朋辈心理辅导员的招募

朋辈心理辅导员的招募,一般情况下是针对高年级的学生,由高年级学生自愿报名,经心理测试、面试等多个环节的选拔来确定。朋辈心理辅导员需要具有良好的人格特质,如自信、良好的人际沟通与交往能力等。在朋辈心理辅导员招募时,有关朋辈辅导的相关培训与工作方式要公告报名者,告知的培训内容主要包括朋辈心理辅导员的角色和责任、朋辈心理辅导课程内容等。

### (二)朋辈心理辅导员的培训

对招募甄选出的朋辈心理辅导员提供必要的训练与督导。主要培训内容:① 心理问题的诊断与鉴别技术。② 个案辅导与转介。③ 团体辅导的基本理论与技术。④ 基本会谈技术。对参加培训后考核合格的学员,颁发朋辈心理辅导员证书。

### (三)朋辈心理辅导员开展工作

朋辈心理辅导员在培训结束后,在心理老师的督导下,持证上岗,在宿舍、教室等学生活动区域积极开展工作。

### (四)朋辈心理辅导的效果评估与督导

专业心理教师须对朋辈心理辅导员进行定期督导,如定期交流辅导工作,进行案例分析,开展模拟咨询,或是举办专家讲座等,不断提高朋辈心理辅导员的工作技能。辅导教师对朋辈心理辅导员的情绪进行疏导,帮助他们克服心理枯竭,避免工作倦怠。学校可以针对朋辈心理辅导的工作情况,对表现优秀的朋辈心理辅导员给予适当奖励。

## 第三节　网络心理健康教育

网络心理健康教育是学校心理教育在互联网上的拓展,是学校心理教育的辅助形式。网络心理健康教育包括面向全体学生的心理健康知识宣传、电子邮件的个别心理辅导,以及网络对话讨论的团体心理辅导。

### 一、网络心理健康教育概述

网络心理健康教育是借助网络媒介运用心理学的理论与方法协助学生以恰当的方式解决其心理困扰的过程。全国首家以中小学心理健康教育为内容的大型专题网站——"中国心理健康教育网"(简称"心育网")于 2000 年 9 月 9 日开通。[①] 近年来,许多中小学创办了自己的心理辅导网站或公众号。互联网信息传递的即时性和广泛性,使心理健康教育方面的知识得到广泛传播,扩大了心理卫生、心理健康、心理咨询与治疗等知识的宣传和普及。学生能够借助网络快速浏览查阅获取相关知识,学会心理自助;在线心理咨询,与同学与辅导老师一起聊天交谈,进行互助辅导。网络心理辅导拓展了学校心理辅导工作,以其独特的辅导形式使学校心理辅导得到普及与深化。

#### (一)网络心理健康教育的基本形式

学校网络心理健康教育的基本形式有网上自助活动、电子邮件咨询及网上对话聊天等。

**1. 网上自助活动**

选择什么方式在网上求助是学生的自由。比如是选择与专家交流,还是选择自助阅读,这些都是由学生自主决定的,从某种意义上说,选择网上求助本身就是心理自助的一种表现。目前我国学校现有的心理健康教育网站及公众号所呈现的内容,主要提供心理健康知识,其中许多项目都属于自助活动。如学生可以自主搜索有关心理健康知识信息、自主进行心理测试或预约心理咨询。有些网站还提供自我调节的项目,如音乐、视频,缓解心理上的紧张情绪。

**2. 电子邮件咨询**

网上心理咨询的主要形式是电子邮件咨询。传统的书信咨询受地域、时间的限制

---

[①] 崔景贵.网络心理教育的内涵、优势与问题[J].江西教育科研,2006(4):22-24.

很大,求助学生得到辅导教师回复的时间较长。电子邮件则突破了时空的限制,充分体现了方便、快捷的优势。

**3. 网上对话聊天**

学校的心理教师及班主任借助 QQ 群、微信群的方式,与班级全体学生或有特殊需要的学生进行 QQ、微信对话聊天。QQ、微信聊天及时便捷,可以和一个学生单独私聊,也可以就同学们共同关注的问题进行群聊,教师也可以发布心理教育材料放在 QQ 共享里,供大家自学。网上聊天为师生提供了一个交流、互助的平台,不仅解决心理健康问题,同时也促进了师生交往与沟通。

### (二)网络心理健康教育的特点

**1. 超时空性与及时性**

现实的心理教育在固定的场所、固定的时间开展活动,网络心理健康教育则突破了时空的限制。学生可以根据自己的情况选择方便的时候写电子邮件咨询,或进行网上预约心理咨询,也可以在网站收集相关的知识,接受心理指导。特别是对那些突发性的心理问题,网络能够提供即时的帮助,实施有效的干预。

**2. 虚拟性与隐秘性**

网上心理辅导具有隐秘性,学生可以隐匿自己的姓名、年龄、班级,使用代号以虚拟化的角色与心理教师交流,避免了与心理教师面对面交谈的紧张与尴尬。网上咨询可以消除在心理咨询室咨询的不安与疑虑,学生更容易开放自己,敞开心扉,师生之间更容易建立平等、轻松的咨访关系。

**3. 生动性与互动性**

心理健康教育网站及公众号界面设计具有时代感,色彩、画面、音乐等都符合当代青少年好动、喜欢追求新奇与时尚的特点,不仅是形式,而且在内容设计上贴近学生的年龄特点,如有利于学生交流互动的"男孩聊天室""女孩聊天吧"等,学生在聊天室发表自己的看法,提出自己的问题与困惑,与同学讨论交流。诸多同学可以同时在线对话交流,表达自己的观点,与他人共同探讨问题,分享有关心理健康的经验与体会。网络心理健康教育充分体现心理健康教育的互助性。

## 二、网络心理健康教育的优势与局限

### (一)网络心理健康教育的优势

**1. 信息容量大**

网络传递的信息具有迅速扩张的特点,学生进入心理服务的网络界面,服务的信息就能迅速地发挥作用,不会有人为的阻隔,学生选择的自由度大。当学生期望在网上求助心理辅导时，可以在网站收集与阅览相关知识，可以选择站内搜索，也可以进行网际链接，在其他相关服务网站获得信息。如果需要他助，还可以在网上对相关的心理辅导专家的背景与咨询方向进行了解，选择适合自己的专家。

**2. 咨询与测试便捷**

心理量表的网上使用可以让学生随时自测，增进自我了解，评估自己的心理健康状况，以便在必要时寻求帮助。网上心理测试与传统纸笔测试相比省时省力，诊断和分析更为便捷。学校采用的网上心理健康测试软件，可以同时上千人在线测试，数据便于收集与保存，便于建立电子心理健康档案，有利于对测试结果进行研究。

**3. 咨询保密性高**

某些学生不愿意到咨询室和辅导老师面对面交谈，有些学生遇到的问题让他们感到难以启齿，如性的问题、与班主任老师或者科任老师矛盾的问题、父母离婚问题等，他们通过网络邮件的方式咨询可以避免口头交流的尴尬，减少心理压力，不必担心隐私被泄露。一些学生对心理咨询有偏见，认为心理咨询是见不得人的事情，害怕别人看到自己去咨询室咨询，他们更愿意选择网络咨询这种让他们感到心理安全的方式。

**4. 案例的保存方便**

在传统的心理咨询中，心理教师在咨询后要撰写咨询记录，案例的撰写、保存与查询是一件非常费时费力的事，但借助计算机和网络就很容易实现。心理教师随时可以调阅咨询案例，如查阅聊天记录，对咨询会谈的过程进行分析，极大地提高了心理教师对案例进行督导和研究的工作效率。

### （二）网络心理健康教育的局限

网络心理健康教育对于发达地区和设施完善的学校开展网上心理健康教育是可行的、高效的。利用网络技术传递心理辅导知识，使现代学校心理健康教育有了一个新的生长点。网络心理健康教育有其独特的优势，但是也有其局限。

**1. 网站维护问题**

网上资源的整理、保存、信息的筛选、内容的更新替换、留言的回复、在线指导等需要及时、高效完成，这些工作只靠几个心理老师是无法完成的。网站如不及时更新，陈旧的知识会引起学生的厌倦，放弃网络辅导，影响心理辅导工作的深入开展。

**2. 网络道德问题**

网络的匿名性使学生敢于更真实地表达自己，而不必担心社会评价，却也带来了责任感的缺失，道德自律的缺失。如个别学生在"聊天室""心理 BBS"等互动区留下不健康的话语和搞恶作剧，甚至有些人编造故事，请求咨询帮助。

**3. 特殊学生辅导问题**

由于网络角色的虚拟性，学生常常采用假名在网上咨询，咨询关系既不稳定也不长久,有些学生"来无影去无踪",在网上咨询一次就消失了。如果心理教师在网上发现情绪、行为异常的学生,无法对他们进行跟踪,无法准确地评估他们的心理与行为,更无法对他们进行帮助与教育。

#### 4. 网上咨询的表达问题

网上电子邮件咨询对书面语言表达要求比较高,需要求助的学生具有一定的文化素养及书面语言表达能力。有些学生语言表达能力差,相关知识少,来信对问题、症状叙述不全面或欠准确,使心理老师不能准确掌握学生的情况,影响对问题的判断,不利于问题的解决。

### 三、网络心理健康教育的基本策略

#### (一)构建网络心理健康教育团队

网络心理健康教育需要学校师资团队的支持,负责网站的建设、维护与管理。网络心理健康教育不仅需要有心理教师,而且需要有网络管理教师、计算机技术服务教师的支持与配合。网络心理健康教育的教师队伍、管理队伍和技术队伍是一个整体,他们的理念、素养、工作方法直接影响到教育的成效。因此,学校应建立密切合作的网络心理健康教育团队,不断优化这一团队的整体素质,提高网络心理健康教育的质量。

#### (二)建立心理健康教育专业网站与公众号

心理健康教育网站与公众号的内容与形式应符合学生的年龄特点及心理特点,界面设计应新颖时尚,色彩鲜明、便于操作。版块内容应丰富,既有心理健康、心理咨询、心理卫生等方面知识的宣传,心理测试的自助量表,也应有可以师生交流互动的版块设计,如学生在线咨询、学生聊天室等。

#### (三)制定网上心理健康教育制度

学校应设专业心理教育教师定期在线开展心理教育,在线接受学生的心理咨询,定期开启电子信箱,及时回复学生的心理咨询信件。网上心理教育的时间及辅导教师的姓名应在网上公开说明。网站与公众号的心理健康教育知识板块应定期更换,与时俱进,及时补充与丰富辅导内容。

### 本章小结

学校心理健康教育要取得实效,必须有针对性地选择使用适当的教育形式。本章介绍了学校心理健康教育的三种主要形式:团体心理健康教育、朋辈心理健康教育和网络心理健康教育。团体心理健康教育包括以班级为单位面向全体学生的课堂心理健康教育和面向部分学生的团体心理辅导。朋辈心理健康教育采用个别心理辅导和团体心理辅导两种形式,是同辈之间的互助式心理教育。网络心理健康教育是利用互联网对以上教育形式的补充与拓展。这三种心理健康教育形式各有优势,但也存在局限性。随着研究与实践的深化,学校心理健康教育的形式将更加丰富与成熟。

### 思考与实践

1. 简述团体心理健康教育的优势与局限性。
2. 学校如何开展朋辈心理健康教育工作?
3. 简述网络心理健康教育的基本策略。

# 第九章 心理健康教育的基本模式

学习资源

## ※ 学习目标

通过本章学习,了解矫正性心理健康教育的产生背景,理解其特点,掌握其内容和常用方法;理解适应性心理健康教育的理论基础,掌握其内容和常用方法;理解发展性心理健康教育的基本理念与特征,了解其代表性的实践探索;能够对中小学的心理健康教育实践模式进行分析与探讨。

## ※ 关键词

心理健康教育模式;矫正性心理健康教育;适应性心理健康教育;发展性心理健康教育

心理健康教育的模式是指心理健康教育的内容结构、活动形式相对规范、稳定的标准样式。模式作为理论和实践的桥梁往往具有很强的示范作用,减少了实践的盲目性。目前我国学校心理健康教育的基本模式,主要有矫正性心理健康教育、适应性心理健康教育和发展性心理健康教育。系统梳理这些模式,对把握和认识我国学校心理健康教育及其发展趋势具有重要的理论意义和实践价值。

## 第一节 矫正性心理健康教育

我国的心理健康教育是从"心理问题"发端,从心理矫正开始的。自 20 世纪 80 年代起,随着我国改革开放的逐步深入,人们的精神世界也经历了从未有过的冲击与挑战,心理问题也随之增加。许多研究表明,中小学生心理问题(心理障碍、心理疾病等)的检出率偏高,直接影响他们的生活、学习、人际交往和社会适应等。于是,旨在矫正这些问题的心理辅导、心理训练、心理咨询和心理治疗等成为当时心理健康教育的重点,心理健康教育的"矫正模式"便应运而生。

## 一、矫正性心理健康教育概述

矫正性心理健康教育是指面向少数有心理、行为问题的学生开展的心理咨询、心理治疗和行为矫正训练。这是一种以预防心理疾病和心理危机为主要目标的心理健康教育模式。运用矫正手段开展心理健康教育需要教育者具备较高的专业素养，一般从业者都是心理学专业毕业，受过专门的心理咨询和治疗训练，熟练掌握心理咨询和治疗的技术。

《中小学心理健康教育指导纲要》(2012年修订)指出，针对有心理困扰或心理问题的学生，需进行科学有效的心理辅导，及时给予必要的危机干预，提高其心理健康水平。一方面，中小学生缺乏生活经验，当遇到一些应激事件后，难以自我调节，从而造成心理上的困扰，小到学业挫折造成的不良情绪，大到应激事件引发的自残自杀行为等，都需要心理辅导老师给予及时的心理咨询和危机干预。另一方面，一些心理上的疾病也的确需要外界的帮助才能得以解决，如儿童抑郁症、社交恐惧症，病理性互联网使用等，这些都需要心理辅导老师给予科学的诊断与治疗。矫正性心理健康教育主要服务于这部分群体。

## 二、矫正性心理健康教育的内容

面向少数具有心理、行为问题学生而开展的心理咨询、行为矫正训练的教育内容，多属矫正范畴。具体包括：

### (一) 学习适应问题

主要指围绕学习活动而产生的心理行为问题，如考试焦虑、学习困难、注意力不集中、学校恐怖症、厌学症等。严重的考试焦虑常使学生平时就忧心忡忡，忐忑不安，心中总惦记着考试，学习时注意力不能集中，情绪烦躁，降低了学习效率。考试焦虑还会对学生的身体健康产生破坏性的影响，高焦虑常常会导致考生一系列的生理反应，如心慌、出汗、头昏、失眠、厌食、尿频等植物性神经功能紊乱现象。厌学症是指学生消极对待学习活动的行为反应模式。发展心理学研究表明，学习活动是学龄儿童的主导活动，是儿童社会化发展的必要条件，也是儿童获取知识和智慧的根本手段。

### (二) 情绪问题

主要指影响学生正常生活、学习与健康成长的负性情绪问题，如焦虑、抑郁、恐惧等。2021年3月，中国科学院心理研究所发布的《中国国民心理健康发展报告(2019—2020)》(以下简称"报告")显示，2020年中国青少年的抑郁检出率为24.6%，其中，重度抑郁检出率为7.4%，在报告中显示，抑郁随着年级的升高而升高，一成多高中生重度抑郁。小学阶段的抑郁检出率为一成左右，其中重度抑郁的检出率约为1.9%～3.3%；初中阶段的抑郁检出率约为三成，重度抑郁的检出率为7.6%～8.6%；高中阶段的抑郁检出率接近四成，其中重度抑郁的检出率为10.9%～12.5%，抑郁症成为当前青少年健康成长的一大威胁。

### (三) 常见行为问题

主要指在学生生活、学习中表现出来的不良行为特征,如注意缺陷多动障碍、攻击性行为等。注意缺陷多动障碍指儿童智力正常或接近正常,却表现出活动过多、注意力难以集中、情绪容易冲动等现象,并伴有认知障碍和学习困难。① 攻击性行为是指个体有意用语言或肢体暴力对他人的身体或心理进行伤害,这些行为往往是不为社会规范所许可,严重攻击性行为往往衍生为校园欺凌和校园暴力。心理学家韦斯特做了一项14年的跟踪调查,发现70%的暴力少年犯在13岁时被确定为有攻击性行为,有48%的少年犯在9岁的时候就被确定有攻击性行为。儿童的攻击性行为是各种行为问题的先兆,儿童的攻击性水平越高,今后犯罪的可能性越大。校园攻击与校园欺凌给学校的教育工作也带来很多隐患。

### (四) 人格障碍

主要指长期固定的适应不良的行为模式,由一些不成熟的不适当的压力应对或问题解决方式所构成。如依赖型人格障碍者有被动的生活取向,不能决策和接受责任,有自我否定的倾向;反社会型人格障碍者会缺乏对他人的同情与关心,缺乏羞耻心与罪恶感。对于18岁以下的儿童与青少年的类似行为表现通常称作人格缺陷、品行障碍或社会偏差行为。

### (五) 性偏差

主要指少年性发育过程中的不良适应,如过度手淫、迷恋黄色书刊、早恋、不当性游戏、轻度性别认同困难等,一般不属于性心理障碍。但对这些不适应行为,应给予有效的干预。如手淫本身不是心理障碍,对身体并无损害,也不是罪恶,但应该注意的是对手淫的错误观念引起的心理冲突。

## 三、矫正性心理健康教育的方法

在中小学的心理健康教育实践中,对学生进行行为矫正和心理咨询,常用的方法主要有奖励强化法、代币法、放松训练、系统脱敏疗法、肯定性训练,同时还会结合一些改善认知的方法,如理性情绪疗法。②

### (一) 奖励强化法

运用正性强化原则,当中小学生出现所期望的目标行为,或者在一种符合要求的良

---

① 郭黎岩,王冰.小学生心理健康与辅导[M].3版.北京:高等教育出版社,2020:93.
② 江光荣.心理咨询的理论与实务[M].2版.北京:高等教育出版社,2012:250.

好行为之后,立即给予奖励强化,以增强此种行为出现的频率,帮助学生训练与建立某种良好行为,从而矫正不良行为。

### (二) 代币法

这是一种利用强化原理促进更多的适应性行为出现的常用方法。在代币法中,心理辅导老师和学生一起约定代币的形态(常用扑克牌、小红星等)、币值、支持强化物(如食品、文具)、取得代币的行为标准以及兑换方式等事项,然后就以代币为强化物来改变对象的行为。此种方法对低年级儿童效果最为显著。

### (三) 放松训练

放松训练对于应付紧张、焦虑、不安、气愤的情绪与心境非常有用,可以增强记忆、提高学习效率,还可以有效缓解紧张的心理压力,对焦虑症、强迫症、恐怖症等神经症有良好的治疗效果。放松训练有多种形式,常用的有渐进式肌肉放松训练、深呼吸放松训练和想象放松训练等。

### (四) 系统脱敏疗法

系统脱敏主要用于治疗各种恐惧症状,例如害怕某些动物、考试焦虑、社交恐惧和广场恐惧等。它通过使当事人在放松状态下接触(实际的或想象的)恐惧对象(情境)来克服焦虑。由于焦虑和放松不能同时并存,设法在诱发焦虑的刺激情境与放松反应之间建立联系,就可以取代和抵消原来的刺激和焦虑之间的联系。[①]这一疗法包括三个步骤:训练当事人学会放松、确定焦虑事件层级、逐级实施脱敏。

### (五) 肯定性训练

肯定性训练也称为自信心训练,侧重改善学生在社会性交往方面的不适应行为以及相伴随的焦虑反应,促进个人在人际关系中公开表达自己真实情感和观点,维护自己的权益也尊重别人的权益,发展人的自我肯定行为。实际生活中,许多学生常常表现为谈话时眼睛不敢看着对方,说话句子短,不敢提出合理要求,不敢拒绝别人的无理要求,不敢表达自己的不满情绪等,不能在人前表现出自信行为,究其原因,他们大多存在内在认知上的障碍,所以肯定性训练如果与一定程度的认知矫正相结合,效果会更好。

### (六) 理性情绪疗法

如前所说,很多当事学生不良行为的背后都伴随着一定的认知偏差,而理性情绪疗法其指导思想是强调人的价值观在心理治疗中的作用,以理性思维方式来替代非理性思维方式,帮助当事人改变认知,以减少由非理性信念所带来的情绪困扰和随之出现的行为异常,其富有特色的辅导理念和方法受到中小学心理辅导老师的广泛青睐。

需要注意的是,对于存在严重心理危机的学生,应及时上报并转介给与其危机程度相匹配的专业机构和专业人员。对于超出心理咨询范围的情况,如精神分裂症、抑郁症、注意缺陷多动障碍等,应及时转介给医院或其他专业的心理咨询与治疗机构。

## 第二节 适应性心理健康教育

适应性心理健康教育起源于 20 世纪初的美国,最初是为了满足特殊教育的需求。随着社会的发展和心理健康问题的日益突出,适应性心理健康教育逐渐受到重视,成为学校和社区教育的重要组成部分。近年来,适应性心理健康教育在理论和实践方面都取得了长足的进展,它不仅关注个体层面的适应问题,还涉及组织和社会层面的适应问题,更加注重个体差异、跨学科整合和科技手段的应用。

### 一、适应性心理健康教育概述

#### (一)适应性心理健康教育的概念及特点

适应性心理健康教育是一种旨在提高个体适应各种生活挑战和压力的能力的教育活动,它强调个体内部和外部环境的适应性和平衡,帮助个体在面对变化和挑战时保持心理平衡和积极应对。

适应性心理健康教育强调个体差异,关注适应性发展,注重实际应用,强调自我调节与自我管理能力的培养。

#### (二)适应性心理健康教育的理论基础

**1. 认知行为理论**

认知行为理论认为人的情绪和行为反应受到个体对事件的认知和解释的影响,它强调通过认知重建、行为疗法等技术,帮助个体识别和改变负面的思维模式和行为习惯,从而改善情绪和心理健康状况。

**2. 人本主义理论**

人本主义理论认为每个人都有自我实现的潜能,通过关注个体的内在需求和情感体验,促进个体自我认知、自我成长和自我价值的实现。它强调接纳、尊重和理解个体差异,提供个性化的支持和引导,帮助个体克服心理障碍,实现自我成长。

**3. 积极心理学理论**

积极心理学理论关注个体的积极心理品质、幸福感和满足感,认为通过培养乐观、感恩、希望等积极品质,提高个体的适应性和心理健康水平。

**4. 自我效能理论**

自我效能理论认为个体的自我效能对心理健康有重要影响。它强调通过提高个体的自信心、自我调节能力和应对压力的能力,增强个体在面对挑战和困难时的适应性和韧性,通过提供具体的技能训练和心理支持,帮助个体克服心理障碍并实现自我成长。

## 二、适应性心理健康教育的内容

《中小学心理健康教育指导纲要》(2012年修订)明确将"增强调控自我、承受挫折、适应环境的能力"作为心理健康教育面向全体学生的具体目标之一。学校适应状况是综合反映学生心理健康水平的重要指标。一项调查显示:学生的学校适应水平存在显著的性别差异和生源地差异,女生在生理、人际适应方面好于男生,而在学习、社会适应方面不如男生;农村学生在生理适应方面显著好于城市学生,而在情绪、社会和生活适应方面均显著差于城市学生。学校适应存在显著的年级差异,总体看,小学生学校适应能力最好,高中生相对最差。家庭经济收入与学生学校适应的关系显著,家庭经济收入越高,适应状况越好。与父母共同生活的学生学校适应状况最好,而与父亲共同生活的学生相对最差。[1]

中小学生的适应性心理健康教育主要涉及以下方面:

### (一) 学习适应

学习适应性是指克服各种困难取得较好学习效果的一种倾向。学习适应性的高低直接影响学生的学习成效和身心健康。特别是对于刚刚升入新学段的学生来说,如不能适应学习内容和方法的变化,缺乏主动调整学习方式、改进学习策略以及优化学习效果的能力,就会产生对学习和考试的厌烦与恐惧情绪。

**1. 学习任务适应**

随着年级的升高,中小学生的学习科目逐渐增多,各学科知识体系的系统性、理论性和综合性增强,难度递升,课业负担加重,其学习任务呈现"深度掘进、广度拓宽、梯度陡增、角度多维"的特点。学生如不能把握好学习任务的扩容和增难特点,产生畏难或松懈的情绪,必然会导致学业成绩下滑,进而造成严重的心理负担。

**2. 学习方法适应**

每进入一个新的年级,意味着学习任务就会有新的特点,中小学生应学会适时地调整自己,找到与之匹配的学习方法与策略。小学阶段学习科目少,难度也较低,小学生只要坚持课上好好听讲,一般也能取得不错的成绩,但中学学习就要求学生必须学会课前预习、课内思考和课后复习巩固,学会遇到问题能主动探究和思考,如学生难以摆脱小学时被动接受学习的学习习惯,只知苦学和蛮学,势必会困难重重。

---

[1] 宋爱芬,张向葵,高丽.青少年学校适应的调查研究[J].宁波大学学报(教育科学版),2007,29(4):17-21+31.

## (二) 环境适应

**1. 生活适应**

随着社会开放度的不断提升,有些学生会离开家乡到异地求学,当地的气候环境、风土人情、饮食差异对中小学生都是挑战。小学升入中学,离开父母,开始寄宿生活,新的学校、新的班级、新的起居环境和生活方式,很多事情都得独自面对,部分学生就会产生强烈的生活环境适应焦虑。

**2. 人际适应**

心理学家马斯洛认为,人人都有归属于一定社会团体的基本需要,能够为某个团体所接纳,接受团体成员给予的友爱,同时给予团体成员友爱。人际交往能力是适应社会生活的基本能力。人对环境的适应很大程度上取决于对环境中人际关系的适应。置身于陌生环境的中小学生,他们渴望与新老师新同学交往,希望获得他们的认可和接受,以慰藉自己难以排解的孤独感,满足自己的情感需求,可由于缺乏主动交往的勇气和必要的人际交往技能,就会陷入人际交往的适应焦虑中,无所适从。

## (三) 身心适应

中小学阶段是青少年身心发展最为迅速的时期。特别是进入青春期,有的学生常会对自身性发育及性成熟的生理变化感到苦恼,并形成紧张的心理压力;有的学生会对性发育产生好奇而引起情绪波动,开始朦胧地意识到两性关系。这些本属于正常的心理转变,但如果缺少正确的引导,学生的疑惑得不到及时解答,他们就会通过非正常渠道了解性知识,出现手淫等行为,产生自责等不良情绪,出现自我同一性混乱的问题,无法把握异性交往的尺度。这些都需要学校开展青春期心理辅导,帮助中小学生尽快适应。

## 三、适应性心理健康教育的方法

适应性心理健康教育对于提高个体适应性、促进心理健康和提高生活质量均具有非常重要的意义,其主要方法有:

### (一) 心理咨询与辅导

通过一对一的交流,了解学生的心理状况,提供针对性的建议和指导,帮助学生解决心理问题;针对学生的个性特点、兴趣爱好、发展目标等,提供全面的心理辅导,帮助学生发展自身潜力,提高心理素质。

### (二) 心理训练与拓展

通过一系列有计划、有组织的训练活动,提高学生的心理素质和应对能力,如自信心训练、情绪调节训练等；利用团队活动、游戏等形式，培养学生的团队协作精神、沟通能力和创新思维，提高学生的社会适应能力。

### （三）心理疏导与支持

通过倾听、理解、安慰等方式，帮助学生缓解心理压力、舒缓情绪，保持心理平衡；提供情感支持和鼓励，增强学生的自信心和自我效能感，提高学生的抗挫能力和应对挑战的能力。

### （四）心理危机干预与预防

在突发事件或危机情况下，及时对学生进行心理疏导和支持，帮助他们渡过难关；通过宣传教育、讲座等形式，提高学生的心理素质和应对能力，预防心理问题的发生。

## 第三节　发展性心理健康教育

从学校心理健康教育的一般目标来看，可以归纳为两个方面：一是学会调节与适应；二是寻求发展。这两个目标中，学会调适是基本目标，以此为主要目标的心理健康教育可称为适应性心理健康教育；寻求发展是高级目标，以此为主要目标的心理健康教育可称为发展性心理健康教育。简言之，这两个目标也就是要引导学生达到基础层次的心理健康和高级层次的心理健康。近年来，发展性心理健康教育由于强调预防性、教育性等发展性功能，已引起广大学校心理健康教育工作者的关注，逐渐成为我国学校心理健康教育工作的发展方向和基本理念。

### 一、发展性心理健康教育概述

#### （一）发展性心理健康教育的提出背景

发展性心理健康教育的提出始于20世纪60年代的美国，代表性的著作有《中等学校的发展性辅导》《辅导——一条发展性的途径》以及《辅导政策与实践》。

以罗杰斯和马斯洛为代表的人本主义心理学，重视人的内在潜能的发挥和自我实现，改变了长期以来以障碍性辅导为主的辅导模式，为发展性心理健康教育的形成奠定了人性观的基础。艾里克森的心理社会发展理论和哈维格斯特的综合适应发展任务理论都用发展变化的观点来看待个体心理的成长，重视环境、教育对个体心理发展的影响，为发展性心理健康教育的形成奠定了理论基础。此外，瑞士心理学家皮亚杰的智力结构发展理论、美国心理学家柯尔伯格的道德阶段发展理论，也从不同角度揭示了儿童心理发展的某些规律，这些都为发展性心理健康教育提供了理论依据。心理健康标准的重新界说为倡导发展性心理健康教育提供了契机。特别是人本主义心理学家提出心理健康的发展标准,使西方学术界对心理健康问题的探讨由社会适应标准向适应和发展标准并重过渡。同时,心理咨询理论研究和实践也由传统的以问题或疾病为中心向以发展为中心转变。学校发展性心理健康教育的提出不仅是心理科学在理论上不断发展的结果,也是社会及学校心理健康教育的共同需求。①

### (二)发展性心理健康教育的概念内涵

对于发展性心理健康教育的概念内涵界定,大家虽在表述上有些许差异,但发展性均是他们理论架构的基础。

国际心理学联合会在1984年曾经指出:"心理辅导强调发展的模式,所谓发展的模式是指心理辅导的目的在于努力帮助辅导对象扫除正常成长过程中的障碍,而得到充分的发展。"②

刘宣文教授认为学校发展性心理辅导是一种以全体学生为对象,在人本主义心理学理论的引领下,以人的毕生发展观等为理论框架,采用班级辅导、个别辅导、小团体辅导等多元化的辅导措施,提供一些学生成长必要的经验,发挥学生的自我潜能,以完善学生人格为重要目标的教育活动。③

吴增强教授认为发展性心理辅导是指着眼于每个学生的健全人格培养与潜能开发,根据儿童青少年心理发展各个阶段的特点进行辅导,为他们终身发展奠定内在的基础。具体是指:一是注重每个学生的健康成长和心理素质的提高,强调学生是潜能有待开发的生命体,帮助他们在智能、积极的自我信念与价值观、积极的情感与意志品质、人际交往、社会适应等方面获得发展;二是侧重于幼儿园、小学、初中、高中不同年龄阶段发展的特点,进行有针对性的心理辅导,并对他们的成长予以全程关注;三是关注学生在成长中的危机问题,要充分认识到社会转型期的变化对儿童青少年的影响,帮助学生解决成长中的心理危机,增强自助能力和应对能力,以减少自身心理问题的发生率,达到预防的目的。④

发展性心理健康教育关心的是正常个体在不同发展阶段的任务和应对策略,尤其重视智力、潜能的开发和各种经验的运用,以及各种心理冲突和危机的早期预防和干预,以便帮助个体顺利完成不同发展阶段的任务。

---

①③ 刘宣文.论学校发展性心理辅导[J].教育研究,2004(7):55-59.
② 赵冰洁,王秀勇,黄建锋.发展性心理辅导模式的理论研究[J].西北大学学报(哲学社会科学版),2003(2):145-148.
④ 吴增强.学校心理辅导通论[M].上海:上海科技教育出版社,2004:21

## 二、发展性心理健康教育的基本理念与特征

### (一) 发展性心理健康教育的基本理念[①]

学校心理健康教育的理念涉及两个层面：一个是哲学层面，主要是人性观的问题；一个是心理学层面，即辅导的目的问题。

发展性心理健康教育理念可以概述为三点：① 每个人都有其善性。人是理性、善良和值得信任的，人的取向是成长、健康、独立自主、自我认识和自我实现的。② 每个人都有潜能。人各具潜质，可以自然地成长。③ 每个人都有接受辅导的需要。成长中的儿童与青少年，需要有人帮助他们顺利渡过各个发展阶段，完成各种发展任务。

其中，第一点和第二点是哲学层面上的，是关于人发展的倾向性和成长的主动性的问题，第三点则是心理学层面的，是辅导的对象和目的的问题。

### (二) 发展性心理健康教育的特征

发展性心理健康教育着重学生未来的发展，有以下显著特征：

**1. 对象**

发展性心理健康教育的对象是全体学生。《中小学心理健康教育指导纲要（2012年修订）》中明确指出，全体学生包括大部分心理健康的学生和少数有心理困扰或心理问题的学生。

**2. 目标**

发展性心理健康教育强调心理潜能的开发和人格的完善，需提高全体学生的心理素质，培养他们积极乐观、健康向上的心理品质，充分开发他们的心理潜能，促进学生身心和谐可持续发展，为他们健康成长和幸福生活奠定基础。具体包括使学生学会学习和生活，正确认识自我，提高自主自助和自我教育能力，增强调控情绪、承受挫折、适应环境的能力，培养学生健全的人格和良好的个性心理品质；对有心理困扰或心理问题的学生，进行科学有效的心理辅导，及时给予必要的危机干预，提高其心理健康水平。

**3. 内容**

发展性心理健康教育的内容构建上从不同年龄阶段学生的成长发展需求出发，密切联系学生的生活与经验，帮助学生解决各种成长中的烦恼，激发他们自我实现的需要，充分开发他们的心理潜能，涉及认识自我、学会学习、人际交往、情绪调适、升学择业以及生活和社会适应等方面。

**4. 实施原则**

发展性心理健康教育坚持发展、预防和危机干预相结合的原则。立足教育和发展，

---

① 刘宣文.论学校发展性心理辅导[J].教育研究,2004(7):55-59.

培养学生积极心理品质,挖掘他们的心理潜能,注重预防和解决发展过程中的心理行为问题,在应急和突发事件中及时进行危机干预。

**5. 效果评价**

发展性心理健康教育以学生的发展为价值取向和终极关怀,全面协调人与自然和人与人的发展,以及个体与外界自然或社会环境的相互协调,所以在评估学生心理健康水平的标准上着眼于学生的可持续发展及人的终生发展。

### 三、发展性心理健康教育模式的实践探索

国内比较有代表性的发展性心理健康教育模式实践探索,主要有以下几个:

#### (一) 现代学校心理辅导模式[①]

现代学校心理辅导模式是上海市教育科学研究院吴增强在1998年提出的。

现代学校心理辅导模式可以用一个基本精神、两条基本途径、多种形式、多方面支持保障来概括:以提高全体学生的心理素质,促进其健全发展的自我教育为基本精神;心理教育与心理咨询两条基本途径相结合;心理辅导课程、教育教学中渗透心理辅导、个别咨询、团体咨询等多种形式相结合;学校、家庭、社会等多方面支持为保障。

吴增强认为学校心理辅导是帮助学生成长发展的自我教育活动,这是它有别于学校其他教育活动的特殊性,这种自我教育活动的特点是以促进人的发展为目标,以学生的成长、发展为中心,以他助、互助、自助为机制。

实现学校心理辅导的目标有两条途径,一条是面向全体学生,另一条是针对有心理困扰或问题的学生,这两条途径的功能相互补充,构成完整的心理健康教育运行系统。而学校心理辅导的形式主要有三种,一是心理辅导活动课程;二是在教育教学中渗透心理辅导,包括学科渗透、班主任工作渗透、团队活动渗透等;三是个别咨询、团体咨询。第一、二种形式主要是解决学生共同性的心理问题,属于心理教育范畴。第三种形式主要是解决学生个别性心理问题,属于心理咨询范畴。此外,学校、家庭、社会等多方面的支持和保障也是实现学校心理辅导目标必不可少的。

#### (二) 全班参与的心理辅导模式[②]

全班参与的心理辅导模式是在香港的"全校参与辅导模式"的背景下,由香港中文大学教育学院的江光荣、林孟平两位教授提出的。

在全班参与的心理辅导模式中,心理辅导活动的基本单位是班,但又不排斥全校性的、小组的以及个别的辅导。该模式的主要辅导力量是班主任,提倡一种班主任和辅导教师密切结合、班主任工作与辅导工作密切结合甚至合一的工作方式,这也是全班参与

---

①② 李正云.儿童心理辅导式模式研究[D].华东师范大学,2007:26-28.

辅导模式最突出的特点。

学校辅导组和专职辅导老师的工作是对教师尤其是班主任进行培训和提供咨询,对学校、各年级、班级辅导活动进行计划和指导,并开展个别和小组辅导等。该模式的基本工作目标是营造"成长环境"。因为发展性、预防性辅导是学校辅导的主要方向,最好的辅导、最有利于学生成长发展的条件,是一种综合的环境,一种氛围。

全班参与的心理辅导模式以主题活动为中心,以一学期或学年为时间单位,以发展某一心理品质或解决某一普遍存在的心理问题为目标。从全校范围讲,各年级各班都有不同的"全班参与"的主题活动,每个年级在特定学年或学期有相对固定的主题项,它们是与当年及该班的学生特点相配合的,全部主题项串联起来应该体现出与各年级学生特点相适应的内容特点,以及发展上的顺序性和连续性。

(三) 发展性心理辅导的"金三角"模式①

"发展性心理辅导的金三角模式"(见图9-1)是在分析借鉴我国现行学校心理健康教育工作模式的基础上,结合发展性心理辅导的理论构思与实验研究,参照全班参与辅导模式构建基本操作模式。

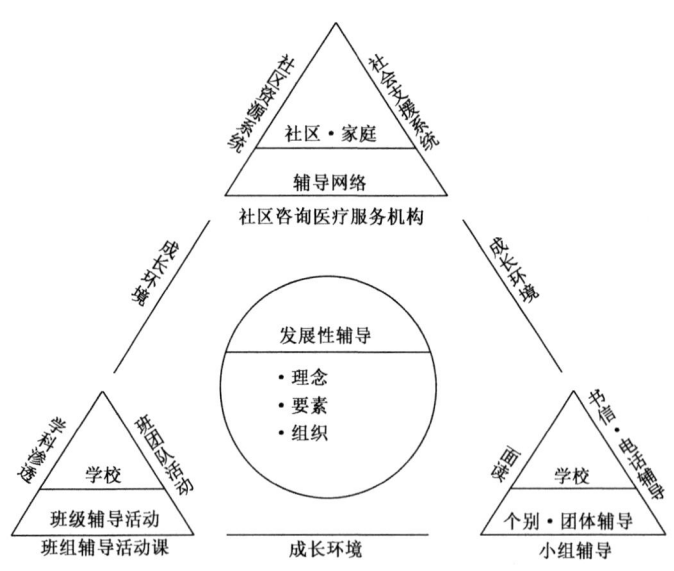

图9-1 发展性心理辅导的金三角模式

金三角模式是由三个小三角形构成一个大三角形,三个小三角形表示发展性心理辅导实施的三条主要途径,即班级辅导、个别或团体辅导和辅导网络。其中班级辅导主要针对班级中的所有学生,是辅导的基础环节,主要由学科教师和辅导教师来实施;个别或团体辅导主要针对班级中特殊的个案或群体,是辅导的重要环节,主要由学校辅导

---

① 刘宣文.论学校发展性心理辅导[J].教育研究,2004(7):55-59.

员来负责;发展性心理辅导的一个特色是辅导网络,即调动社区和家庭等多方面的力量作为辅导的支持和保障体系。在这个三角形中,是通过成长环境将三条途径联接起来的,学生的成长环境包括学校、家庭和社会。突出成长环境是因为,发展性心理辅导实施的一个关键点在于要提供给学生一个促进其成长的发展性的综合环境。

### 本章小结

心理健康教育的模式是指心理健康教育的内容结构、活动形式相对规范、稳定的标准样式。本章从提出背景、概念内涵、内容、方法路径等方面,系统介绍了目前我国学校心理健康教育实践中的三种基本模式。矫正性心理健康教育适用于部分有心理问题、需要矫正的学生,对教育者的心理咨询和辅导的专业性要求较高;适应性心理健康教育服务于一些适应性问题的预防与矫正;发展性心理健康教育着眼于全体学生的心理发展。

### 思考与实践

1. 比较与分析学校心理健康教育的三种模式。
2. 调研一所中(小)学,了解其心理健康教育的实际做法,并结合本章所学进行分析。

# 第十章 心理健康教育的基本途径

微信扫码获取
学习资源

## ※ 学习目标

通过本章学习,了解当前学校心理健康教育的学科教学、校园文化及班主任工作等实施途径;理解开展学校心理健康教育的具体方式;掌握学校心理课程教学及班级管理的基本策略。

## ※ 关键词

学科教学;校园文化;班主任工作

促进学生身心健康、全面发展,是党中央关心、人民群众关切、社会关注的重大课题。① 2023年4月,教育部等十七部门印发《全面加强和改进新时代学生心理健康工作专项行动计划(2023—2025年)》,标志着加强学生心理健康工作上升为国家战略。现在的社会竞争,不仅是知识技能的竞争,而且是心理素质的竞争。学校心理健康教育的开展效果直接关系到学生能否形成积极乐观、健康向上的心理品质,从而对未来适应学校生活和社会公共生活产生深远影响。

## 第一节 心理健康教育与学科教学渗透

### 一、课堂教学中的心理健康教育渗透

学习是学生的主导活动,青少年学生的心理困惑往往源于学习,因此在教育过程中寻求并解决这些心理困惑尤为重要。实际上各科教材中蕴涵不少适用于心理健康教育

---

① 教育部等十七部门印发《全面加强和改进新时代学生心理健康工作专项行动计划(2023—2025年)》(教体艺〔2023〕1号)。

的内容素材,教学过程中也会经常出现有利于实施心理健康教育的情境。教师只要细心挖掘、善加利用,一定可以取得实效。

### (一) 什么是心理健康教育在课堂教学中的渗透

课堂教学中渗透心理健康教育,是指教师在课堂教学过程中能自觉地运用心理学理论和技术,启发学生的学习兴趣,帮助学生提高认知、情感与行为技能,促进学生生动、活泼、主动地学习和发展。

课堂教学渗透是进行心理健康教育的主渠道。它涵盖了教学目标、内容、方法的设计,课堂管理和环境的优化,以及对学业困难学生的帮助和指导等等。

在课堂教学中进行心理健康教育渗透就是课堂教学中的心理辅导,是教师借助学科教学情景(时间、空间)进行的心理辅导,符合全员参与的基本原则。[①]

心理教育是面向所有学生的基础教育,旨在提高其心理健康水平。其目标是运用心理学、教育学、社会学、医学等知识和原理,对受教育者的心理发挥积极的干预和影响,形成、维护和促进他们的心理健康。它是实施素质教育的要素之一。离开了受教育者人格的健全和心理的健康,素质教育的目标就难以达成。心理教育不仅仅是开设一门心理健康教育课,而是要渗透在学校日常的教育教学及管理活动中。

### (二) 心理健康教育在课堂教学中渗透的意义

开设专门的心理健康教育课程固然重要,但是时间有限、人力有限;只有动员全体在任教师在自己的教学过程中适时、恰如其分地渗透心理健康教育,才能形成良好的校园心理氛围。作为学生发展的重要素质,心理的健康与人格的健全不是一朝一夕就可以培养成的。单一的课程无法完成这个任务,单纯的课堂教学也不能实现其目标。我们必须把心理健康教育看成是学校整个教育系统中的一个子系统:它既需要各科教学的参与,也需要专门的实施渠道;既要有教学中的渗透,也要有课外活动的补充与强化;既要有教学的引导,也要有领导和管理层的关注与支持。真正做到多内容、多层次、多途径、多形式地实施心理健康教育。专门的心理健康教育课程有固定的时间、有教材、有专人负责、有计划地进行,这是学校心理健康教育的主战场,而学科渗透心理健康教育,有全员教师参加,这是心理健康教育的主渠道。学校应将心理健康教育始终贯穿于教育教学全过程。全体教师都应自觉地在各学科教学中遵循心理健康教育的规律,将适合学生特点的心理健康教育内容有机渗透到日常教育教学活动中。要注重发挥教师人格魅力和为人师表的作用,构建民主、平等、相互尊重的师生关系。要将心理健康教育与班主任工作、班团队活动、校园文体活动、社会实践活动等有机结合,充分利用网络等现代信息技术手段,多种途径开展心理健康教育。开设专门的心理健康教育课程与学科渗透心理健康教育相结合,这是中小学心理健康教育基本途径中的重中之重。

---

① 王书荃.学校心理健康教育概论[M].北京:华夏出版社,2007:60-61.

### (三) 心理健康教育在课堂教学中渗透的资源

**1. 学科课程本身的心理健康教育资源**

社会科学类课程包括语文、历史、地理、思想品德、政治等课程。这些课程不仅涉及丰富的观察、想象、直觉、形象思维、逻辑推理等心理能力，而且蕴涵丰富的社会认知和鲜明的人文精神。其中，有些课程直接蕴含着丰富的心理健康教育内容。当然，更多的社科类课程则间接地蕴含着许多可资利用的心理健康教育的资源。如语文教材中的群体人物画廊为学生认识世界、了解人生、体验情感提供了一个色彩斑斓的空间，也为学生心理品质的优化提供了有血有肉的凭借物。历史、地理学科也是如此。如历史学科可以通过历史人物、历史事件，地理学科可以通过自然国情等来激发学生的各种高级社会性情感。

自然科学类课程包括小学的自然常识，中学的生物、生理卫生、数学、物理、化学等课程。这些学科课程的学习过程不仅需要观察、记忆、注意、想象、思维等认知活动的参与，而且更需要各种心理品质的支持，同时自然科学类课程还特别有助于对学生进行科学精神与科学态度的培养。譬如，数学学科中抽象的概念、法则、定理以及运用这些法则、定理解决问题的过程，就是训练学生思维品质的很好的过程。物理、化学、生物、生理卫生、自然常识等课程中的演示和实验，更是包含着丰厚而广泛的认知心理方面的资源。此外，在自然科学类课程的教学过程中，通过教师有意识的渗透与引导，还可以培养学生克服困难的意志、一丝不苟的学习作风，树立科学精神和科学态度，并形成认真、细致、耐心、踏实等良好的性格特征。

艺术、体育类课程主要包括音乐、美术、体育等课程。这一类课程蕴含着更为丰富的心理健康教育资源。因为音乐课、美术课本身就是心理健康教育的良好载体。音乐对人的作用是多方面的，它不仅可以影响生理，促进认知，改善情绪状态，调整行为方式，而且不同音乐的不同节奏、速度、音调等还能产生不同的心理调控效果。正因为如此，国外一些学者已将音乐作为一种资源引入心理咨询与治疗领域并由此发展成音乐疗法。美术课中绘画的色彩和线条也能唤起学生不同的心理感受，美术作品的鉴赏更是能引发学生的审美心理体验。至于体育课，有学者认为更是蕴含着促进智力发展、调节消极情绪、锻炼坚强意志、健全学生人格、改善人际关系、提高适应能力等 6 种心理健康教育资源。[①] 在各科教学过程中渗透有关的知识可以使学生处处都感受到真、善、美的教育，从而提高自身的心理素质。

**2. 学科教学过程的心理健康教育资源**

教学是师生之间、学生与学生之间多向互动的活动。在这一特定的环境中，师生关系、教师的课堂教学观与学生观、学生之间的竞争与合作、课堂心理氛围、课堂管理模

---

① 陈家麟.学校心理健康教育——原理与操作[M].北京：教育科学出版社，2002：415-418.

式、课堂秩序、课堂上教师的表扬与批评、教师对学生课堂行为问题的处理、教师对学生学习结果的反馈与评价方式等，都将对学生的心理发展和心理健康产生重要的影响。这种隐性资源的影响力甚至超过了学科课程本身的内容资源。

### （四）课堂教学中渗透心理健康教育的作用

课堂教学中渗透心理健康教育的作用主要有以下三个方面：

**1. 促进学生提高课堂参与度，促进其主动发展和成长**

课堂教学中渗透心理健康教育，一方面能为学生营造安全、包容、支持的学习环境，在这样的环境中，学生能感受到被尊重和理解，从而更加愿意参加课堂学习中，分享自己的想法和感受，这种积极的参与态度不仅提高了课堂学习的效果和质量，而且有助于学生形成积极的心理品质、归因风格和良好的社会关系，进一步提高学生的综合素质，提升其幸福感水平。另一方面，中小学生处于学习理论知识、学习生活技能的成长时期，心理健康教育在课堂教学中的渗透，能促使学生激发内在动力，充分发挥主观能动性，也可以激发潜能，培养学生的自主学习能力，提升问题解决能力。

**2. 促进形成民主和谐的师生关系**

对学生的心理健康发展来说，民主和谐的师生关系有着特殊的影响。教师不仅是知识的传授者，更是学生心灵的引导者和支持者。当教师具备心理健康教育意识时，他们能够更加敏锐地察觉学生的情绪变化与心理需求，采用更加温和、鼓励的教学方法与学生互动，减少了传统教学中可能存在的威严与距离感。

和谐的师生关系建立在相互尊重、理解和信任的基础之上。教师通过倾听学生的想法，关注他们的情感体验，鼓励学生表达自我，使得课堂氛围变得更加开放和包容。在这样的环境中，学生感受到被重视和支持，更加愿意积极参与课堂活动，勇于提问和探索，学习效率和创造力自然得到提升。

**3. 促使教师提高教学能力，促进自身发展**

在教学过程中，不管教师是否意识到，学生在接受知识的同时心理都在发生变化。而不利于心理健康发展的教学方法会对受教育者的心理品质产生负面影响，因此，如果教师不能自觉地、有意识地对学生进行心理健康教育，不懂得心理发展对知识发展的影响，教学活动就难以实现其目的。

课堂教学中渗透心理健康教育，能够促进更多教师学习和运用心理学，研究、学习理论和教学规律，提高理论素养；教师在教学实践中既要培养学生能力，又要培养学生的非智力因素；既要传授知识，更要开发学生的学习潜能，从而提高教学能力。而教师在自觉地、有意识地对学生进行心理健康教育的同时，自身也在潜移默化中受到影响，使自己得到成长和发展。

## 二、心理健康教育在学科教学渗透的原则

学科教学渗透心理健康教育的目的是消除教学设计、评价和管理中一切有害于学

生心理健康的不利因素,预防由此而导致的学生心理失常,使学生能在宽松、和谐、愉快的情境中,无过重心理压力的状态下学习,以维护和促进学生的心理健康。那么学科教学如何渗透心理健康教育呢?

**1. 积极情绪原则**

学生在课堂上的情绪状态,是学生参与课堂教学的重要指标,对其学习成绩产生重要影响。学生以积极饱满的热情参与课堂教学,就会积极开动脑筋思考,课堂知识吸收率高,从长远看,会获得教师和同学更多的尊重与接纳。这需要教师在教学过程中创设安全的教学环境来实现,安全的教学环境要求教师要接纳学生,并设法使学生之间在互相了解的基础上互相接纳,形成一种师生之间、学生之间彼此接纳的社会心理气氛,进而使每个学生形成积极的自我概念、良好的自我形象,以调动他们的成就动机,积极参与到学习中来。为此,教师在进行教学时,要避免使用惩罚性的控制技巧,不挖苦、讽刺学生,不伤害学生的自尊心和自信心,尊重每位学生的人格。

**2. 体验成功原则**

成功所产生的是一种自我满足和积极愉快的情绪体验,它与自尊自信相辅相成,互为因果,是学生自身潜能得以发挥的强大动力。教育教学的实践表明,没有比取得成功更能使学生激动和受鼓舞的了。对学生来讲,成功本身并不重要,真正重要的是那种成功的感觉,也就是体验到做成自己想做的事,实现自己计划时的那种满意的心情。

贯彻成功原则,需要教师提出的要求是合理的,应因人而异,帮助学生确立适宜的目标,要求教师去发现每一个学生的禀赋、兴趣、爱好和特长,发现每一个学生心理发展的可能性,给予正确的引导和培植。如果要求过低,缺乏挑战意味,目标对学生的激励作用就会消失,相反,如果要求过高,学生也会因失败而却步,并导致自暴自弃的消极的自我观,导致学生出现发展性心理障碍。

**3. 民主自治原则**

在课堂教学管理中渗透心理健康教育,主要体现为民主自治原则。要求教师克服对课堂管理所持有的"压、训、罚"的错误观念,实行民主化管理,培养学生的参与意识与合作意识,以积极的指导为主,消极的限制为辅;标明恰当行为在先,奖惩在后。一旦学生发生课堂行为问题,在处理时,也应坚持正面教育为主,惩罚应就事论事,切忌把惩罚作为教师报复泄愤的手段,切忌滥施体罚。其目的是透过课堂管理,培养学生自动、自发、自强、自律的能力,尽量消除引起课堂纪律问题的各种因素,维护和增进学生心理健康。

**4. 个别辅导原则**

在教学过程中,要注意观察学生的心理状态,及时发现他们的心理问题并进行有针对性的个别辅导。学生在学习过程中,随时会表现出自己在学习态度、学习方法、人际关系、情绪状态等方面存在的问题,教师要善于从学生表面的行为问题捕捉和发现学生行为背后的心理问题,做出准确的判断并采取相应的方法进行有针对性的辅导,这样才能帮助学生从根本上解决自己的问题。①

### 三、体现心理健康教育的课堂教学设计

以现代学习理论为基础的课堂教学中心理健康教育渗透的设计理论作为一门新兴学科,形成于20世纪60年代末至70年代初。这一理论的主要来源有两个方面:首先,早期的视听教育研究发展到现在的教育传播与多媒体教材研究,为教学设计提供了丰富的策略、方法和技术;其次,学习心理学研究为教学设计提供了必要的实验事实支持和理论框架。

这些理论包括:关于学习目标分类及其编写的理论,代表人物为布卢姆等;关于学科内容组织任务分析、学习条件分析的理论,代表人物为加涅等;关于主体性的学生观,心理健康教育要把学生看作具有成长潜能的生命体,教学的目的在于开发学生潜力;关于广义的知识观包括加涅的智慧技能,布卢姆的领会、运用、分析、综合、评价等,它要求教师不仅重视陈述性知识的教学,也要重视程序性知识和策略性知识的教学,使学生获得真正的知识。

课堂教学设计的思路来源于教师特有的教学理论和教师对课堂学习过程的看法。在实际的教学设计中,课堂教学设计思路是多元的、综合的,我们要善于吸收各种思路的长处来优化课堂教学设计。

**1. 以目标设定为基础的课堂教学设计**

所依据的理论主要是教学目标分类与编写理论。它把制定明确的教学目标看作全部教学规划过程中的关键。这一思路要求整个课堂教学设计从目标设计开始,进而根据教学目标安排教学内容、确定教学程序、选择教学策略、设计相应的教学媒体,最后根据教学目标要求实施教学,进行相应的课堂教学质量评价。

**2. 以知识分类为主要依据的教学设计**

所依据的理论主要是现代知识学习理论,许多认知心理学家以大量的学习实验研究为依据,把学生的知识概括为三类,即陈述性知识、程序性知识和策略性知识。教学理论要求这种知识分类根据所教知识类型合理设计不同的教学过程。陈述性知识回答世界"是什么"的问题,其教学设计的重点是让学生理解词语或符号表达的意义。程序性知识是解决"怎么办"的问题,其教学设计首先应让学生理解有关概念和规则,其次应提供给学生充分练习的机会。策略性知识是关于"如何学习、如何思维"的知识,其教学设计依据策略性知识是用于调控自身认知活动的策略、方法,应着重明确陈述学生在"学会学习"方面的目标。

**3. 着眼于促进课堂内人际互动的教学设计**

这一教学设计主要是着眼于促进课堂内人际互动的教学设计模式。它把课堂本身

---

① 刘金明.学科教学如何渗透心理健康教育[J].中小学心理健康教育,2003(4):7-9.

看作一个社会,把教学过程看作课堂内人际互动的过程,这种互动有竞争和合作两种基本方式。在教学设计中要善于利用竞争,更多地注重学生在课堂内合作学习。因为学生在合作性的相互情境中有助于获得更高的学习成绩,为此还可以采取建立"互助合作小组"以实现群体合作学习的目标,促进小组成员之间的互相帮助。

### 四、提高课堂教学中的心理健康教育渗透有效性的途径

要实现课堂教学、学科渗透与课外活动参与三方面且协同一致地关注学生心理的健康,就要充分发挥和调动广大教职员工的积极性,争取学校领导对心理健康教育的重视和支持,优化学校教育的整体环境,整合各方面的教育因素,创造一种平等、安全、温暖、宽松的教育氛围,让学生开放自己,表达自己,宣泄情绪,保持健康、平和、进取的良好心态。

#### (一)开展全员培训,构建专业支持体系

进行全员培训,提高教师心理健康教育的意识、知识和能力。既要使教师了解一般的心理教育知识和辅导的技能技巧,更要培训教师如何在学科教学中挖掘教材的心理健康教育因素,结合教学内容本身进行引导。这对教师培训提出了新的要求,即开发学科心理教学辅导方法,从理论上,更要从技术上、实践操作上帮助教师在教学过程中实施心理辅导。

#### (二)加强科研引领,知行兼修促发展

要加强教育科研,促进教师参与心理健康教育的实践。发动教师结合自己的工作实际选择科研课题,开展教学改革,这是实现教师全员参与心理健康教育的有效途径。教师要进行课题科研,就要学习新的教育理论,矫正自己原有的一些陈旧教育观念,重建符合社会发展要求的新的教育理念;在对教育教学中如何渗透心理健康教育进行摸索时,要把自己的工作对象和工作过程作为研究对象,分析学生的心理特点,学习新的教育方法和策略,反思并不断优化自己的教育行为。教师通过参与教育科研和心理辅导实践,边学习、边实践、边提高,既营造了学校的心理健康教育环境,又造就了一只具有现代教育理念、善于从事心理健康教育的教师队伍。

#### (三)发挥隐性教育资源,营造积极心理环境

要发挥隐性教育资源的作用。创设符合心理健康教育所要求的物质环境、人际环境、心理环境。在校园规划设计、环境布置上需巧于安排,以一种积极的心理暗示,帮助学生调试心情。寻找心理健康教育的契机,注重发挥教师在教育教学中人格魅力和为人师表的作用,建立起民主、平等、相互尊重的新型师生关系。在全体师生中大力倡导勤勉、健康、合作、奋进的校风,爱生、敬业、求是、自省的教风,乐学、善思、自信、志远的

学风,创设良好的人文环境,促进学生心理的健康发展。①

## 第二节 心理健康教育与校园文化建设

### 一、校园文化的内涵

20世纪80年代初以来,随着文化热的兴起,校园文化越来越受到人们的关注。从1986年4月上海交通大学举行的第十二届学代会上提出"校园文化"概念到1990年4月全国首次校园文化研讨会在北京召开,校园文化逐渐成为一个研究的热点。

随着我国全面转型,社会矛盾问题和各种社会思潮的突显,环境的变化同时也改变着人,各种不良环境作用的累积是学生出现心理问题的重要原因之一。不良的社会文化和环境可能导致心理适应障碍,甚至对他人、集体、社会产生不良行为倾向,最后走上犯罪道路。学校担负着培养社会主义接班人的重要任务,属于中间环节,至关重要,所以学校应该创造适宜学生成长成才的良好环境。

校园文化是学校教育的重要组成部分,是全面育人不可或缺的重要环节,是展现学校教育理念、学校特色的重要平台,是规范办学的重要体现,也是心理教育体系中亟待加强的重要方面。中小学校园文化通过校风、教风、学风和多种形式的校园文化活动、人文和自然的校园环境等给学生潜移默化而深刻的影响。

在关于校园文化的研究中,人们对校园文化概念的阐述众说不一,从不同角度提出了种种说法,有"亚文化说""综合文化说""文化氛围说""精神环境说"等等,充分认识到校园文化对学校教育是极其重要的,但对什么是校园文化却尚未形成一致的认识。②

校园文化是指在学校这个特定的环境中所拥有的价值观的集合,也就是指校园的物质文明和精神文明建设。广义的校园文化是学校生活方式的总和。它以在校园内学习的学生、教师和职工为主要群体,以区别于其他群体。它应包括以下四个方面的文化:智能文化;物质文化;规范文化;精神文化。狭义的校园文化是指在各学校历史发展过程中形成的,反映着人们在生活方式、价值取向、思维方式和行为规范上有别于其他社会群体的一种团体意识、精神氛围。它是维系学校团体的一种精神力量,即凝聚力和向心力。校园文化是一种管理文化,是一种教育文化,是一种微观组织文化。校园文化是指学校全体师生员工在长期的办学过程中培育形成并共同遵循的最高目标、价值标准、基本信念和行为规范。

校园文化的出现是客观发展的结果,校园文化与学校机构并存。校园文化的研究真正引起人们的重视是在1985年以后,因而在我国校园文化学是一门充满朝气的新兴

---

① 黎龙辉.论学科教学中的心理教育[J].中国教育学刊,2000(4):32-33.
② 史洁,冀伦文,朱先奇.校园文化的内涵及其结构[J].中国高教研究,2005(5):84-85.

的科学。

## 二、校园文化与心理健康教育的关系

校园文化建设和学生心理健康发展有着共同的目标,都是为了促进学生的健康成长而服务的。校园文化建设丰富了学生心理健康发展的内容,而学生心理健康发展的内容深化了校园文化建设的设计。它们两者之间是相互促进的关系。

### (一) 校园文化与心智、情感的关系

文化不仅影响着人的外部行为举止,还影响着人的心理活动方式、逻辑思维方式演变和人的心理状态。人类的心理活动和情感深受文化影响,例如榜样的力量和持久的爱情感动,均由文化作用所致。对事物的好恶评价,不管你愿意与否,也总是受文化影响而形成,它们无一不带有鲜明的文化色彩。校园文化是文化的重要组成部分,学校是对青少年传播科学文化知识和精神文明的基地,校园文化对学生的心理、心智、情感等影响深远。

### (二) 校园文化建设与学生心理健康发展目的一致性

校园文化建设体现在各个方面,例如校道的绿化、文化长廊、学生宿舍文化、学校制度、校园社团活动的丰富等这些物质、精神、制度形态的设计,都体现着以人为本的理念。健康的校园文化,对学生的精神面貌、高尚情操的形成、心智的启迪都有着重要的作用。

学生心理健康发展的目标是培养积极乐观的心理品质,挖掘潜能,促进全面发展,增强承受压力和适应环境变化的能力。校园文化建设与心理健康发展目标一致,均致力于培养学生的良好心理素质和健康成长。综上所述,校园文化建设的目的与学生心理健康发展的目的都是培养学生的良好心理素质,促进学生的健康成长。

### (三) 校园文化建设与学生心理健康发展内容互补性

校园文化建设的基本理念是突显人文关怀,坚持处处以人为本,人文精神体现的是事事、处处以人为中心的思维方式。学生心理健康发展就是坚持以学生为本,关注学生的心理发展特点,既要关注有心理问题的学生的健康发展,也要关注没有心理问题的学生的健康成长。校园文化建设中突显人文关怀,丰富了学生心理健康发展内容,使学生健康发展的内涵更全面、深刻。学生心理健康发展的内容深化了校园文化建设的人文关怀设计。

### (四) 校园文化建设与学生心理健康发展相互促进性

校园文化建设处处体现以人为本的精神,为学生的健康发展提供良好的环境。特色建筑和人文关怀设施,有助于提升学生的审美情趣和心灵发展。学生的心理健康发

展一般来说是身处良好的校园文化环境氛围中潜移默化形成的。青少年还处在心理发育阶段,很容易受到各种不良社会风气的影响,良好的校园文化不仅能增强学生抵制不良风气的能力,还能促进学生高尚道德品质的形成。良好的校风、学风、教风、人际关系形成了良好的学校心理氛围,学生身在其中更加有可能塑造出积极向上的世界观、人生观、价值观。①

### 三、加强校园文化建设,推动学生心理健康发展

加强校园文化建设是一个系统工程,也是一个不断推进、长期积累的过程。目前,中小学校园文化建设要突出并抓好以下三个方面的工作:

**1. 全面开展校风、教风、学风建设**

遵循心理健康教育的专业要求,推进心理健康教育,加强制度建设、课程建设、场所建设和队伍建设,使心理教育和引导体现在细微之处,体现在师生之间、同学之间相互关怀和关心之中,体现在班级、团队组织的温暖和鼓励之中,体现在高年级同学对低年级同学的爱护和帮助之中。扎实开展师德教育,建设热爱学生、为人师表、教书育人、钻研教法、不断探求的优良教风,倡导教师关注每一个学生的每一天的学习生活,及时鼓励学生的进步,及时发现解决每一个学生遇到的困难和问题,让学生在校园都能健康快乐地成长。加强对学生的教育和引导,建设勤奋努力、积极向上、认真诚信、充满兴趣、乐于探究的良好学风,把对知识的兴趣和追求作为学习的动力,爱动脑、勤动手、上好每一节课、完成好每一次作业。认真抓好班级和团队工作,建设团结友爱、互相帮助、快乐和谐、健康向上、争做主人的良好班风。

**2. 组织开展形式多样的校园心理文化活动**

2023年,教育部等十七部门联合印发《全面加强和改进新时代学生心理健康工作专项行动计划(2023—2025年)》,标志着加强学生心理健康工作提升至国家战略高度。教育工作者要以德育心、以智慧心、以体强心、以美润心、以劳健心,用好"五育"并举促进心理健康的重要理念,关心呵护学生心理健康。中小学要精心设计和组织开展内容丰富、形式多样、吸引力强、调动学生主动参与的校园心理文化活动。校园活动单调、枯燥、乏味、沉闷,校园文化缺乏吸引力、向心力是校园文化未能很好地发挥其心理教育功能的症结所在。② 中小学校应结合心理相关节日,例如10月10日世界精神卫生日、5月25日(谐音"我爱我")全国大、中学生心理健康日等开展丰富多彩的校园文化活动,不仅能够增强活动的主题性和针对性,还能有效提升学生的参与度和兴趣。除纪念日外,还可以利用好传统节日,融入心理健康元素开展,例如中秋节可以举办"月圆人团圆"心理分享会,让学生分享与家人团聚的温馨时刻,同时探讨如何平衡家庭关系和个

---

① 张国军.校园文化对中学生心理健康的影响及对策研究[D].广州大学,2016:14-16.
② 崔景贵.校园文化建设与大学生心理健康[J].吉林教育科学,2000(5):63-65.

人成长;重阳节则可以组织"敬老爱幼,感恩同行"心理剧表演,通过表演展现尊老爱幼的传统美德,同时引导学生思考感恩与回馈的意义。教育部从2024年起将每年的5月确定为"全国学生心理健康宣传教育月",教师可通过形式多样的宣传教育活动,加强校园心理文化建设。还可利用入学毕业等有特殊意义的日子,开展心理健康主题教育活动。注重教育教学活动与团队活动有机结合,广泛组织多种类型的心理兴趣小组和学生心理社团活动,每学年都应组织体育运动会和各种形式的心理相关的读书、读报、演讲等活动,结合实际情况开展丰富多彩的校园心理文化活动。开展校园文化活动,要尊重中小学生的身心特点,充分考虑他们的年龄差异、地域差异和个体差异,切合各地实际,既体现知识性、科学性,更突出趣味性、娱乐性,最大限度地调动发挥学生的积极性、主动性和创造性。①

**3. 重视校园绿化、美化和人文环境建设**

要把校园建成育人的特殊场所,充分利用校园的每一个角落,营造心理教育的良好环境和氛围,使校园内的一草一木、一砖一石都体现教育的引导和熏陶。要从本地自然环境和条件出发,有条件的学校应在校园内栽花种草,绿化、美化校园,还可以开辟小种植园、小养殖园,不具备绿化条件的学校也要加强校园环境建设,使整个校园干净、整洁、美观、有序。要对校园人文环境进行精心设计,充分发挥学生的主体性,鼓励学生积极参与校园环境的设计、维护和创造。有条件的中小学要发挥校园广播站、电视台和网络的作用,不断拓展校园文化建设的心理教育渠道和空间。

## 第三节 心理健康教育与班主任工作

学生心理健康教育和良好心理素质的培养,是当前学校教育活动的一项重要工作。学生良好心理的培养和形成受多种因素的影响,主要包括学校教育、家庭、社会及学生自身因素。在这众多的复杂因素中,作为对学生进行教育管理最为直接的班主任,在其教学过程中是否有目的、有意识地加强学生心理健康教育,对学生心理素质的养成有着特殊的地位和重要作用。② 教育部印发的《中小学心理健康教育指导纲要(2012年修订)》也强调了中小学心理健康教育,在中小学开展心理健康教育,是学生身心健康成长的需要,是全面推进素质教育的必然要求。

目前,对学生进行心理健康教育已成为班主任的新职责,是新时期对学生进行的德育教育的新要求。班主任应主动参与心理健康教育工作,真正把维护学生心理健康作为自己的职责,注意将教师角色、班级管理角色和心理辅导者融为一体。在心理学的相

---

① 教育部关于大力加强中小学校园文化建设的通知[J].中华人民共和国教育部公报,2006(Z2):67-70.

② 任亮宝.心理健康教育在小学班主任工作中的渗透[J].黑河学刊,2010(6):116-118.

关理念、方法的指导下,坚持从"以人为本"的观念出发,在"为了每一位学生的发展"新课程基本理念的引领下,建立"班主任渗透式心理健康教育",协调各方教育力量,培育良好班集体,塑造学生完整人格。

## 一、班主任实施心理健康教育的现状

我国学校心理健康教育开始于20世纪80年代,是学校教育工作中涌现出来的新生事物。并且80年代末期,"学校心理学"的概念也开始由学者们正式从西方介绍到中国。教育是为促进人的素质发展服务的,心理健康教育是为促进全体学生心理素质的发展而服务。在整个教育体系中,心理健康教育与德育、智育、体育、美育、劳育一起,构成了一个相互制约、相互渗透的辩证统一的完整体系。无论是思想品德的陶冶、知识的掌握、智力的发展、身体素质的增强、审美素养的提高、劳动技能的形成,都离不开良好的心理素质。自80年代以来,我国教育界的许多有识之士在一些学校开展了心理健康教育的实验工作,并已取得了一定的成效。心理健康教育实践工作大致经历了三个阶段:第一阶段是"自发的探索阶段",在这一时期,主要是面向学生个体,以防治性目标为主,即通过对学生心理问题的预防矫治,进而促进学生的心理健康。第二阶段是"快速发展阶段",在这一阶段,心理健康教育开始面向全体学生,重视个别问题学生,开设了心理健康教育活动课,并进行有关的课题研究工作,以教研促发展。1991年班华教授在《教育研究》发表《心育刍议》一文并首次系统阐述与心育有关的问题,这可看作这一时期学校心理健康教育之舆论准备的一个标志。这一阶段,单靠少数人已不能满足学校心理健康教育的需要,班主任老师开始参与心理健康教育的工作。不少学校认识到,提高学生的心理素质是素质教育的基础,开展班级心理辅导工作,使心理辅导与班主任工作有机结合是改革班主任工作,提高德育质量的一项新颖而重要的工作,但班主任尚未成为心理健康教育的主力军。如果班主任能转变教育观念,充分发挥在心理健康教育中的独特优势,那么,心理健康教育将进入全面发展的第三阶段。在2010年后,进入第三阶段"推进阶段",在这一阶段,学校心理健康教育及与学校心理健康教育相关的工作在政策和实践层面有了可喜的进展,班主任也成为学校心理健康教育的主力军。在教育政策上,2010年6月21日中共中央政治局审议并通过的《国家中长期教育改革和发展规划纲要(2010—2020年)》,从战略高度上强调了加强学校心理健康教育的重要性。随着政策力度加大,这几年间学校心理健康教育的实践活动也有一些新的变化,其一,学校心理健康教育的普遍化程度不断提高;其二,发展性与积极取向渐成各级学校心理健康教育工作的主流理念和实践主线;其三,学校心理健康教育课程建设、辅导室建设、师资队伍建设取得明显进展。[①]

---

① 叶子青,叶一舵.学校心理健康教育三十年:历史演进与未来走向[J].福建师范大学学报(哲学社会科学版),2020(2):140-147+171.

## 二、班主任实施心理健康教育的可行性

教育部发布的《关于加强中小学心理健康教育的若干意见》(以下简称《意见》)中指出:心理健康教育要全面渗透在学校教育的全过程中。在学科教学、各项教育活动、班主任工作中,都应注重对学生心理健康的教育,这是心理健康教育的主要途径。《意见》强调:学校要逐步建立在校长的领导下,以思想品德课和思想政治课教师、班主任和团、队(专职共青团、少先队)干部为主体、专兼职心理辅导教师为骨干,全体教师共同参与的心理健康教育工作体制。班主任是班级的组织者、教育者、管理者,肩负着全面关心学生成长的责任。班主任特殊的角色、地位和作用,使得其在学生心中有比一般教师更高的权威性,学生对他们有着比一般教师更多的信任感。班主任与学生接触多,能较全面地掌握班里每个学生的个性、能力、交友关系、家庭状况及其他情况。

作为学校教育与学生之间的关键联系人——班主任,对于实施学生心理健康教育有着不能回避的责任,这是对新世纪中小学班主任工作职责的新要求,是素质教育向纵深发展的核心环节,是德育工作的新内涵,也是学校实施心理健康教育的一个重要方式。因此,在学校进行心理健康教育,仅仅靠少数专职的心理教师已经不能满足需要,必须发动广大班主任积极参与。班主任工作的现状和困惑,也需要班主任更新教育观念,改革班主任的工作内容、方法,心理健康教育与班主任工作的有机结合,班主任工作引进、借鉴心理辅导的方法,对学生的心理素质的提高有重要意义。班主任负责管理本班教学与学生工作,是联系本班各任课教师,沟通班级与学校、家庭和社会的纽带与桥梁。班主任与学生朝夕相处,无时无刻不在影响着学生,因此,他们是最适宜于对学生进行心理健康教育的一线教育工作者。然而,多数班主任不是专业心理教育工作者,他们不仅要对学生进行心理健康教育和思想道德教育,还要从事班级管理工作,完成自己的教学任务,无论是时间上,还是精力上,开展心理健康教育是有限的。因此,心理健康教育应融入班主任的日常教育和管理工作中。

在中小学,学校的一切教学和教育工作几乎都在班级中进行,目前,国内中小学都设有班主任,他们是班集体的核心,是学生成长最重要的领路人,是班集体的组织者和领导者。班主任作为教师群体的一部分,处于一种最重要、最特殊的地位,在完成自己繁重的教学任务后,还肩负班级的管理工作,既要教书,又要育人;既要教人探索科学真理,又要启迪人觉悟,学做真正的人;而且还肩负着沟通社会、家庭、学校,对学生形成教育合力的任务。班主任往往要承受比科任教师更重的负荷,付出更多的心血。班主任工作是软任务,其工作量是不可以用时间来计算的。班主任工作的首要任务就是做好学生的德育工作——理想、道德、纪律、集体主义、爱国主义等,其中最根本的任务是促进学生的健康发展。凡是班主任工作有成效的优秀班主任,在工作中有一个共同之处,即都能善于观察学生,经常了解学生的思想动向,并从学生的客观实际情况出发,及时调整自己的教育方法,使之适应学生的心理需要,并为学生接受。总的说来,优秀的班主任应具备敬业爱生、关心负责、管理有方、以身作则、善于协调、知识广博等职业素质,

同时,他们在个性品质上具有大方谦和、理性公正、真诚信任、观察敏锐、坚定坚韧、志趣高尚、善于鼓励和赞美等特点。优秀班主任的这些特质,是班主任从事心理健康教育的基础。

### 三、班主任实施心理健康教育的途径

#### (一)环境营造与氛围建设

班主任对学生全面健康地成长起着重要作用,只有心理素质高的班主任才能培养出心理健康的学生。建立良好的心理素质系统,保持健康的心理状态,才能成功地扮演班主任心理辅导的角色。优秀的心理辅导班主任应具备敏锐的观察力、良好的思维品质、良好的情操品质、稳定的情绪、坚强的意志和良好的自我意识品质等。班主任与学生之间要有良好的感情交流,建立良好的感情关系,彼此才能产生亲近感、认同感,相互间的吸引力就越大,学生也就愿意与班主任交朋友,班主任对学生的影响力也就越大。"亲其师,乐其友,而信其道"讲的就是这个道理。

班主任的心理健康水平对学生健康心理的形成具有不容忽视的作用。这不仅仅是因为班主任首当其冲地承担着教书育人的责任,更是因为班主任在青少年学生心目中的形象和师生关系的好坏,对于青少年自我概念的形成、生活目标的确定、身心健康的状况都具有深远影响。如果班主任自己心理不健康,学生的心理健康就没有保证。为此,班主任必须努力提高自身的心理素质,否则就无法承担培养高素质学生的重任。

无数教育工作实践证明,班主任的工作自始至终是以教师的人格影响学生人格的相互作用过程,班主任工作对学生的成长起着至关重要的影响。俄国教育家乌申斯基说:"没有教师对学生的直接的人格方面的影响,就不可能有深入性格的真正教育工作,只有人格能够影响人格的发展和形成。"班主任的人格就是教育的力量。每一个班主任都应充分认识自身人格修养的重要性,足够重视自身的人格修养,努力地实现人格的提升,用自身美好的心灵去塑造学生健康的心灵。

#### (二)集体活动与团体辅导

**1. 开展形式多样的集体活动**

生动活泼的集体活动可促进人际交往,建立团结、合作、友爱、互助的人际关系,体验生活在集体中的乐趣,使不同才能的学生都可以找到表现自己,取得成功的机会,促进身心和谐发展。班主任设计的活动一定要有针对性,即在活动中培养学生的哪些心理品质,设计什么样的活动作为载体来培养学生,班主任要心中有数。

**2. 以主题班会的形式对学生进行团体辅导**

随着班主任对学生心理健康的重视,班会作为班主任疏导教育学生的一种形式,被班主任赋予了新的功能——心理辅导的功能,这种班会也被称为心理班会课。

(1) 主题班会具备进行团体心理辅导的条件。进行团体心理辅导的条件是有与之相联系的人或事，或是彼此理解和了解的人。班级是学生最经常活动的场所，同学之间年龄相仿，经历相似，共同的课堂、班主任、科任教师，对一些问题的理解有着这样、那样的共识，所以，同学之间彼此了解、彼此理解。主题班会中班主任和学生的共同研讨所产生的良好氛围，有利于疏导学生心理困惑及矫正学生的不良心态。

(2) 心理班会课要以班主任为主导，学生为主体。主题班会前应有所准备，摸清学生的心理发展脉络，加以适当的引导，以确保班会的正确导向。召开班会的过程中，教师要善于发现学生表述时言语和情感上的细微变化，理解学生没说出的深层次意思，寻找学生群体趋向，及时补充自己的计划，以解开学生心中的症结。班主任利用主题班会对学生进行心理辅导时，首先要认同学生的想法，然后有意识引导，使学生通过积极思考，由学生自己自然地改变原有的不正确观念或想法。但同时必须注意，避免揭露学生隐私，防止出现新的心理问题，班主任要充分调动学生畅谈自己看法的积极性，通过同学间的互补，使学生放下心理负担。

### (三) 个性化辅导与支持

#### 1. 班主任工作要面向班级的每一个学生

在班集体中，通常比较容易引起班主任关注的是少数表现优异及表现较差的学生，作为大多数的普通学生往往因为不需要特别"操心"而被班主任所忽视。从心理健康的要求考虑，这种忽视是不能允许的。所有的学生都需要班主任的注意和关怀。事实上，国内外都有研究证明，表面"风平浪静"的普通学生在心理健康上更容易产生问题。有利于学生成长的班集体，是面向所有学生的。要使每一个学生感受到班级生活的愉快、和谐，使每一个学生体会到师生关系的民主和平等，使每一个学生体验到学习生活的宽松、积极。

#### 2. 个别辅导

心理健康教育中的个别心理辅导是对学校里一部分需要特殊帮助的学生的个别辅导。人的心理有共性的一面，但更多的是表现为个别化的一面。前者通过心理教育，而后者就必须通过个别辅导来解决。不论是现在，还是将来，这都是学校心理健康教育中必不可少的组成部分。个别辅导就是由经过专门训练的心理辅导员与学生在个别沟通的方式下，运用心理科学的理论和方法，帮助学生解决心理问题，维护和增进身心健康，促进其适应和发展的过程。其实质是一个助人自助的过程。通过辅导，来访学生学会以发展的眼光看待当前的困难，增强自我认识与信心，以积极的态度来面对人生道路上的障碍，寻求克服困难的有效办法，最终实现自我完善。它要求辅导员在工作中严格奉行保密的原则、理解的原则、信任的原则、鼓励的原则以及耐心的原则，为来访学生的成长发展提供一个良好的氛围。一般说来，个别辅导的程序包括了解鉴别、诊断分析、教育干预这三个环节。为达到辅导目的，辅导员要掌握一些心理辅导的技巧，并根据来访学生的自身特点和问题特点,灵活地选择辅导技巧,使之尽可能符合来访学生的需要,成为有效的辅导。① 在心理辅导过程中,辅导员要树立危机干预意识,对个别有严重心理疾病的学生,能够及时识别并转介到相关心理诊治部门。

**3. 团体心理辅导**

团体心理辅导,是指对一个团体进行的心理咨询,通过组织团体内人员进行交互活动,促使个体在交往中通过观察、学习、体验来认识自我、探讨自我、接纳自我,调整改善与他人的关系,学习新的态度与行为方式。团体心理辅导是一个既助人又自助的过程,要求团体成员充分发挥主动性,在活动中得到接纳、援助,同时也给予别人接纳、援助,从而获得成长。② 小组一般是6～10人,学生发表意见的机会较多,与他人互动的机会也较多,增强学生参与感。团体辅导不仅可以发挥学校心理健康教育的三方面功能,而且所涉及的内容较广泛,具有效率高、内容和形式切合实际、新颖、容易引发学生的兴趣等特点,应是学校心理健康教育课程的主体部分。学习适应、亲子关系、同伴交往、异性交往、应对挫折、自信心培养、考试焦虑等方面的问题,都可以以团体辅导的形式进行。③

**(四) 心理活动**

在以往的心理健康教育工作中,对学生心理问题干预主要采用的方法是心理辅导、心理咨询,这是一种通过理解与尊重、接纳与信任,帮助学生探索自己、释放与调适情感、克服心理障碍的普遍心理健康教育模式。心理健康教育中班主任的加入,可以带来工作方法的补充,为学生心理问题干预带来了新的工作方法,除了班会课、小组交流外,还有社会实践活动、心理讲座、心理拓展活动、心理运动会、心理知识竞赛、国旗下讲话、板报等多种形式。其本质都是通过强化行为、理论和思想传播,将价值引导与心理健康教育的目标相结合,通过轻松、活泼、客观中立的累积效应,达到改善学生心理健康状态、提升学生心理健康素养的目标。④ 并且在开展心理活动时,要注意青少年的生理和心理发展是循序渐进的,在各个阶段显现出各不相同的特点。心理教育只有适应受教育者身心发展的水平和特点,才能充分发挥它在促进受教育者身心发展过程中的主导作用。⑤ 所以需要根据学生的不同年龄特点,小学的心理健康教育可以游戏和活动为主,初中可以活动和体验为主,始终贯穿一条活动主线,突出实践性和活动性,同时对不同年龄特征的学生,心理健康的内容应有所侧重。⑥

---

① 陈辉梅. 论班主任是学校实施心理健康教育的主力军[D]. 华中师范大学,2000:15-17.
② 李克勤. 德育活动与心理健康教育活动相互渗透的点滴探索[J]. 人民教育,2020(21):72-73.
③ 李慧生. 中小学心理健康教育课程建设新探[J]. 课程·教材·教法,2006(7):65-68.
④ 俞国良,张哲. 中国特色班主任制度赋能中小学心理健康教育[J]. 人民教育,2023(12):46-49.
⑤ 崔景贵. "必要的张力":发展型心理教育与心理发展[J]. 教育导刊,2007(2):16-18.
⑥ 俞国良. 我国中小学心理健康教育的现状与发展[J]. 教育科学研究,2001(7):62-65+69.

人的一切活动都是在心理支配下完成的,心理素质是人的各种素质的核心和动力。班主任在心理健康教育中起着特殊作用,班主任工作是学校心理健康教育的主渠道。作为新世纪的现代班主任,应当从各方面了解学生,认真做好班级心理教育工作,这既是学校心理教育工作深入开展的需要,同时也是班主任自身做好班级管理工作的需要。在班主任日常工作渗透心理健康教育,促使学生在不同程度上认识自己,培养学生社会与情感能力,在克服困难中提高抗挫力,在与师生快乐的交流中更好地适应学校和社会,为逐渐适应未来生活,适应社会发展的需要打下基础。

### 本章小结

学校心理健康教育的开展,直接影响学生的心理品质,从而对适应学校生活和社会公共生活产生深远影响。学校心理健康教育的基本途径有学科教学渗透、校园文化建设及班主任工作。开展心理健康教育,既要重视在全科教学过程中渗透心理知识,又要注重在校园文化和班集体建设中树立以人为本的理念,培养积极乐观、健康向上的心理品质,从而促进学生身心和谐可持续发展。

### 思考与实践

1. 假如你是一位小学的新任班主任,如何进行班级心理健康教育?
2. 假如你负责一所中学的心理健康教育工作,如何开展校园心理文化建设?

# 第十一章
# 心理健康教育的课程建设

微信扫码获取
学习资源

### ※ 学习目标

通过本章学习,了解心理健康教育课程的基本内涵,理解心理健康教育课程的基本理念,掌握心理健康教育课程编制与实施的基本方法与程序,在此基础上能够科学规范地使用心理健康教育教材,并根据学校实际开发心理健康教育校本课程。

### ※ 关键词

心理健康教育课程;课程理念;教材编制;教材实施;课程建设

学校心理健康教育的立足点是课程,心理健康教育的成效也取决于课程的设计和实施,因此,课程建设是学校心理健康教育的核心问题。然而,我国心理健康教育课程研究与实践才刚刚起步,对于这一新的领域,许多问题尚处于探索中,缺乏相对成熟的理论。本章旨在从课程理念、教材编制与实施、课程建设策略等方面进行探讨。

## 第一节 心理健康教育课程的基本理念

作为一种新的教育形态,心理健康教育课程涉及诸多理论与实践问题,这是一门什么性质的课程?这门课程与德智体美劳"五育"是怎样一种关系?这门课程的编制与实施应秉持怎样的课程理念?这些问题都有待厘清。

### 一、心理健康教育课程的概念

心理健康教育是以提高学生的心理机能、挖掘心理潜能、综合提升心理素质为目标。心理健康教育课程是课程的下位概念,具备课程的本质属性,是围绕学生心理素质的发展进行编制与实施,旨在促进学生心理素质的整体发展,心理健康教育课程是可以界定为"增进学生心理成长的一种教育进程"。

### (一)心理健康教育课程是一种教育进程

将课程作为教育进程来考察,既包括有目的、有计划的教学进程,也包括受教育者知识、技能、情感、个性等发展变化的过程。心理健康教育课程是一个开放系统,以学生的认知、情感、行为的发展为指向,以亲身经历的各种活动为依托,在活动中发展学生的各种心理机能,这是一个主动探究、积极建构、心理自主发展的实践进程。

### (二)心理健康教育课程是一种大课程体系

心理健康教育蕴含在学校教育的各种进程之中,因此,心理健康教育课程是一种大课程体系。第一,它是由认知性、活动性、矫正性心理健康教育课程等构成的统一体,如果把上述课程称之为显性课程,那么,与之对应的还有隐性心理健康教育课程。第二,作为一种教育进程,不同年龄段的学生都面临着各自的心理健康教育问题,从这一意义上讲,不同年龄段的学生有适应其发展的心理健康教育课程。第三,作为一种教育进程,心理健康教育课程是静态与动态统一的课程,其中涉及的知识系列、价值要素等是以静态方式表现出来的,而心理健康教育活动课程,作为隐性课程的人际互动等则表现为动态方式。第四,作为一种教育进程,心理健康教育课程涵盖整个教学进程,它是由课程编制和实施两部分构成,二者相互制约、不断调整,使其处于动态发展之中,它是课程编制与实施统整的教育进程。

### (三)心理健康教育课程是一种特殊的课程

心理健康教育课程的产生是现代教育注重人自身发展、注重发展人的心理潜能以及人的整体发展、主动发展的结晶,其特殊性主要体现为:第一,传统课程注重内容体系的科学性、逻辑性,以知识为中心来组织,以传递知识来运作,心理健康教育课程则以人的心理发展为中心,而不是以知识为中心来组织,实施过程也不是以传递知识为主,而是通过情境设计以促进人的心理发展为宗旨。第二,传统课程对学生发展的促进作用主要体现在认知发展,心理健康教育课程对学生发展的促进作用则是在注重个性发展背景上的全面发展,它是认知、情感、个性的整体协调发展。第三,传统课程集中体现为以教材为中心的编制与实施过程,心理健康教育课程则是以学生的活动为中心的设计与运作过程。第四,传统课程强调的是以教师为中心的知识汇集,心理健康教育课程则是以学生为中心的经验组织,以学生的需要为起点,以满足学生的需要、发展良好的心理素质为归宿。

## 二、心理健康教育课程建设的理念

心理健康教育课程的编制与实施受到诸多因素的制约,这些因素错综复杂地汇集在一起,如果心理健康教育缺少一定的课程理念,课程编制与实施势必导致盲目。根据心理健康教育的特点,下列四种理念是课程设计者应该遵循的。

## （一）融"预备生活"与"进行生活"为一体

从传承知识技能的意义上讲，心理健康教育课程是一种手段，从实施过程的角度来看，心理健康教育课程又是一种生活，那么，心理健康教育究竟是"预备将来的生活"还是"体现当下的生活"？这是心理健康教育课程应该明确的问题。

"预备生活"与"进行生活"是两种不同的课程编制观，也是两种不同的教育观，看似对立的两种课程代表了课程编制的两极，事实上在两者之间是有交叉的。心理健康教育课程编制应将二者融为一体，一方面，现代社会的飞速发展已无法使人只是单纯地适应现存的生活，要培育能动的、非顺从的、非保守的新人也无法从现在的生活中寻找答案，心理健康教育课程的前瞻性、超越性必不可少。另一方面，儿童世界与成人世界并非两种截然不同的阶段，而是同一生活的两个阶段，"学习化社会"的到来更加模糊了学习与生活的界限，因而，教育过程同时也是"进行生活"的过程，"预备生活"也是基于"进行生活"的过程实现的。总之，心理健康教育课程既关注对未来生活的"预备"，也注重学生的现实成长，即既有"预备生活"的一面，也有"进行生活"的一面，在"进行生活"的过程"预备未来生活"，使二者融为一体。

## （二）融"人文精神"与"科学精神"为一体

"科学"与"人文"是人类文明的两个最基本的概念，也是相互包容、共生共存的统一体。科学主义与人文主义对课程的影响首先表现为课程目的观的不同，即科学主义课程目的观和人文主义课程目的观，心理健康教育课程也同样受一定的教育目的观制约，它必须面对心理健康教育课程与学生、社会、学科等诸种关系以及思索和处理这些关系时的价值取向等问题。心理健康教育课程不是在科学与人文之间进行抉择，而是在两者之间寻求融合，进行科学人文主义的课程编制。

心理健康教育课程的编制与实施既要体现科学精神，也要体现人文精神，即融科学主义与人文主义为一体的精神。具体地说，一方面，科学精神是心理健康教育课程的基础，现代社会是在强大的科学基础上建立起来的，在人类与自然界进行物质交换的过程中缺少科学与技术的力量是不可想象的。心理健康教育课程中的科学精神主要体现为课程应是在科学分析、技术综合、层层筛选的基础上建立起来的，课程还要与心理健康教育学科的发展相适应，将学科逻辑与心理逻辑结合起来，这些都反映了心理健康教育课程科学性的一面。另一方面，心理健康教育课程也要蕴含人文精神，在现代社会，科学与人文都在经历着震撼人心的变化，这就是所谓的"工业时代双重的文化革命"，也就是在科学与人文之间、在科学精神与人文精神之间取得平衡。心理健康教育课程中的人文精神主要突出对人性的张扬，尤其要突出对学生心理能力和心理潜能的培育，从学生的需要出发，注重主体性发展，增强主体意识，塑造健全人格。人文精神与科学精神在心理健康教育课程中的融合是体现心理健康教育课程价值的标志，也是衡量心理健康教育课程的一种尺度。

### (三) 融"共性"与"个性"为一体

心理健康教育课程是"共性"与"个性"的统一体,它以增进全体学生的心理发展为宗旨,涉及以心理发展为基础的人的整体发展,课程也要涵盖该学段学生共同面临的发展问题,面向所有学生、面向学生心理发展的各个层面,它决定了课程的全体性、全面性、发展性取向,这与"筛选性"的课程机制有着本质区别。心理健康教育课程不以掌握知识、获取技能的多寡为目的,而以学生整体素质的提高为宗旨,不以是非、高下评定学生的心理水平与心理层级,而以所有学生心理机能的完善、心理潜能的发挥为指向,这是心理健康教育课程与传统教育课程的根本区别。

在"共性"的背景上,心理健康教育课程也应具有"个性"的特色。人与人之间心理发展水平、心理特质都存在着较大差异,每一个学生的心理都是独特的,心理健康教育课程应对学生心理差异有充分的了解,方可设计适合于学生个性需要的目标,这就是"因材施教"的思想。心理健康教育课程的效果依赖于个体的心理反应,个体的心理反应又依赖于具体的情境,在课程实施中,课程目标的厘定就在于能够深入个体的内心世界,透视学生的心理需求和心理特质,控制一定的目标变量,在教育进程中实现课程目标。因此,心理健康教育课程在考虑心理发展普遍性基础上应充分关注学生心理发展的特异性,力争做到"共性"与"个性"的统一。

### (四) 融"现有发展水平"与"新的发展水平"为一体

心理健康教育课程的编制与实施建立在学生心理发展基础上,在课程体系中,不同学段之间是相互衔接的,每一阶段都有课程的"始发状态"和"终结状态",前一阶段的"终结状态"又会构成下一阶段的"始发状态",如此循环往复就形成了完整的课程体系。现行心理健康教育课程主要是结合学龄阶段来编制的,如:小学段、初中段、高中段心理健康教育课程等,每一阶段又可分为若干子段。例如,著名心理与道德教育专家班华教授主编的《心理与道德教育读本》(共6册),就是按不同年级段来设定学程的目标,初一年级:热爱学习、善于学习(知、情、行结合);初二年级:关心社会、学会交往(情、知、行结合);初三年级:学会生活、积极进取(行、知、情结合)[①]。这一设计突出不同年龄段心理发展的主题,上下衔接,环环相扣,利于心理健康教育课程体系的构建。

学生"现有发展水平"与"新的发展水平"之间的区域就是心理健康教育课程的演进地带,苏联心理学家维果茨基称之为"最近发展区",他认为在学生发展过程中存在两种发展水平:第一种水平是现有发展水平,这是由已经完成的发展程序的结果决定的,表现为某种相对成型的发展态势;第二种发展水平就是最近发展区,即那些尚处在成熟状态,正在发展进程中的潜在发展态势,表现为学生需要借助于他人的帮助达成发展的目标。"最近发展区"既表明了一种发展状态,也表明了发展的一种目标状态,心理健康教

---

① 班华.心理与道德教育读本(叩开智慧之门:学会学习)[M].南京:河海大学出版社,1999:1.

育课程的实质在于不断推进学生的心理发展,在课程的始发状态与终结状态之间应反映学生心理发展的潜能及其动力特征,在两者之间既要有一定的跨度,有一定的难度、速度、力度的要求,也要有一定的限度,一定的可行性和适应度,从而勾画出最佳的"最近发展区"前景,从这一意义上说,融"现有发展水平"与"新的发展水平"为一体也是心理健康教育课程的内在规定。

### 三、心理健康教育课程与"五育"

心理健康教育课程不是课程系统的"赘生物",也不是教育发展中的"舶来品",心理健康教育课程是原生的,是教育系统有机的构成要素。近代学者王国维曾提出"心育"问题,认为心育包括智育、德育、美育三者,心育和体育构成了"完全之教育"。我国现行教育体系是由德、智、体、美、劳等几方面组成的,心理健康教育是贯穿其中的一个基本要素,人的思想、品德、知识、技能、美感等都统摄于心理大系统中,它们都服从心理形成与发展最一般的规律,个体的知识、技能、德性、美感等形成与发展是以心理为基础,是主体心理活动的产物,这就注定了心理健康教育与"五育"具有密切关联。心理健康教育课程与"五育"的关系可用简图表述如下(心理健康教育在图中简称为"心育"):

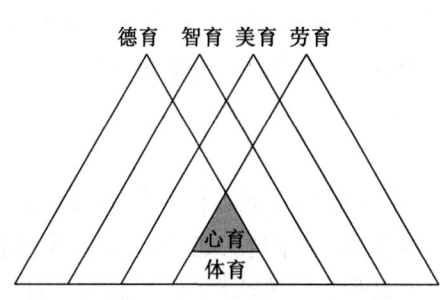

图 11-1 心育与五育的层次关系

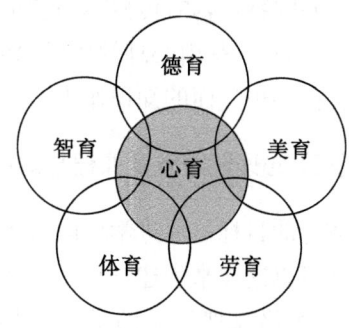

图 11-2 心育与五育的交叉关系

#### (一)心理健康教育课程与德育

德育的目标是"育德",发展人的"德性",并通过个体发展推动社会发展;心理健康教育的目标是"育心",发展人的心理素质,并通过个体的心理发展为人的整体发展奠定基础。在德育中含有心理健康教育的目标与内容,在心理健康教育中也包含部分德育的任务,二者是交叉重叠关系,其结合点是学生的人格发展层面。德育与心理健康教育在总体目标上是一致的,但二者是交叉关系而非同一关系,因而德育与心理健康教育体现出诸多差异:第一,人的素质发展有生理、心理和社会文化三个层级,心理健康教育的着眼点是第二层级,德育的着眼点是第三层级;第二,德育的目标是促进人的思想、政治、道德、法纪等方面的素质发展,心理健康教育并不直接指向德育目标,而是通过发展学生的感知、记忆、思维、想象、情感、兴趣、能力、气质、性格等心理品质间接地作用于德育目标;第三,德育对学生的发展具有明确的导向性,如政治方向、思想倾向、道德理想、法纪意识等,心理健康教育虽然要为"德性"的发展奠定心理基础,但它并不直接承接德育导向任务,心理健康教育对学生的发展主要体现在发展性、预防性和矫正性方面;第四,心理健康教育中所关注的学生在发展过程中出现的一些问题不能归之为"德性"问题,如青春前期的"异性疏远"现象、代际冲突(代沟)、心理障碍与心理疾患等。

### (二)心理健康教育课程与智育

智育的目标是"育智",具体地说是以传授知识、技能,发展智力为指向,智育为人的全面发展提供知识基础和智力基础,体现在各学科的教学之中。在智育与心理健康教育的关系中,各学科教学是二者共通的领域,在这里体现出二者交叉重叠的关系,智育的目标主要体现在传授基础知识、基本技能,发展智力两大方面。首先,传授"双基"是智育的独特任务,但"双基"中的"基本技能"部分又可相应划分为动作技能和智力技能两方面,促进"智力技能"的形成与发展不仅是智育的目标,也是心理健康教育的目标。其次,智育的另一目标是发展智力,发展智力的目标主要是融合在各科教学过程中,诸如培养细致、敏锐的观察力,广阔、深刻的思维力,求知欲和自主学习能力等都是智育和心理健康教育共通的领域,二者相互促进、相互叠加。当然,智育与心理健康教育也有许多不同的特点,如,传授"双基"是智育的根本目标,而在心理健康教育中,并不提倡单纯传授知识,这是由心理健康教育的性质决定的,心理健康教育的根本是发展性教育,若以传授心理方面的知识作为心理健康教育的目标,反而会阻碍学生的心理发展。

### (三)心理健康教育课程与体育

体育的目标是促进学生的身体健康发展(含心理健康发展),体育与心理健康教育的关联可以这样来表述:第一,身体是人生发展的基础,关于这一点,历代教育家都有论述,教育家洛克把健康的身体看得更为重要,如其所言:"健康之精神寓于健康之身体"[①],因此,体育是心理健康教育的基础。第二,从人生发展的层面分析,人的发展是身心统一的发展,人的健康也是身心统一的健康,体育与心理健康教育是平行的,构成了身心统一的教育,即体育与心理健康教育共同构成了教育的基础。第三,体育与心理健康教育相互促进,经常适度的体育运动能促进良好的情感品质和坚强的意志品质的形成,长此以往,会养成积极进取的人格特质;通过心理健康教育发展人的心理机能,使人的心理健康发展也同样能增强身体健康,提高身体的抗病机能。由此可见,体育与心理健康教育是一种相互涵容、相互促进的关系。当然,体育的中心目标是"健体",心理健康教育的中心目标是"育心","健体"与"育心"分别遵循人的生理发展机制和心理发展机制,此为二者的根本区别。

---

① [英]约翰·洛克.教育漫话[M].傅任敢,译.北京:教育科学出版社,1999:1-2.

### (四)心理健康教育课程与美育

美育的目标是使学生掌握审美基础知识,形成一定的审美能力、培养正确的审美观点,现代社会美育的内涵不断向纵深拓展,学校美育与其他各育也呈融合态势,以至出现了大美育的概念。美育与心理健康教育的关系可以表述为:第一,美是教育的一大法则,德育、智育、体育、劳动教育等都遵循美的法则,心理健康教育对人心理机能的开发和人格塑造也是按美的规律进行的,心身统一发展是一种美,心理系统的协调也是一种美,心理发展与德性成长的和谐同样是一种美。第二,美育与心理健康教育是交叉关系,学生感受美、鉴赏美、表现美、创造美的能力培养过程主要表现在心理层面,因此,审美能力的培养是美育与心理健康教育共同的目标指向。第三,美育与心理健康教育相互制约、相互促进,心理健康教育是美育的基础,人的心理品质的发展为美育奠定心理基础,随着人的审美能力提高,会不断激发心理品质的提高和心理机能的完善。当然,美育中关于审美知识的传授和审美技能(如掌握绘画、唱歌、跳舞等技能)的把握等主要是美育的任务,是心理健康教育所无法替代的,也是美育与心理健康教育的差异所在。

### (五)心理健康教育课程与劳动教育

劳动教育的目标是培养学生的劳动观念、劳动习惯、掌握基本的技术知识和技术技能,它是融知识性、技术性、实践性与教育性为一体的教育,使学生从中体验到真、善、美的统一和自由创造的乐趣。劳动教育与心理健康教育之间的关系主要表现为:第一,劳动教育以心理健康教育为基础。劳动观点、劳动习惯、劳动能力的培养需以一定的心理品质的发展来支撑,劳动教育应从一定的心理健康教育理念出发。第二,心理健康教育融合在劳动教育过程中。劳动教育是对学生进行心理健康教育的有效途径,劳动观念、劳动习惯、劳动能力等都属于大的心理范畴,对这些观念、习惯、能力的培养既属于劳动教育,也属于心理健康教育,是二者共通的领域。第三,劳动教育有助于良好心理品质的形成,良好的心理品质则有助于劳动观念、习惯、能力的养成,因此,劳动教育与心理健康教育是相互促进的关系。当然,劳动教育的主体是生产技术领域,所涉及的生产、技术的知识和技能也具有独特的要求,心理健康教育则是以此为支点加以运作,体现为融合渗透性教育的特色。

## 第二节 心理健康教育课程的教材开发

心理健康教育课程是增进学生心理发展的特殊教育进程,具有流动的特质,它集课程编制与课程实施为一体,事实上,课程的编制与实施常常交织在一起,统摄于心理健康教育进程之中。那么,心理健康教育教材在其中又居于怎样的地位?教材有什么特点?如何进行编制?又怎样加以实施?本节将就这些问题进行探讨。

## 一、心理健康教育课程的教材特点

课程是一集合体,教材是其中的一个子集,教材载负着课程的主要内容,是师生共同交流、对话、操作、体验的载体。教材涵盖教师在教学过程中所运用的一切材料和手段,教材是教与学的材料,作为师生交流的媒介,因教材的存在而使教育活动得以顺利开展。心理健康教育教材是一全新的教材形态,在其本质上不同于传统学科教材,心理健康教育教材与传统学科教材的区别,在于学科教材是以间接经验为基础,以传授系统的学科知识为目的,而心理健康教育教材是以直接经验为基础,以心理体验为目的,学生参与教学活动的商定、建构和实施,传统学科教材所面对的窘境也正是缺少学生的合作、参与,致使传统教材成为凌驾于学生之上某种外在的东西。

心理健康教育教材是基于学生的心理特点编制与实施的,与传统学科教材相比,其特点是:第一,心理健康教育教材不是以"教"为轴心,而是围绕学生心理成长展开的,因而师生之间交流、对话的媒介不是传统意义上的固定的"教材";第二,心理健康教育教材涉及学生知、情、行的整体发展,尤为注重学生人格的养成与提升,因而传统的以认知序列为核心组织编制的"教材"无法表达心理健康教育教材的内在精神;第三,心理健康教育教材是以师生双向建构为基础,它的编制与实施是在活动进程中不断生成、建构的,在其本质上不同于传统教材"一锤定音"式的"计划"或"方案";第四,师生的共同参与、协作是心理健康教育教材的基本特征,传统教材则片面强调教师的教导作用,忽视学生的主体地位,因而传统的"教材"与心理健康教育教材的旨意往往是相悖的。凡此种种都表明心理健康教育教材中师生之间赖以交流、沟通的媒介不是传统意义上的"教材",较为确切的称谓就是后现代哲学意义上的"文本"(text),从"教材"到"文本"的转换体现了教育的现代意蕴,也反映了心理健康教育教材与传统教材的本质区别。

心理健康教育实施总是通过一定的媒介进行,这个媒介就是教材,心理健康教育教材融进了后现代主义精神,其具体表现为:第一,心理健康教育教材是开放的,一反传统教材的封闭性。传统教材是"预成的",师生只能顺应既定的"方案",教材实施的结果是可预料的,心理健康教育教材则是"生成的",教师与学生共同制定活动方案,方案在交流、对话、商定中实施和不断生成,"课程成为一种过程——不是传递所(绝对)知道的而是探索所不知道的知识的过程,而且通过探索,师生共同清扫疆界,从而既转变疆界也转变自己"[1]。第二,心理健康教育教材是建构的,与传统教材的"给定性"正好相反。传统教材着重提供"定论性"的东西,而心理健康教育教材是建构性的,它不是提供现成的结论,而是让学生从中领会、体悟,自主建构自己的心理系统。第三,心理健康教育教材是流动的,不同于传统教材的固定性。传统教材是官方组织有关教育专家编制出来的,有其相对的固定性,教材实施中教育者无权变更它的体系结构。心理健康教育教材虽然也有相对稳定的一面,但本质上是流动的,在活动进行的不同阶段也会相应地发生

---

[1] [美]E.多尔.后现代课程观[M].王红宇,译.北京:教育科学出版社,2015:222.

变化。第四，心理健康教育教材的重心在于体验性，有别于传统教材所崇尚的认知性。传统教材的编制是科学主义、认知主义的产物，心理健康教育教材的编制则更注重个体心理的体验性，从这一意义上说，心理健康教育教材对每一个学生具有不同的意义，需要每一个体带着自身的体验去解读。

从我国心理健康教育实践来看，心理健康教育教材建设已经成为学校教育的一个有机组成部分，尤其是在教材的编制方面出现了空前"繁荣"的局面。从积极的一面来看，教育工作者对心理健康教育教材建设充满了真切的热情，怀有一种使命感，对广大学生心理成长具有积极的促进作用；从消极的一面来看，在心理健康教育教材表面繁荣的背后也潜藏着许多问题，现行学校心理健康教育教材"全面出击"的态势难以保证其科学性和规范性，在缺少专业人员和相关的物质条件基础上，心理健康教育教材只能处于低水平重复状态。为此，心理健康教育教材的编制任重而道远。

## 二、心理健康教育课程的教材编制

心理健康教育教材的编制是一项集科学性、专业性、艺术性与教育性为一体的系统工程，具有严格而规范的程序，要具备心理健康教育的专业基础，也要结合特定年龄段学生的身心特点，为此，以下四个方面是心理健康教育工作者应当恪守的。

### （一）心理化编制

心理化编制是当代课程发展的共同趋势，强化教材的心理学基础，使其适合学生的心理结构与心理诉求，反映了教材编制的人文精神，以增进人的心理发展指向的心理健康教育教材更应体现这种精神。就心理健康教育教材编制而言，在宏观上应体现以人为本的思想，着眼于学生心理的整体发展和发展中的每一个学生，具体地说应处理好三种关系：第一，学生、社会、学科的关系，这三者关系是心理健康教育教材编制的基础，在使三者关系取得动态平衡的基础上，凸显学生这一要素，以增进学生的心理发展为核心；第二，学生与教师的关系，师生关系是伴随教育发展的永恒关系，但这对关系在教育发展的不同阶段、不同领域的表现形态也有较大差异，心理健康教育体现了一种全新的教育理念，教材编制应该贯穿这种理念，反映师生之间平等、合作、对话等新型关系；第三，心理发展与整体发展的关系，心理发展是人生发展的一个层面，人的发展其实是包含生理、心理、社会等综合发展的整体，心理健康教育教材的编制应在学生整体发展的背景上找到最佳切入点，使教材在增进学生心理发展的同时有助于人的整体提升。以人为本是教材心理化的指导思想，落实到具体操作过程就是要审察学生的心理需求，了解心理发展现状，设计相关的活动方案，提供心理互动、心理体验与心理建构的场景，既是心理健康教育教材，也是充分的"心理化"文本。

### （二）生活化编制

"回归生活世界"是现代教育的走向，心理健康教育教材的编制应成为教育回归生活世界的一种表征。长期以来,我国基础教育教材编制远离学生的生活世界,尤其表现在一些逻辑性较强的学科上,过分推崇基础知识、基本技能和知识结构,较少顾及学生的生活世界,致使教育内容单调、枯涩,缺乏适应学生心理需求的青春气息,教材所呈现的科学世界与学生的生活世界严重脱节。心理健康教育教材倡导的是与传统教材不同的取向,它从学生的心理实际出发,在生活世界中选择适合学生心理特点的典型材料,在具有生活化的活动情境中通过学生自主认知、体验、反省与思索增进心理品质的发展。从这一意义上说,心理健康教育教材的编制并不刻意追求知识性、学术性和结构性,而是注重心理生活场景的设计和情境的渲染,呈现具有生活气息的心理空间。譬如,《高中生心灵之旅》教材即体现了这一取向,在"第一课 我们:一群高中生"的"心动坊"栏目即设计了两个主题活动,第一个活动的主题是"我是谁?"请同学们结合生活实际用简短的言语描述自己的外貌、性格、爱好、特长、优点、缺点等,第二个活动的主题是"我会成为什么样的人?"请同学们准备一张自己喜欢的照片或自画像,试着回忆并记录一段自己的成长故事,并与周围同学分享。① 从现行的心理健康教育教材来看,生活化是共同的取向,只是在如何贴近学生生活、怎样选择典型的生活材料、如何设计活动情境等方面尚需进一步磨合。当然,心理健康教育教材编制的生活化并不意味着降低科学的层次,生活化并不排斥科学化,因为教材的编制不是随意的,而要做到科学、规范。

## (三) 问题化编制

在分科教育体制下,心理健康教育教材的编制会受到一定学科的制约,但学科体系不应成为教材编制的桎梏,在心理健康教育教材的起步阶段,有人曾把心理健康教育片面理解为心理学知识教育,教材也自然被认为是心理学知识课本,这是一种误区。心理健康教育不同于心理知识教育,对于那些年幼的学生,片面传递心理知识甚至会构成伤害,因此,心理健康教育教材编制并不是沿袭知识体系和科学逻辑,而是跟随学生的心理逻辑和生活逻辑,即持有问题化的编制取向。问题化取向要求教材编制在充分考虑年龄特征的基础上,从特定年龄段学生所面临的心理问题和人生发展课题着手,选择典型情境、典型事件、典型活动与典型问题作为心理健康教育教材的开端,通过活动情境使教材不断建构、臻于完善。不同年龄段学生总要面临既有普遍性也有特殊性的问题,从问题出发编制的教材最具适切性,也易于得到学生的认同。譬如,《高中生心灵之旅》"第九课 网络中的人际交往"的"各抒己见聊网络"栏目即按照问题化的思路进行设计:"讨论:利用网络做些什么?""以 QQ 聊天时收到不明网址为话题,讨论'我可以点击吗'?""通过配图'尴尬的约会',讨论约会的结果会是什么?"②这类问题都是高中生所要面对的,针对这些问题设计心理健康教育情境能够产生良好的教育效果。由于心理健康教育教材的呈现包括结构性、拓展性、潜隐性和商定性等多种形态,因而教材编制

---

① 沈贵鹏.高中生心灵之旅[M].南京:凤凰出版社,2013:5-7.
② 沈贵鹏.高中生心灵之旅[M].南京:凤凰出版社,2013:64-65.

所面临的问题也多种多样,共性的、个性的、静态的、动态的、发展性的、矫正性的问题都是教材应予关注的,归根结底,心理健康教育教材是由学生所面对的各类心理问题构成的。

### (四) 螺旋式编制

在课程编制方面,泰勒曾提出过影响较大的三大准则,即连续性、顺序性和整合性,"连续性是指在学习者的经验中反复强调这些特定的要素;顺序性是指使学习者的发展不断增加广度和深度;整合性是指使学习者的行为与相关要素日益统一"①,受泰勒课程编制准则的影响,20世纪40年代以后主要形成三种课程编制方式:一是直线式,它采取的是单科独进、层层推演的方式,一次性完全掌握一门学科;二是圆周式,指根据学生年龄增长和知识水平的提高逐步扩充课程的内容;三是螺旋式,这种形式综合了直线式和圆周式的特点,使课程的结构由低年级到高年级逐层扩展、逐层提升,并形成螺旋式发展的态势。尽管上述三种编制方式主要是针对学科课程而言的,对心理健康教育教材的编制也有一定的启迪意义,综合考察心理健康教育教材的特点,其编制宜采用螺旋式,理由是:心理健康教育教材非指向特定年龄阶段的教育,它贯穿小学、中学乃至大学等不同的学龄阶段,共同的主题是发展学生的心理机能、提高心理素质,而同一主题在不同的年龄段又表现为不同的内容与形式,这就要求教材的编制应根据不同年龄段学生的心理特点与要求,采用由简到繁、由低到高、由浅入深的方式,使内容分层次地重复出现、逐层拓展、螺旋攀升。螺旋式编排反映了教材编制的动态形式,心理健康教育教材客观上要求这种编排,不同年龄段学生需要适合自身发展的心理健康教育教材,发展了的心理结构又进一步要求编制相应的教材,这就决定了心理健康教育教材编制的螺旋式取向。

## 三、心理健康教育课程的教材实施

教材是实施心理健康教育的蓝本,如何将心理健康教育教材所载负的信息转化为学生的知、情、行,从而对其心理品质产生积极的建设性作用,这是每一个教育者必须思考的问题之一,将心理健康教育教材与学生的心理特征相结合,可得出实施的六种方式:指导—内省式,过程—体验式,践履—训练式,角色—内化式,沟通—对话式,主体—自助式。

### (一) 指导—内省式

这一方式突出"知"来组织心理健康教育教材的实施,心理认知是心理结构的一个层面,也是心理成长的基础,心理认知是由"外在之知"向"自我之知"不断内化的过程,

---

① [美]拉尔夫·泰勒.课程与教学的基本原理[M].施良方,译.北京:人民教育出版社,1994:77.

由"指导"到"内省"正反映了这一变化进程。从心理健康教育教材实施的程序来看,由"外在之知"向"自我之知"过渡包括三个层级:

指导式认知是心理认知的第一层级,围绕认知性心理健康教育教材内容实施的"指导"集中表现为指导者运用口头言语对学生心理认知的梳理、辨析、阐释、评价、建议的过程,以提高心理认知水平;围绕矫正性心理健康教育教材内容实施的"指导"则是指导者对当事人心理与行为的引导,针对当事人的心理问题,提出"特殊的建议",心理指导的基础是认知性指导,由此演绎出体验、训练、对话等活动方式。

研讨式认知是心理认知的第二层级,相当于围绕教材展开的讨论法。集体讨论的形式很多,如,常规讨论是师生共处一堂,畅所欲言;配对讨论是二人一组共同商讨,然后组与组之间进一步交流,逐层推进;辩论则是由正、反方组成,辩题由条件相当的对立的问题构成;在开智方面常用的"头脑风暴法"也是常见的研讨形式,特点是暂缓对问题进行定论式评判,激发每一个学生进行发散思维,寻求的答案愈多愈好,从而产生心理的"共生效应",促进以认知为核心的心理品质的发展。

内省式认知是心理认知的第三层级,是心理认知的高级阶段,认知性心理健康教育教材内容呈现的特点之一是"认知—反思性",即内省式认知。教材实施的成效取决于心理内化的程度,处于指导式认知层次的心理健康教育更多依赖于教育者的引领,是外在于学习主体自身的,当步入内省式认知层级,心理健康教育与学习主体已经融为一体,学习主体能够超越外在的导向,反省自身的境遇和心理状况,进行心理的自主建构。

## (二)过程—体验式

这一形式突出"情"来组织心理健康教育教材的实施,教材的内容需要借助于学习主体自身的阅历,运用情动、直觉、感悟等理解事物。心理健康教育强调学习主体的内在体验,缺乏体验的认知会成为机械记诵,缺乏体验的行为则会成为刻板动作,鲜活的心理世界依赖于真切的心理体验。基于心理健康教育教材的分析,其体验性内容主要分为两类:被动体验和主动体验,被动体验过程的体验是自发地、直接地、自然而然地呈现给学生,无需专门努力,即不是凭借意识和反省的努力;主动体验过程强调的不是体验直观,而是体验活动,这种体验活动不在于认清情境的意义或找出潜在的、确有的意义,而在于自己建立意义、产生意义。"过程—体验式"既注重被动体验过程,也注重主动体验过程,事实上这两个过程常常是相互交织的,共同构成心理健康教育教材实施的一种方式。

从潜隐性心理健康教育角度来看,过程—体验式表现为"陶冶",它是在一定的情境中,基于无意识作用唤起学生情感与想象影响心理品质的方法,属于被动体验过程。然而,教育情境总是在不同程度上体现人的设计,通过创设物质的、人际的、精神的情境,在潜移默化中影响学生的心理成长,这就是心理陶冶的价值所在,事实上,心理健康教育教材重在设计相应情境,引导学生对情境的心理体验。

就主动体验过程来说,过程—体验式表现为一种体验活动,心理健康教育教材中的活动性内容强调这一方法的运用,其基本环节是:① 情境的创设,使学生置身其中,形成情动、体悟的自然氛围;② 活动主题的确立,包括解决问题方式的探讨,使体验有一定的基础和依据;③ 问题的展开,伴随一定的问题,体验的进程也逐步拉开,在师生互动、生生互动的人际关系中,在知、情、行的冲突与碰撞中,学生的心理体验会不断加深,逐步积淀成心理品质的一部分;④ 体验分享与实践反思,在活动进程中,体验不仅是独享的,也应是分享的,体验不仅是情感的,也能够通过体验促进心理反思与建构。总之,主动的体验过程是基于教材引领的心理健康教育活动的一部分,能有效地增进心理品质的形成。

### (三) 践履—训练式

这一形式突出"行"来组织心理健康教育教材的实施,教材的实施是一动态概念,在某种意义上说,它最终要转化为学生的行为才能真正体现心理健康教育的价值,践履—训练式的着眼点是学生的行为。任何一种心理品质的形成都不同程度地触及心理训练问题,每一种心理品质的形成都可通过相应的心理训练得到增强。在心理健康教育教材的发展性内容呈现中,以活动为载体的心理训练主要包括三个方面:认知训练、情意训练和行为训练,"脑筋急转弯""头脑风暴法"属于认知训练;"移情体验""耐挫力培养"属于情意训练;"榜样示范""目标强化"则属于行为训练。在心理健康教育教材的矫正性内容呈现中,以行为主义理论为基础的心理训练是常见的方式之一,其中的"系统脱敏法"和"松弛训练法"已成为经典,前者是利用交互抑制的原理或条件反射作用的原理建立系统的矫治训练目标,一步步地消除当事人的紧张、焦虑或恐怖状态,后者则是利用生理上的松弛练习,消除心理上的紧张、焦虑,使之恢复平静状态。

心理训练离不开身体力行,在心理健康教育教材实施中行之有效的方式之一是"模拟训练",这种方式广泛分布于心理健康教育教材的各个层面,知、情、行等都可通过模拟训练达到心理健康教育的效果,譬如,一线教师根据教材的相关内容组织学生以"超越代沟"为主题进行"模拟对话会",班级学生分为甲、乙两方,甲方模拟父母,乙方模拟子女,就子女与父母的关系问题展开对话,以此训练学生的沟通理解能力。另外,结合教材内容编制的游戏活动也可达到心理训练的效果,游戏式训练能够发展学生的主动性、创造性,有益于健康、活泼人格的养成,尤为适合在青少年学生中开展。

### (四) 角色—内化式

角色扮演是心理健康教育教材内容实施中别具魅力的一种方式,这是以表演来启发学生对自我状况、人际关系、人生境遇等认知和体验的方式,其特点是能够发挥学生的主观能动作用,通过活动场景的设计及心理角色的演练,使其设身处地理解和感悟自己和他人的内心世界,增进人际关系的敏感度,发展同情与共感能力,通过角色的演练还能够学习各种沟通与调节技能,自由表达自己的感情和意念,对消极情绪的消解也能起到一定的宣泄作用。

角色—内化式的基本意涵是通过一定角色的扮演使教育内容逐步内化为学生的心理品质。角色扮演既是一种方法,也是一个过程,从过程来考察,教材内容的设计表现为完整的心育活动,"事前沟通、情境设定、即兴表演、事后讨论"构成了一个流程。扮演前的沟通是为了明确角色定位;情境设定则是设置角色活动的场景;即兴表演是在活动场景中角色活动的展开过程,这是角色扮演的中心环节;事后讨论是必不可少的,这是心理健康教育角色扮演活动与舞台表演的区别所在,也是角色扮演活动的总结提升。

角色扮演的形式多种多样,根据心理健康教育教材内容的设计主要有下列几种:① 个别固定的角色扮演,即根据心理健康教育教材的有关提示,每一个参与的学生都有机会扮演某一角色,体验角色的内心世界;② 二人互换的角色扮演,让学生同时扮演两个不同角色,如学生与老师、学生与家长、男孩与女孩等,在两个角色不断交换的情况下学会换位思考,体验各自的内心世界;③ 集体的角色扮演,这种形式涉及众多角色的分工与协作问题,需要一定的组织与筹划,其中具有代表性的是心理剧。心理剧是让学生扮演剧情中的某些角色,通过角色演练、角色互换、重现、独白等方法体验心理冲突,在身临其境中创造性地解决心理问题或心理困扰,现已成为心理健康教育教材实施中喜闻乐见的表现形式之一。

### (五) 沟通—对话式

沟通—对话是心理健康教育过程中师生之间的一种关系,同时也表现为一种教育方式,融洽的师生关系是心理健康教育的基础,在这种关系中人与人之间才能相互沟通、敞亮和接纳,心理健康教育教材效能的发挥,客观上要求师生之间、生生之间敞亮自己、吸纳对方,展开心与心的融通,这就是对话关系。

沟通—对话式可追溯到古希腊时代苏格拉底的产婆术,苏格拉底自谦为"一个无知的人",只是一个协助别人产生智慧的"产婆",教学过程中,他不是告知学生答案,只是提出问题让学生思考,自己也扮演学习者的角色,与学生共同探讨问题的答案,这是早期的沟通—对话式。近40年来"合作教学"理论与实践研究日益增加,而合作教学的精义与沟通—对话的方式是相通的,对话的基础是合作,合作的目的则是为了对话。在心理健康教育教材实施中,沟通—对话体现最基本的师生关系、生生关系,这种方式在心理咨询的过程(课程)设计中表现极为明显。心理咨询的基础是商定性,商定的过程唯有通过沟通—对话的方式方能维系,针对学生心理上的问题,师生之间以平等的方式介入,相互敞亮,展开对话是最佳的解决方式。

沟通—对话要求建立民主、合作的师生关系、生生关系,在这种方式下的心理健康教育教材内容编制与实施不是以权威、居高临下的方式呈现,而是以尊重、平等、亲和、讨论与分享等方式体现心理健康教育的真谛。

### (六) 主体—自助式

弘扬人的主体性是现代教育的目标之一,当学生的主体性得到充分发挥时,自助学习就成为可能,心理健康教育教材实施的主体—自助式彻底改变了传统教学观和师生观,实施过程中的学生不是被动地跟随教材的进程,而是主动地参与教学活动过程,学生与教师共同建构教材的运作体系,这一过程的师生关系可视为"反思性关系"。"在教师与学生反思性关系中,教师不要求学生接受教师的权威;相反,教师要求学生延缓对那一权威的不信任,与教师共同参与探究,探究那些学生所正在体验的一切。教师同意帮助学生理解所给建议的意义,乐于面对学生提出的质疑,并与学生一起共同反思每个人所获得的心照不宣的理解"[①]。基于反思性师生关系的心理健康教育教材,前提是把学生视为有自助能力的能动主体,能主动参与师生之间、生生之间的合作交流,自主建构心理世界。

早在20世纪40年代,罗杰斯基于心理咨询与心理治疗实践,创立了"非指导性教学"理论,在教育过程中以学生为中心,尊重学生的自主性,让他们自由自在地发展,而不是用整齐划一的方式对待每一个人。教材是实施心理健康教育的一种依据,但人的心理品质的发展不是"教成",而是在教育情境中通过主体自身的努力逐步"养成",这就决定了主体—自助式在教材实施过程的地位,相比之下,这是一种更适合学生心理自主成长的方法,也反映了心理健康教育的深层要求。心理健康教育教材实施中的主体—自助式更适合那些有一定的组织、体验、反思能力的高年级学生,它表明通过教材的适当引导,学生可以尝试解决自身的心理成长问题。

## 第三节 心理健康教育课程的建设策略

心理健康教育课程建设涉及课程规划、课程设置、课程目标的确定、课程标准的制定、课程方案的落实、课程运行模式、课程开发等一系列问题。本节就心理健康教育课程建设的原则、课程评价、课程的系统化运作等问题进行探讨。

### 一、心理健康教育课程建设的原则

心理健康教育课程建设是一项科学、严密的工作,它依赖于对心理健康教育规律的认识以及具体情境的把握,在具体操作过程中应遵循下列原则。

**(一)教育性原则**

教学过程的"教育性"早在赫尔巴特的著作中就已经有了明确的结论,并且是作为一条规律来对待,无须进一步阐明。心理健康教育课程建设也同样具有"教育性",对待这一课程,不是"为了建设而建设",建设的根本是为心理健康教育课程实施服务的。事实上,不存在游离于心理健康教育之外的建设,建设过程就是一种教育方式、教育途径、

---

[①] [美]E.多尔.后现代课程观[M].王红宇,译.北京:教育科学出版社,2015:227-228.

教育手段,譬如,让学生自主设计一项活动课程,从中能够对其心理认知、情感体验、自我反省等心理品质的发展产生积极的促进作用。

### (二) 发展性原则

心理健康教育的目的就是促进学生心理品质的不断发展、完善,课程建设过程也应充分体现这一思想。一方面,心理健康教育课程编制应以发展的眼光看待每一个学生,或许在特定的时期,某些学生可能遭遇到各种各样的心理困扰,心理品质可能存在这样那样的缺陷,课程内容不能基于学生心理的现状,而应着眼于心理发展的未来。另一方面,心理健康教育课程建设应立足于学生发展,以发展为出发点,课程编制对学生的心理发展能产生巨大的激发力量,从而为心灵成长注入新的活力。

### (三) 主体性原则

尊重学生的主体地位是现代教育的标志,这同样体现在心理健康教育课程建设的过程中。学生是自己心理发展的主体,外在的影响必须通过主体自身的"运动"来实现。心理健康教育课程建设也是如此,来自教师和教材的引领是"外在于学生的",这种引领只有内化为学生的内在动力时,才能最终产生作用。在心理健康教育课程实施中,由于学生是以主体身份出现的,他们既是心理健康教育课程实施的主体,同时也是课程评价的主体,来自学生的"自评自结"更贴近心理健康教育课程的需要,更具有教育价值。

### (四) 全面性原则

人的心理是一整体,知、情、行是难以分割的,心理健康教育课程的编制与实施都是以心理的整体发展为指向的。对心理健康教育教材内容的选择要遵循系统论的观点,注重心理品质之间的有机联系,在系统把握学生心理特征的基础上进行全面考量。一方面,要"树立学生'全人化'发展观念",即课程编制不是针对个别现象、具体问题,而要透过课程形式揭示学生心理品质的深层发展和整体发展意义;另一方面,对具体年龄段学生所表现出来的个别行为,不应该就事论事,而要置于联系的、整体的背景上加以选择编排。

## 二、心理健康教育课程评价的重构

课程评价是心理健康教育课程建设的重要内容,相对于学科课程而言,心理健康教育课程评价是一个全新的领域,心理的复杂性、心理健康教育课程的非学科性、心理健康教育教材的灵活多变性等都给课程评价带来一定难度。在课程实践中,评价方法的"滞后",已经成为制约一些学校开展心理健康教育的"瓶颈",当下的心理健康教育课程建设,重在践行课程评价的三大转型。

### (一) 从认知性评价到综合性评价

传统教育评价注重认知性评价,学生获取知识的多寡和学业成绩的高低常常成为判定教学绩效的标准,至于知识与认知之外的情意发展、人格特质等则是评价的盲区。这种评价取向与心理健康教育课程评价取向大相径庭,心理健康教育课程指向学生心理潜能的整体开发,把握心理知识的多寡与心理潜能的开发、心理品质的提升没有直接关联,实施心理健康教育课程的宗旨则是注重认知的、情意的、人格的、行为的整体发展。因此,心理健康教育课程评价更为注重课程与学生整体心理发展的关联,譬如,心理健康教育课程目标、课程内容能否反映学生心理发展的整体面貌,课程实施能在多大程度上增进学生心理的协调发展和整体提升,等等。综合性评价体现了定量与定性的统一、主观与客观的统一、静态与动态的统一等多种评定策略。

### (二) 从书面性评价到情境性评价

传统教育评价注重书面性评价,常见的方式之一是纸笔考试,这种评价对于如何增进学生心理发展的评价具有较大的局限性,心理品质的发展很难通过考试等书面形式完整地反映出来,书面性评价结果或考核成绩的高下并不能真正表达活动的结果以及学生心理发展状况,而情境性测验无疑是适合心理健康教育课程评价的有效途径。所谓情境性测验指的是设计与学生学习、生活相关的活动场景,使其在较为自然的状态下表达自己的内心世界,以达到评价的目标。在现行的心理健康教育教材中,一线老师不仅善于运用情境来设计活动课程,也常常通过营造各种情境来检测活动效果,根据学生对情境的应答状况进行评价,从而在不同层面说明心理健康教育课程实施的结果及学生心理成长的状况。

### (三) 从定论式评价到对话式评价

传统教育评价倾向于以教师为中心的定论式评价,作为学习主体的学生几乎没有参与评价的机会,这是一种单向的、归纳式的、下结论式的评价。心理健康教育课程评价则从根本上转变了传统的评价方式,从定论式评价转向对话式评价,学生是以主体身份参与活动评价的全程,因而心理健康教育课程评价蕴含着学生的声音,它是以师生互动为基础的对话式评价,参与、商定、民主是这种评价的代名词。从根本上讲,任何一项课程评价都是以学生获益的多少为鹄的,否则,无论是评价的方法、手段多么先进,也是难以达成评价的目标。心理健康教育课程实施中采用对话式评价,是发挥活动主体能动作用的一大举措,也是课程实施不可缺少的一个环节。对话式课程评价可以分为教师评价、师生互评、学生自评三类,三者共处于师生对话的情境之中,教师评价源自教师的内在表达,师生互评是发自师生之间、生生之间的心灵碰撞,学生自评则是来自学生的内在表达。从心理健康教育课程的要求出发,对话式评价是平等、商定、非定论性的,体现师生之间新型的"我—你"关系。

### 三、心理健康教育课程的系统化运作

心理健康教育课程建设正处在启动阶段,关于心理健康教育课程的标准、课程的设置、教材的编制、课程的实施、课程的评价等都在探索之中。根据心理健康教育的宗旨,基于我国的心理健康教育实际,在课程实践中应重点考虑以下三方面问题。

#### (一)心理健康教育课程应纳入学校课程建设体系

在学科课程一统天下的背景下,对于大多数学校而言,心理健康教育尚未纳入学校的课程建设体系,尽管一些学校有开展心理健康教育的尝试,但大多是游离于课程体系之外,有的成为一种"时尚",有的则是一种"摆设"。心理健康教育能否深入推进,在一定意义上讲就是能否"课程化",在学校课程体系中有心理健康教育课程一席之地,有固定的时间固定的场所让这一课程得以实施,有特定的受教对象,有专门的心理健康教育师资等,这些是心理健康教育课程建设的标志和运行的保障。

#### (二)心理健康教育课程应实行学校家庭社会一体化运作

人的心理成长是在学校、家庭、社会不同情境中协同展开的,因此,心理健康教育课程建设应着眼于三者的协调一致,进行联通性、立体性建构。学校是心理健康教育课程建设的主阵地,课程体系的构建应该在学校中完成与不断改进,这一课程的触角又必须延伸至家庭与社会,得到家庭、社会的配合与支持。学生心理与行为的归因与判断、培育与矫正等都必须基于学校、家庭、社会的系统筹划,在一体化教育网络上挖掘心理健康教育资源,建构心理健康教育课程体系,只有实行课程的系统化运作,心理健康教育才能得到最佳的教育效果。

#### (三)学校应致力于心理健康教育校本课程的开发

心理健康教育课程在我国的教育体系里已经实现了"从无到有"的跨越,下一步则要实现"从有到优"的创建,从根本上讲,就是每一所学校都应有属于自己的心理健康教育校本课程。每一所学校都有自己的文化特点,每一个学生都有自身的心理特点,因此,每一所学校都应开发具有特色的心理健康教育校本课程。当然,心理健康教育校本课程的开发并非一朝一夕之功,需要有先进的办学理念,更需要有专业的心理健康教育工作者。心理健康教育校本课程开发需要一定的物质条件支撑,最关键的是要开发相应的心理健康教育教材,以教材为抓手激活学校的整体心理健康教育工作。

**本章小结**

心理健康教育课程是区别于传统学科课程的一种全新的课程形态,它是增进学生心理成长的教育进程,是融"预备生活"与"进行生活"、融"人文精神"与"科学精神"、融

"共性"与"个性"、融"现有发展水平"与"新的发展水平"为一体的大课程体系,与德智体美劳"五育"具有内在的关联。心理健康教育教材具有开放性、建构性、流动性等特点,教材编制应体现心理化、生活化、问题化、螺旋化等特色,教材的实施主要围绕指导—内省式、过程—体验式、践履—训练式、角色—内化式、沟通—对话式、主体—自助式等六种方式进行。心理健康教育课程建设应遵循教育性、发展性、主体性、全面性原则,课程评价要从认知性评价到综合性评价、从书面性评价到情境性评价、从定论式评价到对话式评价等方面进行重构,心理健康教育课程应纳入学校课程建设体系,致力于校本课程的开发,实行学校家庭社会一体化运作。

### 思考与实践

1. 为什么心理健康教育需要"课程化"？请结合基础教育的实际,分析心理健康教育课程与"五育"课程的区别与联系。

2. 调研心理健康教育课程在基础教育阶段的实施状况,谈谈你对心理健康教育课程的理解。

# 第十二章
# 心理健康教育的教学组织

学习资源

## ※ 学习目标

通过本章学习,了解心理健康教育的课程性质,掌握心理健康教育教学的常用方法;在教学设计原则的指导下,了解心理健康教育教学的基本过程,合理使用心理健康教育教学评价方法,科学理解心理健康教育的教学组织与策略。

## ※ 关键词

心理健康教育;体验式教学;教学方法;教学评价

心理健康教育主渠道之一就是开设心理健康教育课程。心理健康教育课程是一门集心理知识的传授、心理活动的体验和心理调适技能训练为一体的综合课程。《教育部办公厅关于加强学生心理健康管理工作的通知》(教思政厅函〔2021〕10号)文件中提出,要加强心理健康课程建设,发挥课堂教学主渠道作用。心理健康课程需注重理论联系实际,注重培养学生实际应用能力。

## 第一节 心理健康教育教学的常用方法

心理健康教育课除了要让学生掌握比较系统的心理健康知识外,还要促进其积极心理品质的形成和自我成长。根据心理健康教育的教学目标和性质,课程需采用理论与体验教学相结合、讲授与训练相结合的综合教学方法。

### 一、心理健康教育的教学性质

心理健康教育的核心目标是增强学生的心理调适能力,保持良好的社会适应能力,培养学生的积极品质,最大限度地挖掘潜能。这就使心理健康教育的教学性质不同于其他学科类课程教学。

### (一)教学方式的体验性

体验式教学是一种综合性的教学方式。心理健康教育的专业性、实践性和综合性注定了心理健康教育课程是一门以学生获得体验为主的活动性课程。体验性教学彰显了以学生为主体的教学理念,保障了心理健康教育的实效性。切合心理健康教育的特殊性,能够整合中小学生的身、心、灵,能够吸引学生主动参与到具体的实践情境中,满足他们各层次心理需要。[①] 运用心理体验式教学,创设一种情感和认知相互促进的丰富的教学情境,让学生在轻松愉快的教学气氛中,通过听、说、看、做等活动形式,调动学生多种感官协同参与,使学生有效地获得知识并获得情感体验。具体通过案例分析、情境活动、团体辅导、分组讨论、角色扮演等方法引导学生在活动中诱发学生认知冲突的产生,激发学生情感,注重学生的具身体验,在思维碰撞、情感交流中感悟—体验—认知—改变—成长。体验式教学研究也表明,体验式教学在优化学生心理素质、提升心理健康水平上更有效,教学效果更好。

### (二)教学内容的生活性

心理健康教育内容的建构以回归学生生活需要为取向,以"适用""适需"为原则。心理健康教育教学内容的选择与组织要基于学生已有的生活经验和实际需求,选择学生最关心、最需要、最感兴趣和最感到困惑的问题,再结合学生年龄特征设置内容。这样一来,才能引发学生的情感体验、价值认同,激发学生的参与意识。例如,异性交往、亲子关系、情绪调节、自我意识等内容是青春期学生最为喜欢和最为需要的。也就是说,凡是能够急学生所急、予学生所需、帮助学生解决他们的生活困惑,能够调节学生消极心态,使他们更加有效地学习、快乐地生活的内容,才能在课堂上引起他们的共鸣和反思,这样的内容才是心理健康教育课程的主要教学内容。

### (三)教学关系的和谐性

在主客体二元对立视角下,传统的课堂教学中,师生之间是一种教育者与被教育者的关系,是一种讲授者与被动接受者的关系。但在以学生为中心的教育理念下,新型师生关系应是平等互动、共同成长与发展的和谐式师生关系。心理健康教育教学中师生关系更是如此。在教学的过程中,充分发挥学生主体性的同时,教师应积极发挥教学的组织者、引导者作用,通过精心的教学设计,营造出无拘无束、相互交流的教学氛围,缩短师生间的心理距离,达到师生心理相容。巧用非言语表情,善用教育机智,捕捉学生经常遇到的心理困惑,积极鼓励学生发展自身潜能,教会学生积极乐观地看待所遇问题,增强学生积极情绪体验。在良性互动的师生关系中,促进师生走在共生共长的和谐

---

[①] 凌子平,马利军.论体验式教学对心理健康教育的意义[J].高教探索,2016(2):69-71+117.

之途。

## 二、心理健康教育课的主要教学方法

心理健康教育教学中经常用到的教学方法有课堂讲授、案例分析、角色扮演、小组讨论、心理测试、团体训练、体验活动等。

### （一）案例教学法

心理健康教育教学中的案例教学是通过具体的典型案例创设一个特定的情境，通过师生、学生之间的双向和多向互动，让学生产生深刻的体验，从而促进学生认知结构的改变，情感和行为的发展。

案例是进行案例教学法教学的基本素材，须精心选编。选择案例遵循的原则主要有以下几方面：

**1. 目的性原则**

教师所选的案例内容须与课堂所授的内容、教学目标密切相关，能使学生较容易与将要学习的内容联系起来，这样既能顾及理论知识的系统性，又能达到理论联系实际、将知识升华为能力的目的。

**2. 新颖性原则**

当代学生生长在瞬息万变的信息爆炸时代，新的知识和新的思潮层出不穷，符合时代特点的新颖案例才能引起学生的兴趣，满足学生的心理需求，引起学生认识问题、分析思考问题的兴趣与热情。在对案例的分析和讨论中，提高了学生学习的主动性和积极性，增强课堂教学的效果，达到了教学目的。

**3. 生活性原则**

调查显示，学生更欢迎以生活案例为线索的授课方式，并主张开放式的讨论。教师选择案例时，可通过深入走访学生、问卷调查、网络信息收集等方法，选择学生感兴趣的、与日常生活实际相结合的案例，使学生感到真实可信，寓理于情，增强说服力，同时启发学生用"心理的"视角看问题，促进思维方式的转变与更新。

**4. 丰富性原则**

学生在不同的学习阶段有不同的心理需求，他们的心理需求既有共性，又由于家庭环境、教养方式、生活环境和成长经历等方面的不同而表现出差异性，并且不同年级学生主要的心理问题表现在学习心理、人际交往、恋爱与性、情绪情感、自我意识、求职就业和生涯规划等方面也存在差异。因此，教师选择案例时应照顾到学生不同年龄阶段、不同背景的心理差异，在选好共性的教学案例的基础上，多选择不同类型、不同风格和不同呈现方式的案例，以满足学生的不同需要。只有教学中的案例生动形象有趣，内容丰富多彩，形式多种多样，才能激发学生的学习动机，提高课堂教学效果的实效性。

案例教学法有助于加深学生对重要观点、原理的理解，调动学生的积极性，培养学生解决实际问题的能力和合作精神,积累感性认识,但忽视了理论体系的完整性。因此,一般来说,教师在实施讨论之前,将基本的理论知识传授给学生,或者在讨论之后,教师应帮学生完成从个性到共性,从感性到理性的升华。

### (二)角色扮演法

角色扮演法是教师提供一定的主题情境和表演要求,让学生扮演某种人物角色,演示某种行为方式、方法与态度,达到深化学生的认识,感受或评价"剧中人"的内心活动和情感体验的目的。把角色扮演与心理情景剧结合起来,在课程中适当运用,可收到良好的效果。简单的情境表演或角色扮演能让扮演角色的学生在体验自己内心冲突的同时,使旁观的学生看清楚问题所在,重新整合自己的认识,学习处理人际关系的技巧,激发处理问题的灵感,调整自己的行为模式。

**1. 角色扮演法常见种类**

角色扮演法表现形式有集体的角色扮演法和个别形式的角色扮演法。常见的种类主要包括以下几种:

(1)角色互换。此方法是让学生先后扮演不同的角色,体验不同角色的感受,学会不同角色应有的社会言行。表演时可以是一人也可以是多人互相配合,如"我来当父母""失败时的我""假如我是他"等。此类表演适合于自我意识训练、情绪情感训练和交往指导等。

(2)哑剧表演。这种表演是一种非言语性的表演。教师可根据活动内容让学生充分利用肢体语言表情达意,学会非言语交往。可以是一人或多人表演,如表演"幸福时刻""老友重逢""生气时"等。就训练内容来说,哑剧表演主要适用于情感情绪训练和交往指导。

(3)空椅子表演。这种方法只需一个人表演,与表演者打交道的另一个角色用空椅子代替,让表演者练习同想象中的坐在空椅子上的人说话。例如,某个学生与父母关系不佳,我们可以用空椅子表演的方法帮助他。具体做法是将两张椅子面对面放,让该生坐在一张椅子上,假设另一张椅子坐的是父母。让该生先表演彼此间曾经有的或可能有的对话,然后坐到对面去,以对方的立场说话。如此重复多次,往往使学生了解对方,改善了双方的交往。

(4)情景剧或短剧。教师准备情景剧或短剧的剧本,让学生进行表演,以活跃气氛,或给学生提供共同探讨的话题和案例,增加学生的投入和参与程度。如讲解人际关系时,可以设置一个简单的宿舍情境,然后让几个学生分别扮演。在扮演的过程中,慢慢进入角色,把自己的内心想法通过角色投射出来。之后大家一起讨论,发表自己的观点和看法。通过互动,学生对人际交往模式会有进一步的了解,关注自己的交往模式、反思自己的人际交往问题。

(5)魔术商店。魔术商店是一个想象、创造、具体化的梦幻世界,货架上堆满了每一个可以想象的个体特征、品质和能力等"物品"。辅导老师扮演店主,由另外学生扮演买主,说出自己最想要的东西及其原因,例如理想、能力、幸福、财富、成功、善良等,但为了获得他们想要的东西,他们必须放弃其他有价值的东西。辅导老师将深入研究他们选择的意义语境,用这种方法了解学生的需求和价值观,帮助学生树立正确的价值观和人生观。

**2. 角色扮演法的实施步骤**

(1) 暖身。辅导教师一开始要先让团体热起来,然后引出大家所关心的问题,设定主题,让学生了解并表达出自己的看法、情绪情感以及可能会采取的行为。

(2) 选择参与者。找出欲探讨的问题后,教师讲述情境中的角色,创造安全的、接纳的、信任的环境气氛,由学生积极自愿选择想扮演的角色,或选择适合的学生来演出。

(3) 演出前的准备。教师要协助学生融入自己的角色中。

(4) 安排观察者。教师为未演出的学生指定观察的项目,以提高演出后的讨论和分享的参与感。

(5) 实际演出。由扮演者自发表演,演出的时间不宜太长。

(6) 讨论与评价。演出后,教师恰当地对他们的活动给出反馈和评价,引导学生分享个人的生活经验,将演出情境与生活做连接以产生类化的功能。

由于角色扮演生动形象、新颖有趣,不但可以减轻学生心理压力,帮助学生了解自己,而且还可以促进同学间思想情感的交流,提高社会交往、言语表达的技能等,在心理健康教育课程中可以经常运用这类方法。

### (三) 小组讨论法

小组讨论法是指在老师的引导和组织下,各个小组的成员对某一专题各抒己见,经过交换意见或辩论,集思广益,交流思想和感受,促使问题的解决。小组讨论法可调动学生学习的积极性,提高学生的思维能力,发展与人交流的能力,培养学生尊重他人,善于合作的精神。但如果小组讨论法操作不当,就会使小组讨论变成闲聊开小会,或变成少数学生的研讨会,为了使心理健康课程既讨论得有趣有用有想法,又达成教学目标,可从以下方面保证小组讨论的有序性和有效性。

**1. 建立合适的讨论小组**

一个长期固定的讨论小组,彼此熟悉的成员可以拉近学生之间的心理距离,更容易分享自己的真实想法。在课程开设初期,可让学生自愿组合或根据学生性别、能力、思维、性格等特点实施异质分组,形成固定的讨论小组。一般来说,小组人数在4~6名最佳,但固定的讨论小组也会存在小组成员角色逐渐固定,个别成员积极性慢慢被磨灭的情况。有时,我们也会根据教学设计建立临时的讨论小组,可按位置等条件自愿分组。

**2. 设置明确清晰的讨论问题**

小组讨论问题的设置是小组讨论是否顺利有效开展的关键。问题需要教师事先精心设计,而且应该是学生最关心、最困惑、最迫切想解决的问题。题目设计新颖有趣,界定明确清晰,学生就会感到有话可说,有话想说,不吐不快。只有这样,他们才有充分参与和表现的机会,才会感到他们是自己思想和行动的主宰者,他们的自主性和选择性才能得到增强。

**3. 明确讨论中需要的成员角色**

为了提高每个小组成员的参与积极性,提升每位学生的表达、倾听、展示能力,教师在提出讨论的主题后,根据讨论需要,明确每个小组成员的分工。一般来说,小组讨论需要的角色主要有组织者、记录员、发言人、时间监督员等。若是固定的讨论小组,分工的角色在以后的讨论任务中相互调换。

**4. 有效监督讨论过程**

为了保证小组讨论有序有效,教师让每组成员将讨论结果记录在记录纸上或小黑板上。在小组讨论的过程中,教师应走入每个讨论小组,了解学生的讨论动态,监督每个小组的讨论进程,指导学生提高表达和倾听能力,引导学生大胆说出自己的想法,留心倾听别人的发言。分享讨论结果时,在时间有限的情况下选择有代表性的小组分享交流。

小组讨论法是心理健康教育经常用到的教学方法,授课老师只有设置好合适的问题,把握好学生的心理特点,考虑到每一个细节,鼓励学生积极参与,才能最终达成教学目标。

### (四) 心理测验法

心理测验法指教师运用一些专业的心理量表,对学生进行测试,让学生了解自己的情绪、人格特性、认知品质、行为模式以及心理健康水平的情况等。心理测验法运用方便,科学性强,深受学生喜欢,所以教师在心理健康课课堂中经常选择这种教学方法。但在采用心理测验方法时,也存在一些不科学的地方,例如心理测验量表选择的随意性、心理测验过程的盲目性、测验结果解释的不正确等,因此,使用这种方法需要注意以下几点。

**1. 合理选择心理量表**

学生热衷于心理测验,甚至网上那些荒谬的心理测试也会引起他们极高的兴趣。心理测验按照功能分为能力测验、成就测验和人格测验。学生尤其喜欢人格测验。教师采用心理测验法,需要根据教学目标、学生的年龄特点等情况选择合适的量表,而不是完全迎合学生的兴趣。

**2. 科学解释测验结果**

心理测验结果解释不仅仅依赖于测验的分数,还要考虑到测试者的遗传特征、情绪、测验环境等多方面因素影响。测验结果具有积极或消极的暗示作用,尤其要谨慎解释测验结果,不要轻易给学生贴标签,而是要告知学生,心理测验结果只是一个参考,并非百分之百准确,它只是一种了解我们自身心理状况的工具。

**3. 慎用心理测验法**

实施心理测验的主试须是经过专业、正规的训练并具有实践经验的心理工作者。同时,心理测验的进行必须有标准的实施场所和严格的控制程序,还要尽可能地排除外界无关因素的干扰。这对于没有经过正规专业训练的心理老师来说不是很容易的事。对于测验结果不好的学生,可以采取课后单独交流的方式,疏导其存在的困惑。必要时,可转介到专业的心理咨询机构。

### (五) 心理行为训练法

心理行为训练是以心理学知识为基础,注重个体的情绪体验,通过行为的变化(心理仪器或行为动作等)进而影响心理状态,形成良好的心理品质。因此,心理行为训练法的核心理念是体验激发情绪,用行为改变认知,用习惯积淀品质。将心理行为训练引入心理健康课堂教学中,既能丰富心理课教学手段,提升学生学习积极性,又能增强心理健康课教学的实效性,是心理健康教育课中比较常用的教学方法。比如,可以在课程开始时组织所有学生开展"三件好事"积极心理训练,让学生每晚记录当天发生的三件好事以及原因,坚持记录到课程结束。此外,还可以开展书写感恩信等心理训练。

将心理行为训练引进心理健康教育课的具体做法主要包括以下几方面:

**1. 收集资料**

资料收集阶段的主要任务是了解学生的年龄、性别、身体状况、存在问题等情况,以此确定训练目的。

**2. 选择训练项目**

根据训练目的,确定加强人际沟通、培养团队精神等方面的训练目标,并结合学生性别、训练场地和天气等情况选择合适的训练项目。

**3. 制定详细培训方案并做好训前准备**

(1) 热身活动。热身活动可使学生得到放松,形成良好的氛围。良好的团体氛围往往使学生能更好地掌握新的行为或者消除不良的行为,提高团体凝聚力。

(2) 训练项目的操作。组织学生全体参与,在参与过程产生深刻的情绪体验和认知改变。发展目标的达到并不是在每一个活动的终结,而是过程。学生在目标活动中相互信任,共同去活动、探索、解惑。教师的责任就是刺激成员互动、探索,从分步活动中,再引导走进团体独特(指成长目标)的世界。

(3) 交流回顾和点评要点。每次目标活动后都应及时地进行交流回顾,可以用问答的方式,在轻松、和谐的气氛中互相倾吐该次活动中自己的体验,加深学生对项目的理解。点评要点就是结合学生的典型行为给予心理学的解释,并提出良性建议。

当然,各种教学方法都有各自的优缺点,也有各自的适用性,针对心理健康教育教学,我们应遵循"有教无类"的原则,教师在丰富专业知识、提高实践能力的前提下,从教学目的出发,结合课程性质、内容特点,坚持教学多元化原则,综合运用各种教学方法,选择最适合学生身心特点的教学方法开展教学工作。

## 第二节 心理健康教育教学的基本过程

心理健康教育课是根据学生身心发展的特点,以相关心理学的理论和技术为指导,通过各种授课形式,有目的、有计划、有组织、循序渐进地提升学生的心理品质,维护其心理健康,健全其人格的一种课程。这门课程在教学过程中需要充分调动学生的积极性和主动性,使他们在活动中获得体验和启发,全面提升其心理素质,开发其心理潜能。

### 一、心理健康教育教学过程的设计原则

心理健康教育教学过程中,从以学生为本视角出发,应考虑到差异性、互动性、归属感、幸福感和成就感等方面的心理原则。

#### (一)个体差异性原则

在教学形式设计中,应考虑班级学生的个体差异。学生个体差异主要体现在个性差异和认知差异。

在个性方面,有些学生属于外向型,表现为活泼、善交际、适应能力强;还有一部分学生属于内向型,其主要性格特点是安静、离群、内省,喜欢独处而不喜欢接触人,语言表达能力差。这就需要在安排教学组织方式时,充分了解学生个性特征,科学合理安排教学环节,在小组组织管理、提问发言、作业呈现等方面既充分发挥外向型学生的性格优势,又精准调动内向型学生的积极性和主动性,从而使每一位学生都能充分开发自我潜能,享受课堂。

在认知方面,主要体现在认知方式上的差异。认知方式,一般是指学习者加工信息时,包括接受、储存、转化、提取和使用信息,所习惯采用的不同方式。每一位学习者都存在接受信息的感觉通道的偏好性,主要包括三种类型:视觉型、听觉型和动觉型(触觉型)。视觉型的学生,对视觉刺激敏感,习惯从视觉接受学习材料,例如书籍、图片等,适合自己看书记笔记,不适合教师讲授和灌输;听觉型的学生,则偏重听觉刺激,他们对语言、声响、音乐的接受能力强,喜欢多听多说;而动觉型的学生,则喜欢接触、操作物体,对自己能够动手参与的认知活动感兴趣,这些人善于通过做来学习。因此,教师在设计教学方式和环节时,采用多通道全方位教学,为每一位学生提供适合他们偏好的信息接受方式。

#### (二)互动性原则

根据教育神经科学的观点,课堂学习环境越近似于自然学习环境下的人际交往、情

感和动力的模式,我们的原始本能越能够激发学习的生物化学过程①。对应在课堂中构建个性化课堂组织方式,打造逐渐接近自然生活环境的活力课堂,建立积极的课堂人际关系。教师持有多元智力观,使用赞赏、鼓励等积极语言交流模式,用心欣赏每一位学生,鼓励学生小的进步,赋予学生成功的期望,让学生感受到希望。引导学生进行小组学习、探究学习,在合作中师生、生生心理相容,在探究中师生、生生思维碰撞,最终形成平等协作、和谐民主、激情奋进的课堂人际关系,从而形成良好的师生互动、生生互动的课堂气氛,提升学生学习体验水平。

### (三) 三感原则

有效的课堂是让学生获得归属感、幸福感和成就感。首先,教师在设计教学组织方式时,将集体学习、小组学习和个别学习有机结合起来,创造关系型学习。教师应从"竞争和筛选"的教育逻辑中跳出来,创设形式多样、种类繁多的表现平台,让每位同学都共享出彩机会,彰显优势自我,获取更多成功经验,使同学之间相互支持、共同成长;创设公平合作的教育情境,尽量减少非此即彼、非输即赢的竞争关系;开展关系型学习,强调群体决策、团队学习,在同伴互助合作学习中相互取长补短,在学习任务中成长,在合作中共赢,找到团体归属感,需求存在感,共享成就感。其次,教学方式和环节中设置合适的问题情境与教学目标,增加学生控制感。教师在教学的过程中要善于发现学生身上的优点,提供条件和环境来激发他们在这方面的潜能,给予及时的鼓励和肯定,让其感受到自己的成功,增强对自我的肯定,提高他们的成就感和幸福感。

## 二、心理健康教育教学的基本阶段

心理健康教育的性质决定了心理健康教育课程与其他课程的区别。心理健康课堂更凸显教学过程的情境性、体验性、参与性、生成性及交互性。教学过程一般包括课前准备、课中互动、课后练习与反思等环节。

### (一) 课前准备

**1. 明确课程教学目标**

心理健康教育课程的教学目标应包含两个层面:发展性目标和预防性目标。发展性目标侧重于学生心理潜能的开发、积极心理品质的培养,帮助学生自我完善,如信心、希望、乐观、韧性的培养与提升。预防性目标重在帮助学生及时发现自己在学习、工作、生活及成长过程中的心理问题,懂得如何去改变和纠正不健康的心理,达到良好的社会适应和积极健康的情绪。和知识型目标不同,学生心理健康状况的改善和心理素质的提高都无法依照预定目标直线前进,必须通过给予学生充分的自主权进行自我探索和

---

① [美] 路易斯·科佐林诺. 优化课堂中的依恋与学习[M]. 杨安博,姜雪,译. 上海:华东师范大学出版社,2019:174.

自我成长才能实现,这就要求教师在讲授心理健康教育课程的过程中采用多种形式的教学方法,创设出活跃、信任的课堂氛围。

**2. 了解学生心理需求**

学生学习心理健康教育课程的首要动机是为了解决现实的心理需要,例如控制不良情绪、克服自卑心理、提高心理承受能力、提高人际交往能力、优化自我人格等方面的问题。学生的需求就是教学的需求。在实施课程教学前,可通过问卷、访谈等方式来了解所教学生的基本概况及对本课程的期待。通过课前的互动,可以全面了解每个人的特点与心理需求,有助于教师根据学生的需求做出相应的调整,有助于提高心理健康教育课程教学的针对性与实效性。

### (二)课中互动

**1. 设置情景,活动体验**

课堂教学中,除了相关主题理论讲授外,心理健康教育课堂教学主要以体验式教学形式为主,设置科学、合理、有趣、实用及生活化的问题情景,通过心理游戏、案例分析、角色扮演、心理情景剧、脑力激荡、团体辅导等各种形式的体验活动,在交往与互动中,实现学生与教师之间、学生与学生之间的沟通、对话、反思与体悟,激发学生的情感,在温暖与互动的氛围中,获得力量与爱,找到归属与安全感,提升自信心。

**2. 交流与分享**

这个环节是对理论学习和体验活动的感想、感受进行分享和交流,是将自己的过去经历以及在活动中的感受和认识表达出来与同学共享。由于每个同学的生活背景、知识经验、认知方式等不同,因而对同一问题的观点和同一活动的感受都会有所差别,这种多元的价值观为学生对事物本质的认识提供了丰富的知识背景,为解决他们成长过程中的问题提供了可以借鉴的方法,同时还为形成适应性认知和行为模式提供依据。在心理健康教育教学中,让学生体验后自由发言,表达分享交流本身也是学生心理行为训练的过程,还能在帮助学生的同时通过分享减少"秘密的自己",形成更加完整、客观的自我认识,强化自我改变、自我提升的力量;通过交流还可以锻炼学生的人际沟通能力,学会正确表达自己、倾听并积极反馈他人。因此,缺乏体验,心理健康教育课堂就会缺少应有的生机与活力,而缺乏感悟,心理健康教育课堂就会缺少应有的升华与灵魂。

### (三)课后练习与反思

这个环节中的练习是通过一些实践活动加深对理论知识和技能的认识,形成一种习惯化的行为倾向和思维方式,要将策略真正转化为行动还需要课后的行为实践及在实践中不断地反馈和调整,而布置适当的心理作业可以达到对课程教学成果的巩固与拓展。反思是一种批判性的思考,对整个教学过程以及自己在学习中的表现、行为及产生的结果进行审视、分析的过程,是"践行"之前的审视、认同、内化的过程,将推动自己在生活中进一步付诸和养成良好的行为。通过反思总结，发现自己和他人的进步与不足，在进步中获得前进的动力，在不足中求得更好的发展。学生的反思总结可以从所学的知识与技能、体验的感受、小组的表现、自己的表现、发现的问题及想到的改善措施等方面来进行，这个过程对学生来说意义非常重大，既是内化知识的过程，也是内化的知识、观念即将付诸行动的一种表态。

反思总结的环节除了在课堂上通过语言的方式进行记录保存外，还可以根据具体情况将此环节延续到课后，师生以书面文字的方式进行记录和保存，例如撰写感恩日记、冥想练习等。

## 第三节　心理健康教育教学的评价策略

心理健康教育教学评价是运用科学的方法收集有关学校开展心理健康教育工作的客观资料，了解目标达成情况，并对其效果和存在的问题做出评判的工作。心理健康教育课程教学评价是心理健康教育体系的重要组成部分，同时能有效调控心理健康教育教学计划、实施、过程、结果等。

### 一、心理健康教育教学评价的设计原则

#### （一）兼顾即时效应和长期效应

个性心理具有隐性、发展和多元的特性，心理健康教育本质上是为了改善一种内在的、不固定的、个体差异较大的心理状态和品质。所以，学生心理素质的提高和相应行为的改变并非即刻的，而是一个需要积累的、潜移默化的过程。如果只顾即时效应，在课后对学生迅速进行心理素质和行为评价，忽略了长期效应，则心理课程评价效果未显现，难以发现心理健康课程的真实效果。而如果只关注长期效应，没有及时对课程进行一定的反馈评价，那么就失去了课程评价最大的目的——课程教学的改进发展。因此，课程评价应该兼顾即时效应和长期效应，进行持续性的评价，才能更真实、客观地了解心理健康教育课程对学生心理素质产生的影响。

#### （二）关注教学目标与教学评价的吻合度

教学目标是对课程组织实施和课程效果的具体评价，教学评价目标往往根据《学校心理健康教育指导纲要》等文件的要求，同时需要结合教学对象的实际需求设定，确保教学目标的合理性。在实际的教学中，如果目标设定忽略了教学对象实际需求的话，会造成与教学评价之间出现脱节的现象。针对不同的学生群体，思考其发展目标之间的差异，有针对性地将教学目标与教学实际联系并对比。保证教学课程目标和教学评价的吻合度，有助于提高教学评价的标准化程度，从而建立更合理的评价模式。

### (三) 运用多元评价方式

教学评价的客观性是其基本原则,评价要尽量避免主观偏差。同时心理健康教育课程不是具备选拔性的课程,它是以学生整体心理素质发展为目标的课程,很难通过考试等书面形式完整地反映出来,书面考试的评价结果,即成绩的高低,并不能真正代表心理健康教育课程运作的结果以及学生心理品质的发展状况。因此在课堂评价环节中,应采用量化评价、发展性评价和情境性评价相结合的方式。量化评价以问卷、量表为基础;发展性评价以学生心理是否得到成长、心理素质是否得到提高为标准;情境性评价则是通过设计还原现实的活动场景,使学生在自然状态下表达和展示自我。三种方式的结合,既有科学的数据,又有客观的观察以及主观的表达,让评价不仅仅可以反映学生的状态和发展,还能作为教师教学效果的评估标准。例如:设计与学生学习生活相关的活动场景,使其在较为自然的状态下表达自己的内心世界,从而对学生心理成长状况进行评价。教师也可以结合学生的内省材料,如通过学生参与心理素质教育活动的体会、周记、日记等材料分析其心理变化,还可以全面调查学生在学校、家庭和社区的表现,考察学生在心理素质教育实施前后的心理和行为变化。

## 二、心理健康教育教学评价的常用方法

心理健康课程的教学评价是一个复杂的系统工程,其中方法的运用是否合理,直接影响到评价的效果和质量。课程教学评价采用质性评价与量化评价相结合,结果性评价与过程性评价相衔接的方式进行。量化评价主要包括心理测量法、问卷法、实验法等。质性评价主要包括档案袋评价法、行为观察法、情境性评价法、自我评价与他人评价法、协商对话式评价法和作品分析法等。

### (一) 心理测量法

心理测量评价法,是运用科学的心理测量量表(如 SCL-90),通过对比学生在心理健康教育课程实施之前与之后的心理素质发展水平,考察学生在心理教育课程实施前、后之间的心理素质变化程度,进而对心理健康教育课程的影响做出评定。该方法主要应用于评价心理健康教育课程的教学效果,其优点是测验的量化程度高,评价结果准确、客观、详细。然而,采用该方法容易忽略课程规划中那些不可测量的重要方面(如课程具体的实施过程),从而影响课程评价的信度。同时注意测量使用的规范化、科学化以及解释的合理化。

### (二) 问卷法

问卷法即根据评价的内容和要求,以问题的形式提出将要调查的内容,并设计成问卷,由被调查者在规定时间内回答,从而获得书面的评价信息。该方法使用很广,在评价课程运作的各个环节均可使用。问卷调查法可以真实了解学生对学习心理健康教育

课程的态度,了解学生对心理健康教育课程的感受,了解学生对心理健康教育课程教学内容的需求等。问卷调查法的评价主体包括学生和教师。但问卷调查的内容往往有限,被调查者的填写态度也难以保证,某些复杂的问题难以通过书面回答讲清楚,因此搜集到的信息的真实性在很大程度上取决于被调查者的合作程度,有时不仅信度较低,而且回收率难以保证。相对于心理测量法而言,问卷法了解更多的是师生对于心理健康教育课程的一些看法和评价,而心理测量法了解更多的是学生上过课程后心理状态的一些变化。

### (三) 实验法

实验法指在控制的情况下,系统地操纵某种变量的变化,以此来研究该变量的变化对另一种变量所产生的影响。实验法主要用于对课程材料、课程教学效果等的评价。通过实验获得的学生心理健康状况比较客观,针对性强,想了解什么心理活动就可以针对其进行设计,信息准确性高,可重复性强。但难度也相对较大,设计困难,尤其是某些心理变量受社会不可控因素影响较大时,不好控制实验实施过程,并且实验法的使用费用相对较高,对教师研究素养要求高,因此在心理健康教育教学中推广性不强。

### (四) 电子档案袋评价法

档案袋评价,又称为成长记录袋评价。起源于20世纪90年代,美国教育家们开始利用档案袋评价学生,向家长汇报学生的学习进展情况。档案袋评价是质性评价的典范之一,是由学生自己、教师及同伴收集相关材料并做出评论,以此来评价学生在能力发展上的进步情况。电子档案袋是在档案袋的基础上发展而来,是档案袋的电子化。电子档案袋,又称"电子学档",全称"电子学习档案袋"(E-Learning Portfolio,简称 ELP),是指信息技术环境下,学习者运用信息手段表现和展示学习者在学习过程中学习作品、学习心得、学习资料以及学习反思,关注成长或改变的历程以及期间的表现性行为,注重评价的发展性功能[①]。

实施过程分为组织计划、资料收集和成果展示三个阶段。档案袋评价的主要意义在于,它为学生提供了一个学习机会,使学生能够了解自己,判断自己的进步。但收集作品的过程十分耗时,且其标准化程度较低,缺乏一致性,在应用于较大范围的评价时难以控制。同时对心理教师素质要求较高,需在充分调研的基础上,根据教学内容和要求及学生的心理状况和需求设计档案袋。

电子档案袋评价方式的应用步骤包括四个环节:合理设定评价目标、创建电子档案袋、对档案袋进行评价、总结和展示。

---

① 刘洋,兰聪花,马炅.电子档案袋评价与传统教学评价的比较研究[J].电化教育研究,2012(2):75-77.

**1. 合理设定评价目标**

教师要在建立电子学习档案袋之前,根据教学目标、教学内容以及教学特点,将教学评价的目标明确下来,为后续档案袋的建立及教学评价工作提供明确指导。

**2. 创建电子档案袋**

创建电子档案袋,一般电子档案袋的内容包括数字化形式的各种学习材料,主要可分为三大类:一是基础信息,包括学生姓名、学号等个人信息以及任务描述、学习计划等项目基础信息。二是学习信息,包括学生作品、调查报告、学习日志等学习成果资料以及资料相关信息,如作品反思、作品选择理由、作品创建时间。三是评价与反思,如单个作品评价、学习轨迹评价等,从而对整个学习过程进行评价和反思。

**3. 对档案袋进行评价**

按照预先设定的目标,采用自我评价、同伴评价、教师评价及专家评价等方式对档案袋进行评价,学生通过了解他评信息,及时了解自己的学习状况,从而调整学习进度和计划。

**4. 总结和展示**

教师与学生个别交谈,谈论学生制作电子档案袋的过程,并设定下一步学习目标。鼓励学生除了按照教师制定标准收集资料之外,也可根据教学任务自主选择档案资料,决定电子档案袋的结构、内容、评价标准,对文字、视频、音频等各种形式的资料进行筛选,并将其中能够反映自身学习成果、学习过程的部分纳入档案袋之中。

### (五)行为观察法

行为观察法是指对学生的日常活动情况有计划、有目的地进行观察并记录,作为评价的材料。行为是心理的外在表现,通过观察学生的外部行为来了解其心理活动。其优势是能描述自然情境中的真实行为,对于低年级儿童很适用。但难以避免观察者以先入为主的观点和刻板印象对被观察者进行观察记录,因此该方法较难客观地观察和记录学生的行为。

### (六)情境性评价法

情境性评价即设计与学生学习生活相关的活动场景,使其在较为自然的状态下表达自己的内心世界,从而对学生的心理成长状况进行评价。其评价过程包括:首先,通过心理健康教育课程,学生了解和熟悉相关的理论知识;其次,教师灵活自然地捕捉或创设一些情境,让学生根据所学的理论和知识去应对这个情境;最后,教师对学生在情境中的反应做出客观评价。该方法符合心理健康教育的课程评价要求,并且由于创设的情境接近学生生活,不会给学生带来压力,因而易受学生欢迎。但该方法要求教师能够创造安全、热烈的课堂气氛,并且设计的情境要体现现实生活情境,因此对教师的要求较高。

### (七) 自我接受评价法

自我接受评价法是以学生自我评价为中心,结合教师等他人评价,引导学生形成现实的主体评价。通过自我评价和他人评价相结合的方式,能够收集多方面反映学生心理素质提高及相应行为变化的信息,从而对心理健康教育课程教学效果做出较完整、较客观的评价。自我评价即被评者对自己所做的评价,实际上是一种反思性评价,学生通过自我报告的形式评价自己是否感到经过心理健康教育后,自己的人际关系、学习情况、情绪调控能力等方面有所提高或改善。他人评价是让被评者周围的人对其进行评价,"他人"即非常熟悉与了解被评者的人,其范围越大,评价越全面客观。该方法简单易行,能增强人们的评价能力,但是缺少外界参照,无法进行横向比较。

### (八) 协商对话式评价法

协商对话式评价法即评价者与评价对象通过面对面的协商对话方式对学校心理健康教育课程进行评价。在评价过程中,学生是评价的主体,教师不再是课程评价的操控者。其优点是准备工作简单,可随时随地进行,灵活性高,同时,通过在谈话中观察对方的态度、情感、动机,可对谈话信息的真实性进行判断。另外,该方法可获得教师和学生的共同评价,最终形成师生共同参与整合的多元价值评价。但对话过程可能产生社会期望效应,掩盖自己真实但不合规范的思想,因而评价的客观性不能得到保证。

### (九) 作品分析法

根据教学内容给学生布置与课程内容相应的、与学生实际生活联系的作业,然后对学生完成的作业进行分析评定,从中对学生的心理素质发展状况进行评价,进而评价心理健康教育课程的教学效果。该方法能够从作业中拓展,强化学生所获得的知识、态度和行为,但评价的标准难以统一,因此难以进行横向比较。

心理健康教育教学评价是当前教育改革关注的焦点。鼓励教师运用增值评价,合理选取和运用评价工具,运用表现性评价等方法,合理实施情境性评价,从而更好地关注学生行为倾向、心理品质的整体发展状况,进一步提高课程教学效果。

### 本章小结

心理健康教育教学是开展心理健康教育的主要途径。教学性质主要包括教学方法的体验性、教学内容的生活性和教学关系的和谐性。教学方法主要有案例教学法、角色扮演法、小组讨论法、心理测验法及心理行为训练法等方法。在课前准备、课中互动、课后总结等教学过程中,遵循差异性、互动性和三感等教学原则。教学评价应遵循即时效应和长期效应的整合、教学目标与教学评价的相吻合,采用心理测量法、问卷法、实验法、电子档案袋评价法、行为观察法、情境性评价法、自我接受评价法等多元的评价方式。

> 思考与实践

1. 观察或参与一节中小学心理健康课程,关注不同心理健康教育方法的运用,想一想不同方法在课堂上呈现的优点和缺点分别是什么?
2. 根据本章内容,谈谈心理健康教育教学的基本策略。

# 第十三章
# 心理健康教育教师的专业成长

微信扫码获取
学习资源

### ※ 学习目标

> 通过本章学习,了解学校心理健康教育教师的基本素养要求与入职条件;理解心理教师的职业伦理规范;掌握专业成长的主要内容与途径,并做好个人职业发展规划,学会管理自己的职业生涯。

### ※ 关键词

专业成长;专业素养;心理辅导伦理;职业生涯管理

心理健康教育教师的专业水准是学校心理健康教育工作质量的基本保障。心理健康教育教师需要明了自己在入职前后的专业准备和专业发展任务,使自己不仅能够具备胜任工作的基本素养,还能在心理教师岗位上收获职业发展或专业成就,享受心理健康教育工作者的职业幸福感。

## 第一节 心理健康教育教师的专业素养

素养是指人类个体通过习得和内化而成的知识、能力与品德等。职业素养是人类在职业活动中所需品行修养以及能力水准。心理健康教师由于其专业的特殊性,必须在专业能力、业务水平、个人修养等方面能得到学生的信任,才能有效地做好影响学生心灵的工作。心理健康教师所应具备的素养应为职业素养、个人素质及道德修养等一系列特质的综合体。

### 一、心理健康教育教师的职业素养

心理健康教育教师的职业素养是由其完成工作任务、实现工作目标的需要决定的,是有助于其工作开展并取得成效的基本要求。心理健康教师理应是能够通过自己的人格和专业行为促进学生心理健康成长的人,这是这一职业岗位特有的角色期待。心理健康教师主要的职业素养体现在以下几个方面:知识素养、能力素养、人格素养、职业伦理(第二节专述)等方面。

### (一)心理健康教育教师的知识素养

心理健康教育是一项具有很强专业性、工作途径和形式多样的工作,心理健康教师应具备厚实的专业理论知识基础,才可能胜任这项工作。

**1. 专业理论知识基础**

心理健康教师要重视心理学基础的研修,心理学原理、发展心理学、教育心理学、心理咨询学、人格心理学、心理测量学、心理学史、临床心理学、异常心理学、社会心理学、心理测验及其应用、认知心理学等这些课程均是心理教师的必修内容。

**2. 心理健康教育教学相关理论知识**

心理健康教育教师还需要对有助于教学或心理辅导活动设计与实操的理论有深入研究。团体心理辅导、学生常见心理问题及其辅导、心理健康教育课程设计与教学、学习心理学、家庭教育学、教学法等课程的学习同样不可缺少。

**3. 心理咨询基本理论知识与技能训练**

心理健康教育教师都需要承担面向本校学生、家长的心理咨询服务。而此项工作的专业要求更高,需要有心理咨询任务的教师对心理咨询原理与方法、心理咨询实践等深入研究和学习,并理解和掌握心理咨询主要流派的理论和方法,熟悉个体和团体咨询的方法。

### (二)心理健康教育教师的能力素养

心理教师除了心理健康教育课程建设与教学,还要负责对有心理问题的学生以及有需要的家长提供个别咨询服务;要开展发展性主题团体辅导活动,满足学生个体发展性成长需要;要组织对学生心理健康状况的专题调查和心理测试、分析、建立学生心理档案;要根据年级学生的心理特点或需求,针对家长、教师等开展心理讲座、沙龙活动,推进学生心理健康教育工作;要指导心理社团,开展学校心理健康教育专题活动;设计心理专栏,负责心理教育知识的宣传与普及、预防与处理心理危机等工作。这些工作对心理教师的各种专业能力提出了要求,需要从业者在入职前后做好能力储备和训练提升。

**1. 心理健康教育教师的教学能力**

(1)心理健康教师应该具备基本的教学能力,例如,课堂导入技能、讲解技能、结束技能、组织技能、教学语言技能、提问技能、板书技能、强化技能、反思技能等,只有这样,才能有效开展心理健康教育课程教学活动。

(2)心理健康教师还需要具备心理辅导课的特殊教学能力。由于心理健康教育课或心理辅导课与普通学科教学在课程性质、教学内容、教学目标、教学原则等方面有所不同，教师在课程开展过程中还应该具备胜任该课程的特殊教学能力，包括共情能力、活动设计与实施能力、评价能力等。只有具备这些特殊能力，才能使心理健康教育课的课堂生动、有感染力、有启发性，真正达到促进学生心理健康发展的教学目的。

**2. 心理健康教师的咨询辅导能力**

开展个体心理咨询和团体心理辅导是学校心理健康教师的重要工作，是学校补救性心理健康教育、发展性心理健康教育的主要实施途径之一。心理健康教师应该具备较强的咨询辅导能力，能够为个体学生和家长提供心理咨询服务，给有心理成长需求或相似心理问题的学生开展团体心理辅导活动。

（1）个别心理咨询的能力。心理咨询是指学校心理咨询师（或心理教师）在和求助学生建立良好关系的基础上，运用心理咨询的原则和技术，帮助求助学生解决心理问题的过程。在这一过程中，学校心理咨询师要具备能够建立良好、信任的咨询关系，正确运用心理测评工具，正确评估和诊断心理问题，能使用共情、澄清、倾听、行为矫正等咨询技术的能力。

（2）团体心理咨询与辅导能力。团体心理咨询与辅导是学校心理健康教育或心理辅导的主要形式之一，它既可以在普通班级面向全体学生开展发展性辅导，也可以招募学校中具有相似心理问题或需求的学生组成团体，开展有针对性的问题解决团体辅导或心理训练团体辅导。例如，心理健康教师可以在班级开展人际关系互动、生涯规划、情绪调适等为主题的团体辅导，也可以开展人际交往障碍、学习困难、考试焦虑等为主题的团体辅导。心理健康教师要较好地开展团体心理咨询与辅导，就应该具备以下能力：能够设计团体辅导活动方案、领导团体辅导活动的实施、应对团体中的各种类型成员、处理团体辅导过程中的突发事件等。

（3）心理危机预防与干预能力。预防学生心理危机问题的发生，参与已经发生的心理危机事件的处理或干预，也是学校心理健康教师或学校心理咨询师的职责之一。学校心理教师具备学生心理危机问题的预防、预警及干预的基本知识与能力。要能够通过日常心理辅导活动，促进学生应对心理应激的能力；要能够通过测评筛查以及和家长、班主任的合作中尽可能及时发现那些遭遇严重心理困境的学生，以便及时提供需要的帮助；能够在学校的支持下参与危机事件发生后的处理与管理，能够为那些正在经历心理危机或即将经历心理危机的在校学生个体提供帮助，使其恢复心理平衡状态，从而避免或降低学生心理危机事件的发生对学校和学生所带来的危害和损失。

（4）研究、写作、宣传能力。学校心理健康教师同时也会承担心理健康教育教学和学生心理发展状况的研究工作，这就需要心理教师具备教育科研的能力；同时，无论是心理教师个人职业发展如职称评聘、评优评先的需要，还是借助深度研究和思考提高专业水平的需要，都需要心理教师具备论文、教育随笔、个案报告的写作能力；为了让家长、学生、教师了解心理健康教育或心理服务工作，心理教师还要利用好网站、公众号、专栏橱窗、广播站等平台，撰写、发布相关的宣传报道、科普文章等。

### (三) 心理健康教育教师的人格素养

心理教师应具有职业要求的心理素养或人格特质。心理健康教育是心灵沟通的复杂艺术,是以心"换"心、以心"唤"心和以心"焕"心的教育艺术①。教师个人的心理素养或人格特征直接或间接地影响到自己专业工作的成效。"教师的人格特征可以通过影响班级的心理环境和社会氛围,进而影响学生的心理行为发展和成绩结果"②,美国著名人本主义心理学家罗杰斯曾说过:"成功的教育是依赖于一种真诚的理解和信任的师生关系,依赖于一种和谐而又安全的气氛的。"这背后起作用的正是教师本人的心理品质或人格特质。

第一,心理健康教师首先应该是心理安全、心态积极的"重要他人"。心理健康教育教师应该具有充分的心理安全感,应该拥有积极阳光的心态、积极的认知和行为方式、乐观向上的思维方式,有职业的自豪感、幸福感、快乐感和成就感。

第二,心理健康教师要成为心理平衡、心理健康的"心理健康榜样"。心理平衡与心理健康主要体现为情绪稳定乐观,适应职业岗位要求,有和谐的人际关系和健全的自我意识,行为表现方式符合自己的年龄、性别和角色。一个心理平衡的心理健康教育教师,生活在现实和当下之中,重视今天的快乐生活,但也能利用过去的经验以规划未来。一个心理健康的教师,应该能适应各种环境,承受压力和挫折,积极安排自己的各种活动,通过自我调节,使自己的心理、精神和情感融为一体,使人生更丰富多彩、辉煌灿烂,更加充满生机和富有文明意义。

第三,心理健康教师要成为心理自由与精神富有的"精神关怀者"。心理自由的人更有独立性和自主性,他们在该我行我素的时候就我行我素,可以在进行发散性思维时无须处于防御状态,可以充分表现自己思想的火花而无须压抑,不怕别人笑话或讥讽。精神充实主要是指心理健康教育教师对心理健康教育的执着信念,对青少年学生的充分信任、信赖和对自己胜任专业要求的信心。只有精神健康充实的心理健康教育教师才能充当青少年成长"精神关怀者"的角色。

第四,心理健康教师要成为心理成熟与人格健全的"个性示范者"。心理成熟是指个体逐渐内化其社会经验,从而形成生活所应具备的心理素质的理想状态,包括认知成熟、情感成熟、性格成熟和自我意识成熟等。教师的心理成熟是一种教育智慧,是一种专业能力,是一种人格力量,更是一种综合素质的体现。人格健全的心理健康教育教师应该具有现代人格特征,养成文明的生活行为习惯,富有责任感和正义感,具有爱心和人道主义精神,理解并认识自己存在的心理潜能,善于发现自己的才能和优势。

---

① 崔景贵.心理健康教育教师专业化发展中的心理问题与角色定位[J].思想理论教育,2009(1):73-77.
② 金东贤,邢淑芬,俞国良.教师心理健康对学生发展的影响[J].教育研究,2008(1):56-59+98.

## 二、心理健康教育教师的专业资格

由于心理健康教育工作起步较晚,国内还没有统一明确的学校心理教师专业资格标准。在这一方面,浙江、广东等地做了一些探索,通过系统的培训和认证来规范学校心理健康教育教师的专业资格,如浙江省出台并依据《浙江省中小学心理健康教育教师上岗资格证书管理办法(修订)》(浙心指〔2006〕1号)进行心理健康教育资格证书培训和认证,要求在全省中小学从事心理健康教育工作的教师获得上岗资格证书,持证上岗。浙江省的学校心理健康教育教师上岗认证制度主要围绕以下三个重心设计:一是进一步细分专业要求;二是强调实践操作;三是注重专业督导。上一级资格证书的持有者负责对下一级资格证书持有者的活动课设计以及个案辅导的督导工作,以保证辅导工作的有效性。

广东省也出台并实施了类似的培训认证,规定专职心理健康教育教师的选聘,专职心理健康教育教师可从高校心理教育专业或相关专业的毕业生中选聘,也可以从获得省中小学心理健康教育培训A证资格证书的优秀教师中选聘。中小学兼职心理健康教育教师应从有心理教育教学经验,有较强工作能力,获得省中小学心理健康教育培训B、C证资格证书的教师中选聘①。

国内其他省市的中小学心理健康教育教师聘用虽然没有统一具体的资格规定,但一些共性的基本要求是有的。

(1) 学历要求:从全国各地招聘心理健康教师的公告来看,本科以上学历是大多数地区的学历要求。部分发达地区提出了更高的标准,研究生学历被明确地写进了报考条件。

(2) 专业要求:绝大多数学校招聘心理教师,明确提出了需要心理学或应用心理学、心理健康教育等专业毕业的要求。

(3) 胜任要求:要求教学教育工作能力强,能够胜任心理健康教育工作;有咨询基础或经验,能够胜任学校心理咨询或辅导工作。还有的学校要求应聘者有良好的语言表达、危机干预、心理调节和理性分析能力;对生涯教育、家庭教育有独特见解等。

(4) 资格要求:大多数招聘学校都提出了应聘者要拥有心理健康教育教师资格证;少部分对心理咨询师证书提出要求,如要求二级或三级咨询师资格证。

(5) 优先条件:还有的招聘学校会提出适于本学校特别需求的优先条件,如具备心理健康课教学或心理咨询工作经验;具备中学生生涯规划指导或职业规划指导专业能力或经验;持有权威认证生涯规划师资格或心理咨询资格。

---

① 《关于加强中小学心理健康教育师资队伍建设的意见》(粤教思〔2007〕42号)。

## 第二节 心理健康教育教师的专业伦理

伦理就是人与人以及人与自然的关系和处理这些关系的规则。学校心理健康教育伦理是学校心理健康教育工作者在开展学校心理健康教育工作的过程中应当遵循的具有专业特点的各项道德原则和行为规范的总和,是学校心理健康教育专业化进程中的必要组成部分。国外学校心理教师是学校中对其道德规范最苛刻的一种职业,在我国,中国心理学会有心理咨询的伦理守则颁布,但是针对学校心理健康教育这个特殊的领域,涉及的内容却很少,业内也缺少一套系统的伦理规范,因此制定一套完善的伦理规范体系非常迫切且具有重大意义。

### 一、心理教师的职业伦理

教师职业伦理是教师专业化不可缺少的重要组成部分,一套完整的教师职业伦理体系包括教育理想、原则与规则。教师职业伦理是指教师从事职业活动必须具备的伦理特质,是教师作为一种专门职业的特殊道德要求和准则,是对教师在教育专业领域中的伦理价值和规范。

心理健康教育教师既是教育工作者,又是心理辅导(咨询)者。既要遵守教师的职业规范,又要遵守作为心理辅导者或心理咨询师的专业伦理。

#### (一)教师的职业规范

2018年,教育部印发《新时代高校教师职业行为十项准则》《新时代中小学教师职业行为十项准则》《新时代幼儿园教师职业行为十项准则》,明确新时代教师职业规范,划定基本底线,深化师德师风建设。其中,《新时代中小学教师职业行为十项准则》明确提出:

一、坚定政治方向。坚持以习近平新时代中国特色社会主义思想为指导,拥护中国共产党的领导,贯彻党的教育方针;不得在教育教学活动中及其他场合有损害党中央权威、违背党的路线方针政策的言行。

二、自觉爱国守法。忠于祖国,忠于人民,恪守宪法原则,遵守法律法规,依法履行教师职责;不得损害国家利益、社会公共利益,或违背社会公序良俗。

三、传播优秀文化。带头践行社会主义核心价值观,弘扬真善美,传递正能量;不得通过课堂、论坛、讲座、信息网络及其他渠道发表、转发错误观点,或编造散布虚假信息、不良信息。

四、潜心教书育人。落实立德树人根本任务,遵循教育规律和学生成长规律,因材施教,教学相长;不得违反教学纪律,敷衍教学,或擅自从事影响教育教学本职工作的兼职兼薪行为。

五、关心爱护学生。严慈相济,诲人不倦,真心关爱学生,严格要求学生,做学生良师益友;不得歧视、侮辱学生,严禁虐待、伤害学生。

六、加强安全防范。增强安全意识,加强安全教育,保护学生安全,防范事故风险;不得在教育教学活动中遇突发事件、面临危险时,不顾学生安危,擅离职守,自行逃离。

七、坚持言行雅正。为人师表,以身作则,举止文明,作风正派,自重自爱;不得与学生发生任何不正当关系,严禁任何形式的猥亵、性骚扰行为。

八、秉持公平诚信。坚持原则,处事公道,光明磊落,为人正直;不得在招生、考试、推优、保送及绩效考核、岗位聘用、职称评聘、评优评奖等工作中徇私舞弊、弄虚作假。

九、坚守廉洁自律。严于律己,清廉从教;不得索要、收受学生及家长财物或参加由学生及家长付费的宴请、旅游、娱乐休闲等活动,不得向学生推销图书报刊、教辅材料、社会保险或利用家长资源谋取私利。

十、规范从教行为。勤勉敬业,乐于奉献,自觉抵制不良风气;不得组织、参与有偿补课,或为校外培训机构和他人介绍生源、提供相关信息。

### (二)学校心理咨询师专业伦理

学校心理辅导者或学校心理咨询师需要严格遵守作为心理专业工作者的专业伦理。这些伦理规范是心理咨询、辅导工作专业性的重要体现,是心理咨询师必要的道德与行为操守,也是体现心理咨询工作专业水准的基本素养要求。

由于国内尚未有专门的学校心理咨询师专业伦理规范,我们可参照中国心理学会临床与咨询心理学工作伦理守则[①](简称《伦理守则》),并结合学校的具体情况来规范咨询与辅导工作。在此,重点讨论几个学校咨询工作容易遇到的伦理问题。

**1. 咨询关系**

学校心理咨询服务的对象主要是在校学生以及家长、教师。学校心理咨询师必须尊重来访或求助的师生或家长,按照专业的伦理规范与求助者建立良好的专业工作关系,这种工作关系应以促进求助者的成长和发展为目的。

在处理好遵守咨询关系的专业伦理要求的同时,学校心理咨询师还特别需要处理好多重关系问题。学校心理健康教师难免会有多重身份,一方面身为学校教师,承担着作为教师的相应工作,同时又是心理咨询或辅导者,承担专业性很强的助人职责。有的心理教师还兼任班主任、行政管理等更多职务,这样就给心理咨询这项工作带来了很多困扰,处理不好,学校心理咨询师的专业工作就不可能做好。

《伦理守则》要求在建立专业关系时避免双重关系,但是在学校心理咨询中常常存在双重关系甚至多重关系,即使是专职的心理教师,在进行咨询时也存在咨访关系与师生关系的双重关系。

---

① 中国心理学会临床与咨询心理学工作伦理守则(第二版),中国心理学会,2018年2月。

对此,学校心理咨询师需要尽可能处理好这一问题:① 注意内修学养,外修气质,让自己拥有心理咨询师的"专业特质",让人一看"就像个做心理咨询工作的样儿";② 做好自己的身份管理。在无法避免双重身份乃多重身份时,注意不同场合或工作场景下角色身份切换的同时,尽可能保持好一个心理教师或心理咨询师的形象,态度亲和真诚、举止稳健自信。③ 借助教学、橱窗、网络等平台,与学生进行沟通交流,让学生更多地了解学校心理咨询工作和心理教师(心理咨询师),初步建立专业信任感,为需要时的求助打好基础。

对于不容易处理好咨访关系的求助对象,如本校教师的咨询求助,学校心理咨询师要坦然地进行解释并建议转介至适合的校外咨询师或专业机构。

**2. 知情同意**

学校心理咨询师应确保求助者了解心理咨询师与求助者双方的权利、责任,告知求助者享有的保密权利、保密例外的情况以及保密的界限。心理咨询师应认真记录评估、咨询辅导中有关知情同意的讨论。

如果需要与求助学生家长、班主任等取得联系,以便沟通情况共同帮助学生,须先对求助者进行解释并征得同意。

对于同时在校外机构如医院接受心理治疗的求助者,学校心理咨询师可以根据工作需要,在征得求助者的同意后,联系并与相关专业人员进行沟通,以更好地为求助学生提供服务。

学校心理咨询师只有在得到求助学生书面同意的情况下,才能对心理咨询辅导过程进行录音、录像或教学展示。

**3. 隐私权和保密性**

学校心理咨询师有责任保护求助者的隐私权,同时明确认识到隐私权在内容和范围上受到国家法律和专业伦理规范的保护和约束。

学校心理咨询师在心理咨询辅导时,有责任向求助者说明咨询工作的保密原则,以及这一原则中的保密例外,并在需要时签署知情同意书。

学校心理咨询师清楚地了解保密原则的应用有其限度,下列情况为保密原则的例外:① 发现求助者有伤害自身或伤害他人的严重危险;② 未成年人等不具备完全民事行为能力的人受到性侵犯或虐待;③ 法律规定需要披露的其他情况。遇到以上情况时,学校心理咨询师有责任向求助者的合法监护人、可确认的潜在受害者或相关部门预警。

心理咨询师对专业工作的有关信息(如个案记录、测验资料、信件、录音、录像和其他资料)应按照法律法规和专业伦理规范在严格保密的前提下创建、保存、使用、传递和处理。学校心理咨询师在需要时可告知求助者个案记录的保存方式,相关人员(例如同事、领导、家长)有无权限接触到这些记录等信息。

学校心理咨询师因专业工作需要在案例讨论或教学、科研、写作、培训等工作中采用心理咨询或治疗的案例时,需征求求助者的同意,签署知情同意书,并隐去可能会辨认出求助者的相关信息。

有时候,求助学生的家长或学校领导、班主任等也会期望从心理教师处了解某个学生的情况,询问咨询的内容,导致学校心理咨询师产生伦理困境。这种情况下,学校心理咨询师的处理必须保证不能随意突破保密原则,同时又能让关心当事人的其他人理解和支持。

对此,建议学校心理咨询师注意以下几点:① 做好铺垫工作,在学校会议或家长会议上,找机会宣传心理咨询工作并做相关规则宣传解读,让领导、同事、家长了解心理辅导工作的专业要求,获得大家的理解和尊重;② 在学校心理健康网站、公众号及专栏等发布相关内容的宣传,让学生了解和理解本原则,消除求助顾虑;③ 向想了解情况的领导、家长、相关教师得体地解释咨询需要的配合和保障,如果需要有保留地提供一些学生的情况,便于对方配合工作,最好能够叮嘱对方遵守保密原则,以免造成不良影响。

## 二、心理教师的专业督导与个人成长督导

督导,即监督、指导,是依靠专业知识和技能处理专业问题的帮助过程。

督导兼有教学、咨询和辅导功能,但是督导与教学、咨询和辅导又都有不同之处。教学重视遵循一定的课程程序,而督导要建立在心理教师(或学校心理咨询师)及其辅导对象的需求之上,具有明显的个别化特点;咨询的目的是解决来访者的心理问题,而督导是要提高被督导者解决来访者心理问题的能力,一般不解决来访者的心理问题;辅导关系相对比较平等,而督导关系具有明显的等级区别,而且大多数是一个连续的、长期的过程。

中小学心理健康教育督导的含义在我国并没有明确的界定,就其词义来说指被督导心理教师在有经验的督导专家的指导帮助下,学习研修业务技能,改进心理健康教育工作,提高自身专业水平的过程。

学校心理咨询督导(以下简称督导)就是高资历的学校心理咨询专家或者资深咨询师为下级咨询师或者新手提供的一种心理干预过程。这种督导干预有两个目的:一是对被督导者的心理咨询能力进行评估,二是帮助提高被督导者的心理咨询能力。

### (一)心理教师的专业发展督导

在学校环境下,心理健康教育教师可以寻求个人职业发展的专业督导。

**1. 督导专家**

一般情况下,各地学校对新入职教师都会采取师徒结对的方式,委托相关资深教师对新教师进行职业适应、教育教学规范、教育教学技能等方面的个体指导。这可以看做是一种督导。"师徒结对"是一个古老的教育模式,但在现代社会也依然有其生命力和价值。"师父"了解学校和学生的需要,也了解初任教师的困惑和需求,在此基础上及时给予业务指导或帮助,同时给予精神与心理支持,这会非常有利于刚入职教师的职业适

应以及专业基本功的训练和提升。

对新手心理教师来说,通过"师徒结对"来获得业务能力提升的意义是明显的,它能帮助新手教师迅速提高教育教学能力,有效地缩短其职业适应期。

如果所在学校没有资深心理教师,新手心理教师也可以向学校申请邀请教育教学经验丰富、富有人文精神的相关学科教师或其他学校资深心理教师担任"师父"。

各地教育科学研究院或教研室的教研员通常也是本专业的教学专家,也是心理健康教师寻求督导的重要选择。

**2. 主要督导内容**

(1) 教育教学督导。由资深教师或专家对年轻心理健康教育教师进行心理健康教育教学工作的具体指导。通过听评课活动,资深教师对年轻心理教师开展的教育教学活动设计与操作给予评价和指导,或者与年轻心理教师就某个问题进行探讨,使其专业特长得以发挥和强化,使其专业局限得以修正弥补。

(2) 学习研修督导。对青年心理教师来说,专业发展离不开职后的持续学习和研修。在研修动力、研修内容、研修机会与途径方面,资深教师往往能给他们提供有效的指导或建议,让学习获得更高效益,从而能够实现快速成长。

### (二) 心理教师(学校心理咨询师)的心理咨询督导

除了心理健康教育教学活动,学校心理教师的另一项重要工作就是开展面向学生和家长的心理咨询工作。而心理咨询工作和心理咨询师的成长有鲜明的特殊性,需要规范的心理咨询督导以特殊的工作模式提供专业的帮助。学校心理咨询师要在学校的支持下,积极寻找并参与当地专业机构提供的小组或团体督导活动,在保持和外界充分的专业交流的同时,获得自己咨询经验的积累和咨询能力的提升。

**1. 督导专家**

心理咨询督导的专业要求较高,需要当地资深的心理咨询专家担任督导师。现在国内许多城市或地区建有相关机构,可以申请参加相应的督导活动。或者由学校出面聘请校外心理咨询专家作为本校心理咨询师的督导,定期或不定期提供督导服务。

**2. 督导形式**

(1) 个别督导。个别督导就是一位督导师对一位被督导者的督导。学校咨询师在自己觉得需要的时候申请督导。比如咨询师可以在某个个案咨询过程中遇到自己难以解决的困难时选择接受督导,被督导者自己拥有一个正在咨询的求助者,而且这个个案需要接受一段时间的咨询支持或帮助,这时的督导安排可以与被督导者的个案咨询进程相平行,一般是被督导者咨询来访者一次(或数次),就接受督导一次,每次 50~60 分钟。也可能是自己发现某个时期工作状态不良的时候主动申请接受督导。

(2) 小组督导。小组督导是一名或者数名督导师对多名被督导者进行督导的督导形式。小组督导的组员一般为 6~12 人,如果人数过少,组内动力比较弱,就较难发挥小组的优势,况且小组容易破裂;如果组员太多,组内动力过于复杂,组员被关注的机会较少。

小组督导的使用频率仅次于个别督导,它是个别督导的重要补充,因为它具有个别督导所无法替代的优势:小组督导节省人力物力。小组督导只要一位督导师就可以带领多位被督导者;小组成员之间可以互相观察、互相交流、互相学习,对督导师的依赖较少,级别感觉较弱,被督导者具有更好的自我效能;不同的案例和不同角度的讨论使被督导者可以获得更为丰富的临床信息和反馈。

(3)朋辈督导。在缺乏专家督导的地区,学校心理教师联合周边学校的其他心理咨询师或心理教师,开展朋辈督导也是一个不错的选择。

朋辈心理督导是心理健康服务从业者之间的一种通过互帮互助来提高自身专业知识及技能的模式。朋辈心理督导团队的成员均是为提升自身专业知识及技能等目的而自发加入团队研讨。相对而言,朋辈心理督导团队中不存在强制性任务或目标,受到外界压力也较小,相对轻松自由的氛围使得成员不会因为在研讨中的参与度较低或贡献知识数量较少而受到惩罚或被排除在团队之外。心理教师自发组合而成的朋辈心理督导团队成员在主动进行知识共享与否或共享知识数量多少的问题上具有更高的自由度,不会受到外界较大的干扰。

**3. 督导内容**

(1)案例讨论:学校心理咨询师清楚明晰地报告案例;心理督导师就个案进行分析与说明,帮助心理咨询师解决求助者的诊断问题。

(2)会诊:心理督导师帮助学校心理咨询师诊断并确定咨询方案。

(3)咨询关系分析:分析和检验咨询关系是否有违规情况,学校心理咨询师是否做到共情,求助者是否发生移情以及咨询师是否能够处理好移情问题等等。

(4)个人成长:帮助学校心理咨询师增进自我意识并解决其自身的问题,包括过去存在的问题和工作中出现的问题。

(5)教学:督导师通过言传身教与心理咨询师分享自己的知识和经验。

## 第三节　心理健康教育教师的生涯发展

职业生涯是一个人依据心中的长期目标所形成的一系列工作选择,包括其相关的教育或培训活动,是有计划的职业发展历程。而职业生涯管理是在理想与现实结合的过程中不断修正自己的决策、行动,从而找到适合自己发展的道路。依据生涯发展的长远目标,我们有效整合个人资源与能量,力求实现自身价值与社会价值的最大化,做到知己知彼、决策行动、变化发展、动态平衡。

## 一、心理健康教育教师的职业规划

### (一)职业发展路径角度的规划

**1. 新任生涯阶段——站稳讲台期**

新入职的心理教师首先需要了解入职学校心理健康教育工作开展概况,学生年龄阶段及学生心理发展特点,熟悉教学目标、内容与进度,掌握心理咨询的基本知识与技能。工作前三年很多心理老师对工作充满热情,信心满满,想要成为深受学生喜爱的老师。为了实现这一目标,心理教师先要规范教案书写,适应教学环境和教学对象,学会处理教学过程中的突发问题;多请教或观摩学习有经验教师的教学技巧、课堂管理手段等,再到实际教学中去模仿或者演练学习到的教学方法,同时注意结合自身教学特色和教学对象情况;邀请优秀教师指导自己上课,书写课堂实录和反思,及时修改完善教案。新入职心理教师观摩老教师上课,然后以说课形式说教学思路请老教师指导,指导过后再说完善后的教学思路,再去实际教学……如此往复循环,方能站稳讲台。

**2. 胜任生涯阶段——积累完善期**

这一阶段,心理教师开始明确自己的未来奋斗目标,已经能够胜任学校心理健康教育工作,并在工作中不断自我觉知、积极进取,增强自己的勇气和沟通技巧,丰富自己的教学经验;对学校心理健康教育工作的开展有自己的思路甚至特色,经常性总结提炼,完成从新手型教师到熟练型教师的成功转变;通过积极参与本地区的心理教科研活动开始比较、体会如何才能上出拥有个人特色的心理课,如何在实际教学中呈现心理课堂包容接纳的氛围,如何进一步规范自己的教学设计和教学思路等;总结日常学生咨询中的共性问题,设计出有针对性和实效性的心理课主题,学会将教学反思或者教学实录以论文形式展现。这一阶段的心理老师学习动机最强,也最有工作热情,希望通过各级各类的培训、学习、活动提升自己的心理素质,通过专业心理知识和技能的不断积累和学习,在教学实践中不断与他人经验交流,提升职业品质,丰富完善自我。

**3. 经验生涯阶段——反思提升期**

对于有经验的心理教师而言,工作的过程中遇到问题会不断反思,甚至让自己停下来,不要线性往前冲,而是想一想为什么要这么做,有没有其他方式。通过复盘反思来提升个人教学能力和综合素质,例如:反复实践教学细节,提高对学生的感知感受能力;观看自己的上课录像,写课堂实录、教学反思、阶段性反思总结等。这一阶段心理教师会对自己的课堂精益求精,经常自主思考心理课怎么上才能深受学生需要、喜欢,课程结束后学生如何有体验、有感悟、有成长。

**4. 专业生涯阶段——创造辐射期**

该阶段的心理教师,实现了"人职匹配",职业满意度较高。很多心理老师作为学科带头人或者名师工作室的领衔人开始带领团队指导和影响薄弱学校开展心理健康教育,促进年轻心理教师成长,或者通过讲座、培训、展示课等方式打开年轻教师的教学思路,有效提升专业理念、专业知识、专业能力和专业态度;通过听评课的方式专业引领、专业指导课堂教学使大家能够快速站稳讲台,促使年轻教师对自己的教育教学有更深入的思考。例如:课堂教学中很多老师不约而同地运用了绘画技术,但是很少有老师能提炼出现场同学们画画后的心理需求。课堂氛围很安全包容,学生勇于分享自己日常生活的问题与困惑,但是很多心理老师在课堂上只能简单地回馈,学生的内心被心理老师打开后却没有被抚慰甚至看见,那么教师是学生成长的引路人的作用就体现不出来。定期走进薄弱学校规划并开展相关心理健康教育活动,调适学生心理、引导家长了解学生的心理成长特点、提升普通教师心理专业知识,带动薄弱学校心理健康教育工作稳步向前,真正发挥心理健康教育的"铸心育才"的教育功能。

## (二)能力特长角度的职业规划

**1. 教育教学能力**

坚持课堂是心理健康教育的主要阵地,这是任何一种形式都代替不了的。谈起上课,心理健康老师就必须站得住课堂,很多学校的心理健康课并没有固定教材,这是需要心理老师根据职业的"敏感性"自己去寻找、创造适合学生学习的内容。教学方式也与其他学科不同,采用体悟式教学,重在学生的体验,强调学生的参与和师生互动,在课堂上激发学生积极的、健康的、和谐的体验。

**2. 心理辅导能力**

当前,学校心理健康教育越来越受到重视,心理辅导工作在学校中不断深入开展,心理辅导指的是从学生的个体需求出发,学校心理老师对在校学生进行心理健康教育,针对学习、生活、人际关系及自我认识等方面可能遇到的心理失衡问题给予心理支持和辅导,消除或缓解其心理困扰,促进其心理健康与自我发展。心理教师要努力提升自己的水平,同时也要肩负老师的责任。

**3. 教科研能力**

无论是为了获得更好的职业发展,还是有效预防和帮助学生解决心理问题、促进学生心理健康,都需要心理健康教育教师具备对师生心理成长及工作开展的课题研究能力。

这里需要特别强调的是,中小学心理健康教育教师开展课题研究,不同于心理学家开展心理科学研究,中小学心理教师开展的课题研究,更多是在相关教育学和心理学理论指导下,探究解决学生各种心理问题的方式,以达到提升学生心理品质的目的。就提升教科研能力而言,心理教师应积极参与各类教研活动,与同行交流经验,学习先进的教学方法和理念,将心理课堂教学与心理辅导中发现的现实问题转化为可操作的研究课题。课题研究不仅有助于提升教学效果,还能为心理教师的专业发展提供丰富的经验和成果。

## 二、心理健康教育教师的职业生涯管理

美国心理学家弗洛姆曾提出：我们需要一个献身的目标，以便把力量整合到一个方向，超越我们孤独的生存状态，超越此状态所造成的一切疑虑与不安之感，并且满足我们企求生活之意义的需要。这就是生涯发展的力量。

### （一）日常工作管理

**1. 了解自我，制定职业生涯目标**

做好职业生涯管理的关键是教师要有明确的职业生涯发展目标和方向。在职业生涯发展中，是想要成为一名教育教学骨干还是想要成为一个管理行家，是专注于教育教学工作还是期待在科研工作方向上有所建树，这些都是教师需要思考的问题。尤其是青年心理教师，需要树立职业生涯规划的意识，做好职业生涯规划。

在制定生涯目标的过程中，我们需要先对自我有一定的了解。而SWOT分析，它作为一种强大的思维分析方法，可以帮助我们了解自身的优势（Strengths）、劣势（Weaknesses），洞察面临的机会（Opportunities）和威胁（Threats），从而为我们的生涯决策提供有力的支持。以新手教师为例，首先对自身优势进行分析，新手教师较为年轻，精力旺盛，思维敏捷，工作热情高，有时间和精力去学习新事物。其次，新教师在职业发展中也具有一定的弱势，比如，缺乏工作经验，与家长沟通的过程中存在障碍，从学生到教师的角色转换需要时间等等。当然，新手教师在职业发展中有很多有利机会，比如新任教师专业培训、师徒结对"蓝青工程"等等，新手教师可以利用好这些培训机会和平台，快速有效地提升自我。最后，新手教师要对职业发展中的挑战进行分析。新教师面临的主要挑战有因为自身技能不熟练而导致任务完成率较低，新教师可能会面临家长的不信任等一些外部挑战。

通过SWOT分析法，新手教师根据自身的特点和组织环境因素，制定切合实际的职业发展目标，并可以将长期目标进行分解，并在目标的指引下前进。

**2. 关注变化，及时调整规划**

心理教师的职业生涯发展离不开职业环境的影响，尤其是新手教师的发展和学校的支持与指导密切相关。新手教师应该通过多种渠道了解学校的相关信息，包括学校的办学目标、教师队伍培养方案、绩效考核等相关信息；认真参加学校的教师培训，着重关注和自己发展有关的政策和规定。同时，新手教师要根据自身优势果断抓住时机，适时地调整自身的思想和计划。例如，新手阶段的心理教师需着重在提高自己教学技能和丰富自己教学经验上下功夫，应该抓住学校提供的外出培训、名师讲座、师徒带教、教师基本功大赛等机会，更新自己的知识，提高自己的专业能力，弥补自身的不足，促进专业发展和职业生涯的前行。

### (二)专业发展管理

**1. 知己知彼**

系统化的职业生涯发展是一个"由内而外"的过程,因此心理教师在做职业生涯发展的时候,要先认识自己。诚实地自问:我的性格如何?兴趣是什么?最有效的工作方式是什么?有哪些技能与众不同?能力的边界在哪里?愿意在工作中使用哪些技能?哪些东西是我生命中不可缺少的?我最渴望从工作中获得什么?当我们开始思考这些问题时,已经开始从思想上努力匹配心理教师这一职业,态度上积极面对真实的工作世界。知彼主要是指学校整体对心理健康教育的认识与规划,学校对心理教师的具体工作要求,心理教师在学校处于什么地位等,开阔思维,多角度、多途径获取工作信息可以促使心理教师准确定位自己,提升个性和能力的发展。

**2. 决策行动**

经过权衡个人特质和工作的实际需求后,心理教师已经清晰自己某一成长阶段的职业目标,此时就需要通过不断学习或者请教专家快速成长以匹配工作需求。并且能够为自己的生涯发展设立长远和近期目标并做出相应的行动计划,自己能为自己承担责任,自主决策,并落实到行动中。例如想要学习某个咨询理论流派,需要明确:最近一年,我想要达到什么目标?目前已经做到什么程度?要怎么提升?怎样知道达到了目标?今天我能为此做的一点点改变是什么?所以我们做出的任何决策不仅仅包括选择也包括行动,同样任何决策也都是承上启下的。

**3. 变化发展**

这个阶段,心理教师已经意识到职业生涯发展的重要性,并愿意花时间来规划自己的生涯,但同时我们也要做好心理准备,那就是有时播下的种子未必能马上发芽。新入职教师培养的基本模式就是我干你看,我说你听,你干我看,你说我听……如此循环往复,这也是教与学的基本模式,看起来很简单但是做起来不简单。每一位心理老师的成长变化快慢不一,有些心理教师特别用心地反思和实践老教师的意见和建议,不断提升教学能力,形成个人独特的工作魅力;有些心理教师可能发展为学校某一心理方面的专家:学科带头人、团辅教练、家庭或者个体咨询等,因为能切实帮助自己的只有自己,清晰地认识自己、突破自己,有明确的成长目标,并不断对自己的成长进行复盘,及时修正自己的成长道路。

**4. 动态平衡**

所有心理教师的角色会随着自身发展发生很大的转变,工作环境会对不同阶段的心理教师提出不同的工作要求和工作内容,很多心理老师在工作上可能会产生身兼数职分身乏术的疲倦感、单打独斗缺乏同伴支持的无力感、学生心理问题复杂的耗竭感、家长不配合学校边缘化的无奈感、工作繁忙无暇顾及家庭和孩子的愧疚感、不能处理好自己和自己关系的无所适从感,这些都会影响心理教师情绪的变化,紧张、烦躁、焦虑、抑郁、难过等会影响心理教师对自我价值的认可。心理教师需要平衡各个角色之间的关系，先照顾好自己。"虚室生白"，就是要给自己留一段属于自己的时间，心理教师需要先看见自己，自己和他人都是同等重要，不可能满足他人的所有要求。工作只是我们生活的一部分，工作伴随着生活，育儿同理。心理教师只需要理顺自己：当遇到问题的时候，你和谁在一起是放松的？你可以从哪里获得支持？你是否认为自己是一个有价值的个体？什么情况或者和谁能表达自己真实的想法和感受？对自己是否有信心？这些问题是心理老师成长的核心信念，因为一切连接都始于自己。

### 本章小结

心理健康教育教师是专业性要求极高的特殊工作岗位。本章系统阐述心理健康教育教师专业成长的多个维度。从职业素养的筑基到专业资格的认证，从职业伦理的坚守到专业督导的助力，再到职业规划与管理的深入剖析，全方位引领心理健康教育教师在理论与实践的交织中不断提升自我，成为学生心灵的引路人。通过系统的学习、持续的反思与适时的调整，心理健康教育教师在成长的道路上不断突破，以专业的知识和能力，为学生的心理健康保驾护航，共同铸就心灵成长的积极篇章。

### 思考与实践

1. 访谈一位中小学心理教师，了解心理教师的职业特点和基本工作要求。
2. 结合本章内容，撰写一份心理教师职业生涯规划报告。

# 第十四章
# 心理健康教育机构的日常管理

微信扫码获取
学习资源

## ※ 学习目标

通过本章学习,了解当前学校心理辅导机构的组织机构建设、心理辅导室的功能定位、基本建设要求及管理规范;理解建立学生心理档案的意义、内容、方法、标准及管理制度;掌握学校心理个案转介的一般流程和操作要求。

## ※ 关键词

心理辅导机构;心理辅导档案;转介制度

学校心理健康教育工作的开展要有一个标准、专业的组织机构,规范的工作场所与设施,有序的心理辅导转介制度,科学的心理档案制度。学校心理健康教育的机构建设直接关系到学校心理健康教育工作的科学性、规范性和有效性。

## 第一节 心理健康教育机构的专业设置

学校心理健康教育机构应坚持立德树人,以促进学生健康发展为根本,心理辅导室软、硬件设施配置遵循中小学生身心发展特点和心理健康教育规律,重在提供心理辅导和心理健康服务。通过向学生提供发展性心理辅导和心理支持,提高全体学生的心理素质,培养他们积极乐观、健康向上的心理品质,促进学生身心和谐可持续发展,有效适应学校生活和社会公共生活,为他们快乐学习、健康成长和幸福生活奠定坚实基础。①

学校应结合实际,明确学校心理健康教育机构的功能定位及机构设置,保证学校心理健康教育工作的顺利开展。

---

① 教育部办公厅关于印发《中小学心理辅导室建设指南》的通知(教基一厅函〔2015〕36号)。

## 一、学校心理健康教育工作的组织机构

学校心理健康教育机构的运作需要一定的条件保障支持。学校心理健康教育组织机构的完善、稳定的专业教师队伍及经费保障都是学校心理健康教育机构正常运作的先决条件。

### (一)成立学校心理健康教育指导委员会

学校应成立由主管校长负责的心理健康教育指导委员会(小组),逐步形成以专(兼)职心理辅导教师为骨干,班主任、团队干部、思品教师为主体,全体教师参与的心理健康教育工作团队。

### (二)建立学生心理健康三级网络体系

为了保证落实心理健康教育的理念和目标,学校心理健康教育工作必须有一定的组织机构,并实施网络化管理,这可保证心理辅导工作的科学性、规范性、有效性。学校要建立学校、年级、班级三级心理健康教育工作网络,明确职责分工和协调机制。

一级网络为学校专门的学生心理健康教育和辅导机构,具体组织协调开展全校学生心理健康教育工作。校级心理辅导室负责本校学生心理健康状况的维护与监控,建立与管理学生心理成长档案,协助学校开展心理健康教育的有关活动;对轻度心理障碍或适应不良的学生进行个别或团体心理辅导,调节学生情绪,缓解学生的压力。对于中、重度心理障碍的学生应及时转介到高一级心理咨询机构。

二级网络是由心理健康教育工作小组领导下的分管教导主任、各年级的年级组长、班主任和教师组成。他们承担的是学校心理健康教育的基础工作。学校心理健康教育应逐步进入班级工作之中,班主任老师要学会用心理辅导的方法与学生沟通交流;利用团体心理辅导的方法开展班级辅导活动;能够及时发现有心理困惑和心理障碍的学生,转介到学校心理咨询机构。

三级网络是由学生/朋辈心理辅导员组成。这是学校心理健康教育工作的辅助队伍,他们是心理辅导工作的志愿者。他们担任着四个任务:

(1)在班级同学中广泛宣传与普及心理健康知识,可以以自己亲身的体验,积极健康的心理品质,帮助有心理困惑的同学学会自助;

(2)积极配合心理辅导活动课程教学,在辅导课程活动中起骨干组织作用,通过他们的参与、组织感染其他学生;

(3)能帮助其他同学疏导心理问题或及时向班主任或心理辅导老师反映同学中的心理问题,及时反馈同学中存在的心理问题和心理辅导的需求,起到老师和同学的中介作用;

(4)他们是学校心理健康教育部门的服务人员,协助心理辅导部门做好一些力所能及的学生心理工作,如辅助心理辅导老师做危机预警工作、学生心理普查和问卷调查

工作等。

## 二、学校心理辅导室的功能定位

心理辅导室是心理健康教育教师开展个别辅导和团体辅导,帮助学生疏导与解决学习、生活、自我意识、情绪调适、人际交往和升学就业中出现的心理行为问题,排解心理困扰和防范心理障碍的专门场所,是学校开展心理健康教育工作的重要阵地。[①]

其主要功能是:

### (一)开展团体心理辅导

关注全体学生的心理健康水平,提高全体学生的心理素质,开展面向全体学生的心理健康教育活动和团体心理辅导活动。

### (二)进行个别心理辅导

对有心理困扰或心理问题的学生进行有效的个别辅导,提供有针对性的心理支持;或根据情况及时将其转介到相关专业心理咨询机构或心理诊治部门,并做好协同合作、回归保健和后续心理支持工作。

### (三)监测心理健康状况

了解和监测全体师生的心理健康状况、特点和发展趋势,及时发现问题,有效监控、防范和应对各种突发事件,减小危机事件对师生的消极影响。

### (四)营造心理健康环境

对有需要的教职工进行心理辅导和心理支持,提高其心理健康水平,营造积极、健康、和谐的育人环境。举办心理健康教育宣传活动,帮助家长了解和掌握孩子成长的特点、规律以及教育方法,协助家长共同解决孩子发展过程中的心理行为问题。利用学校心理健康教育资源服务社区,发挥学校心理健康教育的辐射作用。

## 三、学校心理辅导室的专业设置

学校心理辅导室是为学生提供各种心理服务的校内机构。有条件的学校可以建立比较完整、功能齐全的一组心理辅导活动室,以促进心理辅导有效地开展。

### (一)学校心理辅导室的规划

**1. 地址选择**

在地址选择的问题上,应从任务的特殊性和中小学生身心发展特征出发,体现人性

---

① 教育部办公厅关于印发《中小学心理辅导室建设指南》的通知(教基一厅函〔2015〕36号)。

化设计和人文关怀。具体而言,辅导室不可与行政部门设置在一起,以免被误认为行政单位之一;辅导室要富于生机,有助于促进师生关系融洽;辅导室环境要温馨、安静,注意隐秘性,安静的环境有利于学生会谈咨询,易于集中思考,学生不致受到外来的干扰而分心。因此,辅导室尽量不要靠近运动场、走廊、通道附近,人声嘈杂的地方。但也要注意,隐秘性并非将咨询室迁设于不为他人察觉的地方,以免造成过度的神秘感,同时,楼层不宜过高。

**2. 名称界定**

关于心理辅导室的名称界定,大致可归为两类:一类是专业色彩浓厚的称谓,如"心理辅导中心""心理指导中心""心理辅导室";另一类是专业色彩淡化的称谓,如"阳光心理室""青春心理屋""知心朋友屋"等。中小学心理辅导室应选择亲切、生动、贴近学生心理、易于接受的名称,如心语屋、谈心室、童心室、馨心小屋等名称更契合青少年的心理感受,容易引起学生的共鸣。

**3. 空间设计**

心理辅导室应设置个别辅导室、团体活动室和办公接待区等基本功能区域,有条件的学校也可单独设置心理测量区、放松室、自主自助活动区等心理健康教育拓展区域。心理辅导室的使用面积要与在校生人数相匹配。学校可结合心理健康教育工作的实际需要与学校其他场所共建共享,在不影响心理辅导各功能区基本功能的情况下,心理辅导室各功能区域也可以相互兼容。

辅导功能的空间规划中,接待室的设计应考虑不同辅导功能的协调,并注意使学生、家长及社区人士于等候时,能够感觉到舒适与自在;咨询室的面积不要太大,否则会给人以空旷不安全感,但也不能太小,否则易产生压迫感,使人感到拘束。个别辅导室面积要求10～15平方米/每间,团体活动室面积要求20平方米以上/每间;档案室及储藏室,应有充足的空间,以节省辅导人员取用资料或其他设备的时间;空间有限时,某些房间可以具备两种以上的用途。

**4. 内部设计**

(1) 心理咨询室。咨询室要干净、整洁,空气流通,温度适宜。保密效果要好,保证不被其他人打扰,门窗可以关闭。心理咨询室内部设施可以简单,但布置要让学生感受到温馨、整洁、舒适,以清新、淡雅、柔和的暖色调为主,合理运用色彩、灯光和装饰物,光线适中,自然光、灯光强度合理。避免强烈刺激的色彩,如大红、深蓝、黑、灰色均不适用,窗帘等饰物可选用浅蓝色、淡绿色等色调,可以起到镇静情绪、缓解压力的作用。装饰画要表现自然、清新、积极向上的主题,还可以以花草来调节气氛。茶几或桌上放有插花(或鲜花)、茶杯、抽取式的面纸等物品。配置可以用双人沙发和两人的单人沙发,一个茶几或一张小桌子和两把椅子。座位软硬、高矮适宜,成90度或60度摆放,中间可用小茶几隔开,把靠门的座位留给来访者,减少压抑感。心理咨询室可以和接待室连结在一起,接待室主要用于接待来访的学生,预约辅导的时间。

（2）心理测量室。要备有各种常规的心理测验量表或量表软件，配置电脑和打印机，便于心理测验和测验结果的统计处理。心理测量室不一定和咨询室放在一起，房间的面积不一定要大，但要有一个独立的、安静的房间，以保证心理测验不受影响。

（3）心理档案室。心理档案室需要足够的空间，放置档案柜和电脑，档案室主要是用来记录和保存心理辅导系统资料，如学生的心理健康教育档案和心理分析数据、图表、测试卷、个案资料等，从而为心理教师提供记录和整理当事人心理个案的工作条件和具有说服力的科学依据。

（4）心理阅览室。心理资料阅览及播放室主要用于存放各种有关心理健康教育方面的书籍、报纸、杂志、录像资料，供学生、教师使用。该室需备有各种有关心理健康教育的资料及书架、阅览桌椅、电视机等。

（5）心理放松室。心理放松室是通过心理教师应用各种心理松弛的方法指导学生进行放松的专门场所。心理放松室可以让学生自己放松，可以利用放松按摩设备听各类音乐自己放松，也可以在心理教师的指导下配合指导语进行放松，也可以按录音配指导语进行放松。

（6）心理宣泄室。心理宣泄室通过配备适当的宣泄设备，如宣泄人、宣泄球、宣泄棒、智能击打宣泄仪、智能呐喊宣泄仪等。这些设备可以让个体通过击打、摔打等方式来释放情绪，进行情绪宣泄。心理宣泄室的首要考虑因素是安全性。室内应采用软包材料覆盖墙壁和家具的边角，以防止在宣泄过程中意外受伤。地面也应采用防滑、抗冲击的材料，如泡沫垫或橡胶地板，以减少跌倒和碰撞的风险。为了保护来访者的隐私，心理宣泄室应具备良好的隔音效果。墙面、门窗等应使用隔音材料，确保室内声音不会传到外部。

（7）团体心理辅导室。学校团体心理辅导是比较有效且辅导成本比较低的一种辅导模式，团体辅导侧重解决部分学生共同成长的需求。团体辅导室最简单的设备，需要活动的桌子和椅子，室内配有多媒体音响设备。还可以在地上铺设地板、地毯，或者布置抱枕。

## （二）心理辅导室工作常用设备

**1. 一般性设备**

① 电脑：实施心理测评，网上查询资料，处理及保管档案资料，管理心理健康网站；② 办公桌椅：供辅导教师办公之用；③ 书柜和报刊柜：放置心理辅导书籍、杂志及有关测验资料；④ 档案柜：放置心理测试档案及咨询记录档案；⑤ 资料袋：放置学生资料；⑥ 团辅教室桌椅。

**2. 专业性设备及耗材**

主要有：① 辅导信箱：供学生不便于面对面的晤谈，而以书面沟通或解决其他问题之用，信箱应设于辅导室门前或学校走廊通道之处，有条件的学校可设置电子信箱向学生宣传;② 视听器材类:如录音机、照相机、录像机、监控摄像头等;③ 软件类:学生心理测评系统和心理健康自助系统等工具;④ 测验材料类:智力测验、性向测验、成就测验、人格测验等;⑤ 参考书籍类:有关心理辅导及心理学、儿童发展与辅导及辅导工作的参考书籍与刊物等;⑥ 团辅设备:团体心理辅导箱、游戏心理辅导包等;⑦ 其他专业用具:在中小学使用如儿童玩具、积木、黏土、沙盘、蜡笔、水彩、图画纸及绘本故事书等。

### 四、学校心理辅导室的管理规范①

#### (一) 开放时间

心理辅导室定期对学生开放,可视学生数量和学校心理健康教育实际情况确定具体开放时间。原则上,学生在校期间每天均应开放,课间、课后等非上课时间应有一定时间向学生开放,并安排专人值班。

#### (二) 人员配备

心理辅导室至少应配备一名专职或兼职心理健康教育教师,并逐步增大专职人员配比。专兼职教师原则上须具备心理学或相关专业本科学历,取得相关资格证书,经过岗前培训,具备心理辅导的基本理论、专业知识和操作技能,并定期接受一定数量的专业培训。心理健康教育教师享受班主任同等待遇。

#### (三) 经费投入

学校应设立心理健康教育专项经费,纳入年度经费预算,保证心理辅导室工作正常开展。心理辅导室应免费为本校师生、家长提供心理辅导。

#### (四) 成长记录

心理辅导室应为学生建立成长信息记录。一般包括学生的基本情况、家庭情况、心理状况、辅导记录等。辅导记录一般包括学生目前的心理状况、辅导的主要问题及问题的评估和鉴定,并有相应的分析、对策与辅导效果评价。学生成长信息记录、测评资料、信件、录音录像和其他资料,应在严格保密的情况下保存。心理辅导室应根据学生成长信息记录,有针对性地开展团体心理辅导或个别心理辅导。

#### (五) 辅导伦理

心理健康教育教师应坚持育人为本,着力提高全体学生的心理素质;在学生出现价值偏差时,要突破"价值中立",帮助学生树立正确的世界观、人生观和价值观;在辅导过程中严格遵循保密原则,保护学生隐私,但在学生可能出现自伤、他伤等极端行为时,应

---

① 教育部办公厅关于印发《中小学心理辅导室建设指南》的通知(教基一厅函〔2015〕36号)。

突破保密原则,及时告知班主任及其监护人,并记录在案;谨慎使用心理测评量表或其他测试手段,并在学生及其监护人知情自愿基础上进行,禁止强迫学生接受心理测试,禁止给学生贴上"心理疾病"标签,禁止使用任何可能损害学生身心健康的仪器设备。

### (六) 危机干预

心理辅导室应建立心理危机干预机制。明确心理危机干预工作流程,出现危机事件时能够做到发现及时、处理得当,给予师生适当的心理干预,预防因心理危机引发的自伤、他伤等极端事件的发生。

### (七) 及时转介

心理辅导室应与相关心理诊治部门建立畅通、快速的转介渠道,对个别有严重心理疾病的学生,或发现其他需要转介的情况,能够识别并及时转介到相关心理诊治部门。转介过程记录翔实,并建立跟踪反馈制度。

### (八) 加强研究

心理辅导室应定期组织教研活动、典型案例讨论、组织参加专家督导,定期开展心理健康普查和心理健康调查研究,不断提高心理辅导的科学性与实效性。

## 第二节 心理健康教育档案的规范管理

对学生进行心理评估是学校心理健康教育工作的重要前提和基础,而建立学生心理档案是对学生心理进行评估的重要形式。学校心理健康教育档案的建立是一项具有很强的科学性、专业性和技术性的工作,心理教师只有在了解学校心理健康教育档案的含义、意义、方法、标准和管理制度等的基础上,才能建立起科学、经济实用的学校心理健康教育档案,才能正确使用与管理好学校心理健康教育档案。

### 一、学校心理健康教育档案概述

学校心理健康教育档案有广义和狭义之分。狭义的学校心理健康教育档案是指个体心理发展变化的特点、心理测验结果、心理咨询与辅导纪录等材料的集中保存,这些资料按照一定的程序排列,组成一个有内在联系的体系,如实地反映中小学生的心理面貌。而广义的学校心理健康教育档案还包括中小学生心理健康教育活动的有关资料,如中小学心理健康教育的计划、课程开设、活动安排、教研活动、研究课题及成果、效果评估及管理工作等的纪录。这里讨论的主要是狭义的学校心理健康教育档案。

## （一）建立心理辅导档案的意义

心理辅导档案主要是学校心理健康教育工作中的相关记录，它的重要性体现在以下两个方面：

**1. 为学生心理健康发展服务**

建立中小学生心理档案，从总体上看，能及时准确地掌握和了解全校学生的心理发展规律、特点及现状，从而为学校的科学管理提供心理学依据。例如可以从中寻找出导致某一部分学生发生心理障碍的原因，并从宏观上寻找教育、预防和干预的方法；可以为学校的分班教学、个别化教学提供前提条件；心理辅导档案所反映出的中小学生兴趣爱好的信息，可以为丰富课外活动、满足中小学生的正当心理需求提供决策依据。由此可见，为中小学生建立心理辅导档案是促进学生心理健康发展的必然要求。

建立心理辅导档案，从个体角度，也为学生个人心理健康发展提供了十分重要的条件。它是每一个中小学生心理成长的轨迹，中小学生可以通过心理辅导档案了解自己的心理状况。在发现自己有心理问题的同时，积极寻求心理辅导和心理咨询，通过一段时间的调整和矫治，就可以实现通过心理辅导档案考查的效果，因此它能对每位学生的个体的心理成长、心理潜能开发提供帮助。

**2. 为心理辅导教学和科研服务**

心理档案中隐去来访者姓名等隐私信息的案例是教学和培训中的真实素材，对培养新手分析问题的能力很有帮助。对于常见的一些咨询问题，如学生的学习、考试焦虑、早恋等主题，通过典型案例的研习、督导，新手教师知道如何设立咨询目标、制定咨询策略，以后碰到类似咨询案例就能心中有数，从容应对。咨询中一些比较棘手的疑难案例、罕见案例、误诊案例，都是同行学习和研究的宝贵资料。这些富有挑战性的案例，提供了同行学习和交流的机会，对于促进咨询师的成长、提高同行的专业技能很有帮助。总之，咨询档案中的案例为咨询行业提供了教学和研究的宝贵素材，对理解咨询理论、提高操作技能大有裨益。

> **政策链接**
>
> 县级教育部门要设立或依托相关专业机构，牵头负责组织区域内中小学开展心理健康测评工作，每年面向小学高年级、初中、高中开展一次心理健康测评，指导学校科学运用学生心理健康测评结果，推动建立"一生一策"的心理成长档案。
>
> ——教育部办公厅关于加强学生心理健康管理工作的通知（教思政厅函〔2021〕10号）

### (二)学校心理健康教育档案的主要内容

**1. 个人背景信息**

个人信息主要在预约中收集,可以通过心理咨询登记表登记信息(见表14-1)。初次打交道时,来访者的有些信息(如姓名、班级)不便于收集,可视对方的意愿和情形而定,以后有条件时逐渐补充。正式咨询时,来访者因不断熟悉和信任咨询师而逐渐开放,会逐渐透露自己的民族、爱好、身体健康等信息,也应收集到背景信息中。可见,背景信息的收集是一个不断完善的过程。这些信息对于理解来访者的问题很有参考价值。

表14-1 学校心理辅导登记表①

编号:　　　　　　　　　　　　　　　　　　　　　　　　　年　月　日

| 姓　名 | | 性　别 | | 出生日期 | |
|---|---|---|---|---|---|
| 民　族 | | 班　级 | | 本人联系电话 | |
| 班主任 | | 紧急联系人 | | 紧急联系人电话 | |
| 转学经历:□有　□无　休学经历:□有　□无 ||| 就读方式:□走读　□寄宿　□其他 |||
| 父母婚姻状况:　□良好　□一般　□离婚　□再婚　□丧亲(□父亲　□母亲) ||||||
| 家庭居住情况:<br>□与父母同住<br>□与母同住<br>□与父同住<br>□与其他抚养人共同生活,同住人:<br>□其他,请说明: ||| 家庭成员情况:<br>□独生子女<br>□非独生子女:兄人、姐人、弟人、妹人<br>父亲年龄:　　职业:　　学历:<br>母亲年龄:　　职业:　　学历: |||
| 家庭经济状况:□富裕　□一般　□贫困 ||| 家庭人际关系:□和谐　□一般　□紧张 |||
| 对家庭喜欢程度:□喜欢　□一般　□不喜欢 ||| 对学校喜欢程度:□喜欢　□一般　□不喜欢 |||
| 个人躯体类疾病史 | □无　□有(诊断:　　现在躯体症状:　　) |||||
| 个人精神类疾病史 | □无　□有(机构:　　诊断:　　服药情况:　　) |||||
| 家族精神类疾病史 | □无　□有(关系:　　诊断:　　) |||||
| 过往重大生活事件(可多选) | □亲友生病　□亲友亡故　□家人失业　□家庭暴力　□父母分居<br>□父母离异　□学业波动　□受到学校处分　□人际冲突　□校园欺凌<br>□生病　□其他 |||||
| 既往辅导经历 | □无　□有(次数:　　具体机构:　　) |||||

---

① 中国心理学会临床心理学注册工作委员会制(2021年版)。

(续表)

| 本次预约方式 | ☐自行前来　☐同学建议　☐班主任建议　☐学科教师建议　☐父母建议<br>☐其他 |
|---|---|
| 自评学业压力<br>（请在相应分数处画圈） | 0　1　2　3　4　5　6　7　8　9　10<br>完全没有　　　　　　　　　　　　　　　非常高 |
| 自评朋友多少<br>（请在相应分数处画圈） | 0　1　2　3　4　5　6　7　8　9　10<br>完全没有　　　　　　　　　　　　　　　非常多 |
| 自评睡眠情况<br>（请在相应分数处画圈） | 0　1　2　3　4　5　6　7　8　9　10<br>非常不好　　　　　　　　　　　　　　　非常好 |
| 你来寻求辅导的原因，以及其他你希望心理辅导教师了解的信息： | |

**2. 会谈记录，包含训练活动**

心理咨询师的记录资料是心理辅导档案的主体，一般是会谈结束之后以回忆的方式完成。每次咨询活动的记录分为两个部分。第一部分是客观记录，主要记载咨询的导入、讨论的主要问题和结束时对下次咨询的安排。记载的信息既有双方语言交谈的内容，也有来访者服饰、体态等非语言信息。第二部分为咨询师的反省，分析心理辅导中取得的进步和存在的不足以及以后咨询的建议。有条件者甚至可以收集图片或声像资料，当然要尊重来访者的意愿。咨询师需要做一些解释工作，按来访者的意见将资料标明为不同的保密等级：仅供同事配合工作参考、供同行研究或供教学使用等。即使在咨询关系结束后，咨询机构的工作人员原则上也要坚守诺言，不得随意外传相关资料。学校心理辅导记录表具体见表14-2。

表14-2　学校心理辅导记录表[①]

学号：＿＿＿＿　姓名：＿＿＿＿　性别：＿＿＿＿　辅导方式：＿＿＿＿　第＿＿次辅导

辅导时间：＿＿年＿＿月＿＿日＿＿时＿＿分　　辅导时长（＿＿分钟）　　辅导老师：＿＿＿＿

**来访者陈述**（上次辅导以后来访者主述变化情况，与辅导老师约定任务的达成情况，来访者的学业、生活、情绪等情况）：

---

① 中国心理学会临床心理学注册工作委员会制（2021年版）。

(续表)

| 辅导老师评估（对来访者问题与辅导过程评估，含危险性评估，包括心理测试、医院就诊结果）： |
| --- |
| 本次辅导要点及处理（辅导目标、方案，包括辅导过程、方法、作业，以及是否有与班主任、监护人等会商）： |
| 下一步辅导意见（在相应选项后打√）：<br>继续辅导□　预约下次辅导时间：<br>协商结案□<br>终止辅导□　说明：<br>启动危机干预□　说明：<br>转介□　转介至：<br>需要与班主任和家长联合帮助□<br>本次辅导是否录音：有□　无□　　是否录像：有□　无□<br>其他说明： |
| 辅导者反思： |

### 3. 心理测验资料

心理咨询师通过心理测验增加对来访者的了解，应向来访者进行解释，征得来访者同意后对其实施心理测验。心理测验如果是以纸笔形式进行，可将原始测试资料装入档案；心理测验如果是操作性的活动，心理测验员或咨询师需要记下选用的测验工具、来访者操作的过程及结果，同时附上对来访者测验结果的分析和评价。

**4. 咨询的回访及效果追踪**

成功的心理咨询应该是结束咨询关系后,来访者能独立面对和处理自己生活、学习、工作中的问题。定期的回访和追踪在评估心理辅导效果中很有必要。回访和追踪情况,无论是纸笔记录还是声像资料,均应归入来访者的心理辅导档案。

## 二、建立学校心理健康教育档案的方法和标准

### (一) 学校心理档案资料搜集的方法

**1. 观察法**

观察法是有目的、有计划、有系统地获取出于自然条件下学生资料的方法。进行观察记录的方法有轶事记录法、评定量表法、情景抽样法及时间抽样法等。对于观察的结果,可以用下列三种方式做记录:

(1) 评定法。心理教师对所观察的特质或行为评定等级,一般等级划分类型可以是三点、五点或者七点计分。

(2) 记录出现频率法。心理教师将规定好要观察的学生的项目预先打印在纸上,凡出现了预观察的项目,就在该项目上做好记号。

(3) 轶事记录。轶事记录是指教师把观察到的学生情况,以叙述性文字的形式简明地记录下来的文档,包含学生的姓名、性别、年级、观察时间、观察事实及其发生情境的描述、教师的解释与建议等。

**2. 访谈法**

访谈法是指心理教师与学生或其较亲近的人通过直接谈话的方式来了解和研究学生心理的一种方法。在建立学校心理健康教育档案中运用访谈法,首先要编制访谈计划,设计访谈问题;其次,要了解访谈对象,掌握访谈技巧。访谈者应努力掌握访谈过程的主动权,积极影响被访者,尽可能让他们按照预定的计划回答问题。通过访谈,可以了解学生真实的心理背景、过去的心灵创伤等。

**3. 问卷法**

问卷法是心理教师运用统一设计好的问卷向学生了解情况和征询意见的一种方法。在建立学校心理健康教育档案过程中运用问卷法,关键是要设计好问卷。问卷一般包括题目、前言和指导语、问题、选择答案和结束语等部分。问卷设计应遵循目的性、全面性、计划性等原则。采用自编的问卷调查,如用书面问题、表格让学生回答、填写,可了解学生的一些基本情况,了解他们的心理活动。

**4. 作品分析法**

作品分析法是借助学校的各种评定和记录以及学生的作品来获取信息的一种方法。如通过对学生的各种作业、试卷、模型和其他创作作品以及学生的日记、周记、信

件、作文、自传等的分析,了解学生的心理活动。在对学生自传进行分析和解释时,要考虑到学生在自传中反映了怎样的情绪基调,有无透露重大的事件和背景资料,有无轻生的意念和行为等。

**5. 心理测验法**

心理测验法是建立学校心理健康教育档案中最主要的方法,其关键是选择合适的测验量表。选择测评工具时,要考虑选择标准化测验和明确测验的目的、功用及适用范围。心理测验按照施测人数可以分为个别与团体两种。在个别施测时,辅导教师可以仔细观察来访者的行为反应,以避免有错或误解题意,但是比较占用时间与人力,并可能引起来访者的不安。团体方式施测,时间、人力等都较经济,但是控制行为反应不如个体施测详尽认真。

### (二)结果解释和建立标准化档案

在搜集好学生资料后,要对每一种资料,尤其是心理测验的结果进行解释,并结合学生基本情况提出教育培养上的建议,然后再建立心理健康教育档案。

**1. 统计及结果解释**

心理健康教育工作者要及时整理通过观察法、访谈法、问卷法和作品分析法等方法搜集的资料,对于心理测验问卷,要按照每一测验所提供的计分标准进行统计,并要将原始分转换成标准分。在计分统计过程中,一定要实事求是、客观公正。在对当事人或其他人报告时,一般只需告诉测验结果的解释,并注意以下几个问题:① 使用当事人所能理解的语言;② 保证当事人知道测查或预测的目的;③ 提出科学的、有针对性的建议①。

**2. 提出教育对策与建议**

建立学校心理健康教育档案的目的是围绕发展能力、培养创造力、优化人格、促进心理健康、提高学习成绩以及指导升学或就业等方面,提出教育对策与建议。因此,要根据结果解释,并结合学生各方面的情况,分析其心理问题的形成原因,有针对性地提出教育培养建议或辅导策略。建议应切实可行,提建议时要考虑到学生现有的时间、所学课程以及学生的兴趣、爱好及家长的要求等,提建议时应规定具体的目标和实施的方法,包括何时、何地、在何种环境下实施建议。建议应针对不同的方面,有给家长的建议,也有给教师的,还有给学生及同学的,必要时还可包括给学生周围有影响人物的建议。

**3. 撰写测评报告**

搜集的资料最终都要体现在测评报告中,测评报告是心理测评的最终结果,其中所做的综合性判断和诊断结论对于今后的教育和干预具有决定性影响。一个有效的测评报告应具备有针对性、描述行为、描述个体的独特性等特征。报告的撰写应清楚、准确、

---

① 杨宏飞,朱作仁. 大学生心理咨询和心理治疗[M]. 福州:福建教育出版社,2007:186.

直接,报告中应提供清楚、适宜和可实现的建议等。

#### 4. 建立学校心理健康教育档案

心理健康教育档案的形式主要有文本式和电子档案式,文本式又有专项卡片和档案袋两种方式,专项卡片可包括学生综合资料表和各种心理测评资料表;学生心理健康教育档案多采用档案袋来保管,每个学生应建立一个档案袋,其格式应依据需要和资料内容设计,档案袋的封面通常应包括姓名、性别、班级、袋内基本资料名称及顺序、保密等级等。电子档案的形式,可以减少差错,防止资料丢失,保证资料管理的准确规范、安全可靠,进而提高工作效率,但要注意信息的保密。

### 三、学校心理健康教育档案的使用制度

学校心理健康教育档案管理除了一般的防潮、防蛀等要求外,更有专业上特殊的考虑。

心理辅导档案室对于如何使用档案要有一套严格的制度,以保障来访者的利益。首先要坚持保密原则。心理辅导档案涉及来访者的大量隐私信息,心理辅导机构要信守承诺,不得向无关的工作人员透露来访者的资料,更不能向外界泄露。只有一种情况例外,公安机关因为侦破案件的确需要了解情况时,档案管理人员和心理咨询师有义务配合。心理咨询师查阅档案时,也以为来访者工作、服务为目的。在是否可供教学、培训之用时,应严格遵从当初与来访者的约定,及时填写心理档案借阅登记表(见表14-3)。心理辅导档案的建立和规范管理是心理辅导机构的一项重要工作。心理辅导机构应参照一般的档案管理办法,再结合心理辅导工作的特殊性,制定一套健全的心理辅导档案管理制度。

表14-3 心理档案借阅登记表

| 编号 | 时间 | 借阅人 | 借阅缘由 | 档案名称 | 借阅方式 | 审批人 | 经手人 | 借阅人签名 | 备注 |
|---|---|---|---|---|---|---|---|---|---|
|  |  |  |  |  |  |  |  |  |  |
|  |  |  |  |  |  |  |  |  |  |
|  |  |  |  |  |  |  |  |  |  |
|  |  |  |  |  |  |  |  |  |  |

## 第三节 心理健康服务转介的组织实施

转介是心理辅导及危机干预中的重要环节。目前,心理辅导的转介技术在学校心

理健康教育中的应用日益增多，构建保密、及时、快捷、有效的中小学生心理辅导转介机制将有利于提高中小学生心理辅导效果，有效减少心理问题甚至心理危机事件的发生。

### 一、学校心理健康教育转介概述

所谓转介，是指在征得学生当事人同意的情况下，将当事人从当前心理教师或心理咨询师转给另一个适合其问题处理的心理咨询师或治疗师或精神科医生接受进一步的咨询、诊断和治疗，协助当事人赢得最佳咨询和治疗时间的一种有效心理辅导及危机干预的处理办法。转介在中小学生心理咨询和危机干预中，具有重要的现实意义。

首先，转介是心理教师或心理咨询师的专业道德要求。心理教师或心理咨询师一旦遇到较为棘手的问题或超出了专业能力时，一定要运用转介的方式将当事人转到适合其问题得到解决或治疗的心理咨询师或心理治疗师、精神科医生那里，这是教师最起码的职业道德和责任意识。

其次，转介是提高心理辅导效果、解决学生心理危机的重要策略。在心理辅导过程中，如果心理咨询师发现，来访者的心理问题是自己不适宜接待的个案，向来访者婉转地讲清意图后，转介给其他更适宜和胜任接待本个案的同行或专业水平更高的专家是对来访者负责、保证心理辅导质量、提高心理辅导效果的有效措施。

再次，转介是充分利用校内外专业资源的最佳手段之一。转介可以利用校内外相关的资源，充分发挥各单位的社会功能和专业优势，在最短时间内取得最优化的教育、咨询和治疗效果。

### 二、学校心理健康教育转介的一般流程

#### （一）确定转介对象

从实际工作经验看，一旦发现学生属于下列情况，心理教师或心理咨询师应及时将学生进行转介。

**1. 学习与生活层面**

① 成绩大幅滑落甚至出现多门课程不及格现象，却找不出原因；② 经常旷课或常在课堂上睡觉，不愿接受别人协助；③ 对自己要求甚高，挫折承受力又低，过分看重分数；④ 沉迷网络难以自控，对其他生活都失去了兴趣；⑤ 生活忽然变得散漫、没有规律，说不出理由；⑥ 家中最近发生重大变故，精神变得恍惚，不愿与人交谈。

**2. 心理与身体层面**

① 心理上无缘无故地感到惊慌、恐惧与焦虑；② 对自己失去信心，否定自己，常与别人说到死亡之类的事；③ 身体上常常感觉不舒服，医学检查却一切正常。

**3. 行为与情绪情感层面**

① 个人坐立不安、注意力不集中、缺少安全感，却说不出所以然来；② 似有妄想、

幻听、自言自语，畏惧与社会接触；③ 生性孤僻、独来独往，落落寡欢，拒绝班主任与同学的关心；④ 经过多次思想工作，学生口头上同意改进，但行动上没有任何进展；⑤ 长期咨询并超过八次以上，但心理咨询师感觉进展不大；⑥ 恋爱最近出现重大波折，难以走出失恋的阴影，痛不欲生；⑦ 严重抑郁或具有非常明显的自杀倾向。

### (二) 转介的操作流程

在中小学生心理危机干预工作中，学校相关部门和人员应根据心理危机个案的类型与级别，按照事先编制的转介操作流程及时予以合理转介，采取有针对性的干预措施，确保心理危机干预的科学有效。

**1. 基层向心理辅导中心的转介**

教师或学生发现有心理危机学生后，及时上报年级负责人，然后由年级负责人向学校心理健康教育中心上报并在征得学生同意的情况下，最后由学校心理健康教育中心通过初步评估后，再决定是否转给校内心理咨询师或者校外精神专科医生。如果情况特别紧急，须向学校心理危机领导小组及时上报，保证危机干预工作的科学有序。

**2. 心理咨询师之间的转介**

心理咨询师在咨询过程中，若遇有较为严重的心理危机或精神疾病的学生，必须及时向心理辅导中心负责人汇报，与中心负责人讨论危机学生的状况，然后安排其他咨询师接案或向校外转介。为了保证转介的准确性，需要心理咨询师提供书面材料，描述当事人的详细情况，以作为转介后其他咨询师了解和熟悉学生问题的重要内容。

**3. 心理辅导中心与校医院之间的相互转介**

学校心理健康教育中心对咨询中发现的有严重心理危机的学生，应按照转介原则和程序及时转到校医院，由医生进行相关检查。校医院医生在日常接诊中发现有心理问题的学生，也应及时与学校心理健康教育中心取得联系，转介到心理辅导中心接受心理辅导。

**4. 心理辅导中心与精神专科医院的转介**

从心理辅导中心向精神专科医院转介，分为两种情况：一是对危机学生当事人的心理状况把握不准时，可由辅导教师陪学生先行到精神专科医院接受进一步的诊断。二是对呈现严重心理危机或精神疾病的学生，一般由家长陪同学生到精神专科医院进行诊断。

### (三) 转介记录

除了有伤害自身或攻击他人的可能性存在，所有的转介工作都应在保密的前提下进行。转介前后，心理教师或心理咨询师应提供当事人的谈话辅导或咨询记录，开具转介通知单，做好转介工作的相关记录，转介记录表见表 14-4，以利转介的后续咨询辅导和治疗工作。

表 14-4　高风险学生转介记录表

| 姓名 | | 班级 | | 性别 | | 出生年月 | |
|---|---|---|---|---|---|---|---|
| 民族 | | 籍贯 | | 学习情况 | | 健康状况 | |
| 家庭住址 | | | | | | | |
| 寄住住址 | | | | | | | |

主要表现：

| | | | | | | | |
|---|---|---|---|---|---|---|---|
| | | | | | | | |
| | | | | | | | |
| | | | | | | | |
| | | | | | | | |
| | | | | | | | |

初步分析：

| | | | | | | | |
|---|---|---|---|---|---|---|---|
| | | | | | | | |
| | | | | | | | |
| | | | | | | | |

转介情况：

| | | | | | | | |
|---|---|---|---|---|---|---|---|
| | | | | | | | |

预后情况：

| | | | | | | | |
|---|---|---|---|---|---|---|---|

转介人：

### (四) 转介后的适度追踪辅导

转介成功后,学校心理健康教育教师或心理咨询师,应根据转介后的具体情况,要适度进行定期或不定期的追踪,了解当事人转介后的有关情况。

## 三、学校心理健康教育转介的操作要求

### (一) 增强转介意识

将超出个人专业能力的当事人转介给适合其问题得到解决或治疗的心理咨询师或心理治疗师、精神科医生,这是心理教师最起码的职业道德和责任意识。把当事人恰当及时地转介给适当的心理治疗师或精神科医生,既不是教育或咨询的失败,也不是心理教师或心理咨询师推卸责任,而是为了当事人得到更好的帮助,也是心理教师忠于工作和负责任的表现。因此,要普及心理健康教育与咨询知识,增强全员参与意识,对相关人员进行系统的心理咨询理论与技术、案例研讨等专业培训,提高专业工作水平,增强职业敏感度,合理运用转介技术。

### (二) 把握转介时机,注意转介方式

在对学生心理危机进行干预转介时,当事人必须知情,基于当事人的自愿,同意心理辅导教师或心理咨询师的建议而接受转介。

**1. 当事人自愿转介**

若当事人主动提出转介要求,心理教师或心理咨询师应及时根据当事人的具体情况,可直接转介。

**2. 鼓励当事人同意接受转介**

心理教师或心理咨询师面对严重心理危机的学生,须与当事人进行沟通,向当事人说明转介理由,即使当事人只有几分的转介意愿,也应鼓励当事人,及时表扬当事人会善用资源帮助自己成长。应使当事人有充分的心理准备,获得其同意后,及时办理转介手续。

**3. 心理教师或心理咨询师主动进行转介**

当心理教师或心理咨询师发现原有工作模式难以取得效果或当事人也感觉教育与咨询效果不佳时,或当事人遇到的问题明显超出心理教师或心理咨询师的专业训练与能力范围,应与当事人公开说明并商量转介事宜。本着为当事人负责的态度,将其转介给另一位适合的心理教师或校外专业心理治疗师、精神科医生。

**4. 当事人不愿意转介,要慎重处理**

如当事人不愿接受转介,除了学生出现紧急状况如有伤害自身或伤害他人的严重危险之外,转介者和学校心理健康教育机构不得强制学生接受咨询或治疗。但必须告

知学校心理健康教育机构有关当事人的姓名和情况,由心理咨询中心在适当时机和学生接触。实施学生心理危机转介的各相关单位,必须对转介学生的身份和有关数据信息等进行保密。

### (三) 充分利用校内外专业资源

充分利用校内资源,学校心理健康教育机构、校医院、保卫部门等各单位彼此之间应通力合作,建立从学生骨干、班主任到年级、学校的校内心理危机干预快速反应机制,建立中小学生心理危机事件会商及转介制度,理顺转介渠道。

充分利用校外资源,和精神卫生医院建立定点联系,建立从校心理健康教育机构到校外精神专科医院的快速转介通道,或者主动聘请精神专科医院的医生到学校心理健康教育机构值班,既可以打消学生的疑虑,也可以使医生对危机学生进行快速评估诊断,提高工作的时效和诊治效率。

充分利用家长资源,建立良好的转介关系,力争有效转介。在转介过程中,让家长明白,转介是学校对学生负责的表现,早期的治疗可以稳定病情,防止恶化。向家长介绍转介成功的案例,使家长打消疑虑,树立信心,主动配合学校的转介工作。

转介过程中,妇联、民政局、社区、派出所等部门扮演着不可或缺的角色。这些部门不仅能够提供必要的资源和支持,还能确保学生在面临心理挑战时得到及时有效的帮助。妇联可以协助学校联系专业的心理辅导机构,为学生提供咨询和治疗渠道。同时,妇联还可以通过开展家庭教育讲座和活动,提高家长对心理健康重要性的认识,促进家长与学校的沟通合作,提高家长对转介工作的理解;民政局在心理健康教育转介工作中可以提供政策和资金上的支持,利用其资源为学生提供社会救助,确保经济困难不成为学生获得心理帮助的障碍;社区作为基层组织,在转介工作中可以发挥地理优势和人文关怀。社区工作人员可以及时发现辖区内学生的心理问题,并与学校、专业机构建立联系,为学生提供就近的心理咨询服务。尤其是假期,学校可以提前将重点关注学生名单报送相关社区,请求社区辅助学校进行学生心理健康检测及辅导工作。辖区派出所能够提供必要的安全保障,尤其是在处理涉及学生心理问题可能引发的突发事件时,可以协助学校和专业机构,确保转介过程中的学生安全,并在必要时提供法律支持。

针对一些心理危机个案,需建立中小学生心理危机事件案例会商制度,充分发挥各单位的管理功能和专业优势,不断提高应对危机事件的科学化水平,共同做好中小学生的心理危机预防与干预工作。

### (四) 建立良好的转介关系,力争有效转介

咨询者和需求当事人必须维持良好的关系才能使当事人获得利益。因此,心理教师或心理咨询师必须与当事人或学生家长,建立良好的互信关系。

**1. 接受当事人对转介的感受**

转介中,应了解当事人对转介的感受,帮助当事人解决在情绪方面对转介的抗拒。

否则,如果仅试图转介当事人,而没有澄清和接受当事人的感受,并帮助他们对自己需要别人帮助的处境有更现实的和更清楚的了解,往往会造成转介失败。

**2. 与当事人家长保持有效沟通**

在转介过程中,既需要做当事人的工作,也需要做当事人家长的工作。

首先,充分理解和接纳当事人家长的担忧。心理教师或心理咨询师在与当事人家长交流沟通的过程中,一定要认真倾听,充分理解当事人家长的担忧,然后释疑其困惑。让家长明白,心理问题或心理障碍具有时代性,是许多人都可能会遇到的,并不是因为学生个人的道德品质问题,它只是一种心理问题,需要从专业人士那里获得更为有效的帮助。转介是学校对学生负责的表现,绝对不是学校为了扔掉包袱或推卸责任。其次,转介是解决学生心理危机的重要举措之一。通过有效沟通,让当事人家长认识到,早期的预防和治疗可以稳定病情,防止精神疾病的恶化,转介是学生心理问题得到有效治疗的重要措施之一。再次,介绍转介成功案例,树立转介的信心。向当事人家长介绍转介成功的案例,使当事人家长打消疑虑,树立信心,主动配合学校的转介工作,形成学校与家庭合作的良好局面。

总之,正确运用中小学生心理危机预防与干预中的转介策略,对心理教师或心理咨询师而言,既是一种责任,又是一种艺术,更是一种能力,是解决中小学生心理危机问题的重要举措和有效办法。

### 本章小结

学校心理健康教育的机构建设直接关系到工作的科学性、规范性和有效性。本章介绍了学校心理健康教育机构的功能、设置、条件保障,学校心理健康教育档案的管理以及心理辅导的转介。设置学校心理健康教育工作机构,既要加强机构的科学规划和设备支持,同时也要完善相应的组织机构、建设专业的师资队伍以及提供必要的经费保障。做好心理辅导的转介工作以及学生心理辅导档案的管理,也是学校心理健康教育机构建设的重要任务和内容。

### 思考与实践

1. 简述学校心理健康教育机构的建设标准与管理要求。
2. 根据学校心理案例,尝试填写一份中小学生的心理咨询个案登记表。

# 附 录

微信扫码获取

附录原文

1. 教育部关于印发《中小学心理健康教育指导纲要(2012年修订)》的通知(教基一〔2012〕15号)

2. 教育部办公厅关于印发《中小学心理辅导室建设指南》的通知(教基一厅函〔2015〕36号)

3. 国家卫生计生委、中宣部等22个部门印发《关于加强心理健康服务的指导意见》(国卫疾控发〔2016〕77号)

4. 国家卫生健康委、中宣部、中央文明办、中央网信办、教育部、民政部等12部门印发《健康中国行动——儿童青少年心理健康行动方案(2019—2022年)》(国卫疾控发〔2019〕63号)

5. 教育部办公厅印发《关于加强学生心理健康管理工作的通知》(教思政厅函〔2021〕10号)

6. 教育部等十七部门关于印发《全面加强和改进新时代学生心理健康工作专项行动计划(2023—2025年)》的通知(教体艺〔2023〕1号)

# 主要参考文献

## 一、著作类

1. 班华.心育论[M].合肥:安徽教育出版社,1994.
2. 班华.心理与道德教育读本(共6册)[M].南京:河海大学出版社,1999.
3. 边玉芳.青少年心理危机干预[M].上海:华东师范大学出版社,2010.
4. 陈汉英.学校心理健康教育[M].杭州:浙江大学出版社,2019.
5. 陈家麟.学校心理健康教育:原理、操作与实务[M].北京:教育科学出版社,2010.
6. 崔景贵.解读心理教育:多学科的视野[M].广州:中山大学出版社,2004.
7. 崔景贵.心理教育范式论纲[M].北京:社会科学文献出版社,2006.
8. 崔景贵.心理教育(职业学校)[M].南京:南京师范大学出版社,2002.
9. 崔景贵.积极心理学:教育范式的行动研究[M].北京:知识产权出版社,2021.
10. 崔景贵.学校心理辅导新论[M].南京:南京大学出版社,2014.
11. 崔景贵.职校生心理教育论纲[M].北京:科学出版社,2013.
12. 樊富珉.团体辅导与危机心理干预[M].北京:机械工业出版社,2021.
13. 樊富珉.团体心理咨询[M].北京:高等教育出版社,2005.
14. 郭黎岩,王冰.小学生心理健康与辅导[M].3版.北京:高等教育出版社,2020.
15. 侯玉波.社会心理学[M].2版.北京:北京大学出版社,2007.
16. 林崇德.教育的智慧[M].北京:开明出版社,1999.
17. 林崇德,俞国良.中小学心理健康教育指导纲要(2012年修订)解读[M].北京:北京师范大学出版社,2013.
18. 刘宣文,赵晶.学校心理健康教育课程设计与教法[M].北京:中国人民大学出版社,2020.
19. 孟万金.积极心理健康教育[M].北京:中国轻工业出版社,2008.
20. 彭小虎.小学生心理辅导[M].上海:华东师范大学出版社,2012.
21. 沈贵鹏.高中生心灵之旅[M].南京:凤凰出版社,2013.
22. 沈贵鹏.心育课程论[M].徐州:中国矿业大学出版社,2020.
23. 孙宏伟.心理危机干预[M].2版.北京:人民卫生出版社,2018.
24. 王书荃.学校心理健康教育概论[M].北京:华夏出版社,2007.
25. 吴九君.学生个体心理辅导[M].北京:开明出版社,2021.
26. 吴增强.发展性心理辅导:理论与实务[M].上海:上海科技教育出版社,2018.
27. 吴增强.学习心理辅导[M].上海:上海教育出版社,2012.

28. 许维素.尊重与希望:焦点解决短期治疗[M].宁波:宁波出版社,2018.
29. 颜农秋.朋辈心理辅导理论与技巧[M].广州:中山大学出版社,2007.
30. 杨宏飞,朱作仁.大学生心理咨询和心理治疗[M].福州:福建教育出版社,2007.
31. 叶浩生,等.西方心理学的历史与体系[M].北京:人民教育出版社,1998.
32. 尹晓军.中小学心理健康教育工作手册[M].宁波:宁波出版社,2020.
33. 俞国良.心理健康教育理论政策研究[M].北京:北京师范大学出版社,2020.
34. 俞国良.中小学校心理健康教育研究[M].北京:北京师范大学出版社,2020.
35. 张天清.青少年心理健康教育工作手册[M].南昌:百花洲文艺出版社,2017.
36. 张文新.青少年心理学手册[M].3版.北京:北京师范大学出版社,2015.
37. 张仲明.心理诊断学[M].3版.重庆:西南师范大学出版社,2021.
38. 钟启泉.教育知识与能力[M].上海:华东师范大学出版社,2015.
39. [美]R.迈克尔·弗.心理测量学[M].3版.李英武,董妍,译.北京:北京师范大学出版社,2021.
40. [美]施密特.学校心理教师工作指南[M].孙菲菲,刘亚茵,喻莉,译.北京:中国轻工业出版社,2013.
41. [美]詹姆斯·莫里森.实用心理学诊断100例:心理医生临床诊断原理和技术[M].美同,王岑卉,译.成都:四川科技出版社,2019.
42. [美]菲德尔,比亚利克,特里林.四个维度的教育:学习者迈向成功的必备素养[M].罗德红,译.上海:华东师范大学出版社,2016.
43. [美]赫钦斯.学习型社会[M].林曾,等译.北京:社会科学文献出版社,2017.
44. [美]路易斯·科佐林诺.优化课堂中的依恋与学习:大脑神经可塑性带来的启示[M].杨安博,姜雪,译.上海:华东师范大学出版社,2019.
45. [英]肯·罗宾逊,卢·阿罗尼卡.什么是最好的教育[M].钱志龙,译.杭州:浙江人民出版社,2020.
46. [美]约翰·梅迪纳.让孩子的大脑自由[M].王佳艺,译.杭州:浙江人民出版社,2012.
47. [美]玛莎·努斯鲍姆.功利教育批判:为什么民主需要人文教育[M].肖聿,译.北京:新华出版社,2017.

## 二、期刊论文类

1. 班华.探索中国自己的心理教育之道[J].中小学心理健康教育,2001(7):7-9.
2. 常淑敏,张文新.人类积极发展的资源模型——积极青少年发展研究的一个重要取向和领域[J].心理科学进展,2013,21(1):86-95.
3. 崔景贵.告别理性:后现代主义与心理教育范式[J].教育科学研究,2006(12):48-52.
4. 崔景贵.关于我国心理教育学科建设的几点思考[J].湖南师范大学教育科学学报,2002,1(4):100-103,117.
5. 崔景贵.积极型心理教育:21世纪心理教育的主导范式[J].江苏教育学院学报(社会科学版),2006(5):17-19+23.
6. 崔景贵.积极型心理教育的信念、目标与建构[J].当代教育论坛,2006(7):33-35.
7. 崔景贵."理解人性":人本主义与心理教育范式[J].思想理论教育,2007(19):69-75.

8. 崔景贵.我国学校心理教育的研究困境与变革[J].教育研究,2001(5):33-36.
9. 崔景贵.网络心理教育的内涵、优势与问题[J].江西教育科研,2006(4),22-24.
10. 崔景贵.心理学视野中的心理教育[J].思想理论教育,2004(2):64-68.
11. 崔景贵.心理教育的概念解读[J].内蒙古师范大学学报(哲学社会科学版),2005,34(1):5.
12. 崔景贵.心理教育范式建构的基本问题[J].中国德育,2006,1(11):9-12.
13. 崔景贵.心理教育学刍议[J].教育导刊,2005(1):14-16,31.
14. 崔景贵.学校心理教育的基本理念及其建构[J].思想理论教育,2003(1):3.
15. 郭海英,刘方,刘文,蔺秀云,林丹华.积极青少年发展:理论、应用与未来展望[J].北京师范大学学报(社会科学版),2017(6):5-13.
16. 顾明远.对教育定义的思考[J].北京大学教育评论,2003(1):7-11.
17. 扈中平.教育规律与教育价值[J].教育评论,1996(2):13-15.
18. 黎龙辉.论学科教学中的心理教育[J].中国教育学刊,2000(4):32-33.
19. 李嘉超,储祖旺.美国大学生心理健康服务的新问题与应对策略[J].清华大学教育研究,2021,42(6):62-71.
20. 林丹华,柴晓运,李晓燕,等.中国文化背景下积极青少年发展的结构与内涵:基于访谈的质性研究[J].北京师范大学学报(社会科学版),2017(6):14-22.
21. 凌子平,马利军.论体验式教学对心理健康教育的意义[J].高教探索,2016(2):69-71,117.
22. 刘珂,俞国良.认知心理学对心理健康问题的研究[J].黑龙江高教研究,2019(3):108-112.
23. 刘鹏志,金琦.普通高中生涯教育要避开五大"雷区"[J].人民教育,2019(Z1):108-111.
24. 刘启刚.青少年情绪调节策略与情绪调节能力的关系研究[J].心理研究,2011,4(6):37-43.
25. 刘宣文.论学校发展性心理辅导[J].教育研究,2004(7):55-59.
26. 刘洋,兰聪花,马炅.电子档案袋评价与传统教学评价的比较研究[J].电化教育研究,2012(2):75-77.
27. 马林,谢莉,徐群.高中生涯规划指导的系统性与有效性探究——基于对安徽若干所高中的调研[J].安徽师范大学学报(人文社会科学版),2019,47(5):148-157.
28. 孟万金.论积极心理健康教育[J].教育研究,2008(5):41-45.
29. 邱小艳,宋宏福.大学生心理健康教育课程体验式教学的实验研究[J].湖南师范大学教育科学学报,2013,12(1):95-98.
30. 任亮宝.心理健康教育在小学班主任工作中的渗透[J].黑河学刊,2010(6):116-118.
31. 史洁,冀伦文,朱先奇.校园文化的内涵及其结构[J].中国高教研究,2005(5):84-85.
32. 童天朗.构建高质量高校心理健康教育体系[J].中国高等教育,2021(19):53-55.
33. 王国霞,盖笑松.青少年期的意向性自我调节[J].心理科学进展,2011,19(8):1158-1165.
34. 肖汉仕.促进全民心理健康的社会心理服务机制研究[J].湖南社会科学,2020(4):146-154.
35. 叶子青,叶一舵.学校心理健康教育三十年:历史演进与未来走向[J].福建师范大学学报(哲学社会科学版),2020(2):140-147,171.
36. 沈贵鹏.教育学视域中心理健康教育模式的转型[J].教育科学研究,2020(3):62-67.
37. 俞国良.生理心理学对心理健康问题的研究[J].黑龙江高教研究,2019(1):91-95.
38. 俞国良.心理健康教育学:心理学与教育学的交叉融合研究[J].教育研究,2018(9):139-148.

39. 俞国良,侯瑞鹤.论学校心理健康服务及其体系建设[J].教育研究,2015,36(8):125-132.

40. 俞国良,靳娟娟.行为主义学派对心理健康问题的研究[J].黑龙江高教研究,2021(3):136-140.

41. 俞国良,李森.心理科学对心理健康问题的研究:基础研究视角[J].黑龙江高教研究,2018(12):110-113.

42. 俞国良,张伟达.精神分析学派对心理健康问题的研究[J].黑龙江高教研究,2021(1):131-135.

43. 张大均.青少年心理健康与心理素质培养的整合研究[J].心理科学,2012,35(3):530-536.

44. 张文新,陈光辉.发展情境论——一种新的发展系统理论[J].心理科学进展,2009,17(4):736-744.

45. 宋晓红,许晓霞.宿舍人际冲突"慧"沟通——中职心理辅导课教学设计[J].江苏教育,2021(33):73-75.

46. 田丽.以核心素养为引领,探寻普通高中生涯规划教育实施体系[J].课程·教材·教法,2017,37(10):63-69.